全国高职高专学前教育专业系列规划教材

学前儿童游戏活动设计与指导项目化教材

谢应琴　彭涛　主编　　　赵丽琼　卢玲　副主编

化学工业出版社

·北京·

本书是基于“项目引导、任务驱动”的项目化教学方式编写而成，体现“基于工作过程”、“教、学、做”一体化的教学理念。全书内容划分为七个活动项目，具体内容包括：学前儿童游戏基础知识学习、角色游戏设计与指导、表演游戏设计与指导、结构游戏设计与指导、体育游戏设计与指导、智力游戏设计与指导、亲子游戏设计与指导。项目案例按照“提出问题”→“分析问题”→“解决问题”→“拓展提高”四部分展开。读者能够通过项目案例完成相关知识的学习和技能的训练，每个项目案例来自幼儿园实践，具有典型性、实用性、趣味性和可操作性。本书可作为高等职业院校和高等专科院校“学前儿童游戏设计与指导”课程的教学用书，也可作为成人高等院校、各类培训、家庭教育的参考用书。

图书在版编目（CIP）数据

学前儿童游戏活动设计与指导项目化教材／谢应琴，彭涛主编．—北京：化学工业出版社，2014.12（2023.2重印）

（全国高职高专学前教育专业系列规划教材）

ISBN 978-7-122-22466-8

Ⅰ．①学…　Ⅱ．①谢…②彭…　Ⅲ．①学前儿童－游戏课－教材　Ⅳ．①G613.7

中国版本图书馆CIP数据核字（2012）第285667号

责任编辑：王　可　蔡洪伟　于　卉　　　装帧设计：刘丽华

责任校对：边　涛

出版发行：化学工业出版社（北京市东城区青年湖南街13号　邮政编码100011）

印　　装：北京建宏印刷有限公司

710mm×1000mm　1/16　印张$12^1/_4$　字数200千字　2023年2月北京第1版第8次印刷

购书咨询：010-64518888　　　售后服务：010-64518899

网　　址：http://www.cip.com.cn

凡购买本书，如有缺损质量问题，本社销售中心负责调换。

定　　价：36.00元

前言

“人才培养，幼教为本。”面向世界与未来的学前教育是基础教育中的基础，是终身教育体系中的起点教育，在转变教育观念，积极探索科学的教育模式，提高教育教学水平等方面，对幼儿教师提出了诸多要求。“以游戏为基本活动”不仅是《幼儿园教育指导纲要（试行）》的规定，也逐渐成为现代幼儿教育的理念与共识。国家《幼儿园教师专业标准（试行）》和《教师教育课程标准（试行）》颁布后，“游戏回归幼儿生活”已成为我国幼儿园和高校学前教育专业的课程改革与发展方向，“幼儿游戏与指导”课程在学前教育专业中的专业核心课程地位得到进一步确立。为此，幼儿园教师不但要有良好的职业道德素养，系统正确的科学文化知识，而且要有全面的游戏教育素养，具备“游戏的技能”、“游戏设计与指导的技能”和“游戏与教学优化结合的技能”等多方面的综合技能。

《学前儿童游戏活动设计与指导项目化教材》借鉴国内外先进的教学经验，基于“项目引导、任务驱动”的项目化课程设计与教学方法改革编写而成，体现“幼儿园工作过程”、“教、学、做”合一、“理实一体化”的教学理念，突出了教师引领学生做事，围绕知识的应用能力，用项目对能力进行反复训练，注重职业岗位能力、自主学习能力、解决问题能力、社会能力和创新能力的培养。

教材内容分为七个项目，在编写思路上考虑到学员胜任职业所需的知识和技能，直接反映幼儿园职业岗位或幼儿教师角色的能力要求，以从业中实际应用的经验与策略的习得为主，以适度的概念和原理的理解为辅，依据幼儿园活动体系的规律，采取以工作过程为中心的行动体系，以项目为载体，以工作任务为驱动，以学生为主体，教学做一体的项目化教学模式。

为便于教师项目化教学的组织与实施，方便学生有序操作、自主训练，教材在内容安排和组织形式上做了新的尝试，打破了常规按章节顺序编写知识与训练内容的结构形式，遵循职业性原则、科学性原则、操作性原则，以幼儿园活动项目为主线，按项目教学的特点组织教材内容。

本书由泸州职业技术学院谢应琴、彭涛担任主编，谢应琴承担项目四的编写工作，以及项目化教材的设计和统稿工作，彭涛承担整个教材编写的指导和审稿工作；赵丽琼、卢玲担任副主编，赵丽琼承担项目五的编写工作，卢玲承担项目三的编写工作；参编人员何为承担项目一的编写工作，杨梦琪承担项目二的编写工作，刘晓娟、王春燕承担项目六的编写工作，唐林兰承担项目七的编写工作。

为了本书有更好的教学适用性，我们在编写过程中从相关文献和网站上引用或借鉴了幼教同行的一些优秀教案或素材，有大量的著作给了我们创作的灵感和理论的支持，无数幼儿园丰富的案例和图片资料，使本书变得生动而有乐趣。在此，除了深深的感激，我们更需要的是不断地努力，以报答所有给予本书无私关怀的朋友们！

编　者

2014年11月

目录

项目三 学前儿童表演游戏设计与指导

项目四 学前儿童结构游戏设计与指导

项目五 学前儿童体育游戏设计与指导

项目六 学前儿童智力游戏设计与指导

项目七 学前儿童亲子游戏设计与指导

项目一 学前儿童游戏基础知识学习

【项目目标】

1. 了解游戏的含义与相关理论。

2. 认识学前儿童游戏的种类和发展阶段。

3. 掌握学前儿童游戏的本质特征。

4. 明确教玩具在游戏中的价值。

5. 了解学前儿童游戏教育模式的发展，树立科学的学前儿童游戏教育观。

【项目预备知识】

有了人类就有了游戏，在日常生活中，“游戏”一词经常被言说，它是一种极为普遍的社会生活现象。正如沛西・能所言，“游戏的精神是一个不可捉摸的，巧于规避的幽灵，它的影响可以在最难预料到的一些生活角落里找到。”对学前儿童而言，游戏更是其基本活动形式之一，任何学前儿童都离不开游戏。游戏融兴趣性、社会性、虚构性、创造性于一体，统整了儿童的各种活动，在儿童价值观定位、身心健康发展、文化形成等方面起着重要作用。那么什么是游戏呢？围绕“游戏”这一主题，进而分析学前儿童游戏的内涵，把握学前儿童游戏的特征和发展阶段，认识学前儿童游戏与学前教育的内在联系，是我们首先需要探讨和解答的基本问题。

模块一　学前儿童游戏的本质

给游戏下定义是一项极为困难的工作，游戏定义的困难性不仅在于学者们观察问题的角度不同，而造成了游戏解释的多样性，还在于游戏这种现象本身的复杂性。游戏作为人类行为模式之一，包罗万象又纷繁复杂，涉及儿童动作、认知、情感、社会性等诸多方面。然而，诠释游戏的概念，完成这项困难的工作，有利于我们对游戏本质的把握。

一、游戏的词义

游戏，古时一般称“戏”、“游嬉”,亦见“嬉”或“游”之名。

在《尔雅》(中国古代最早的字义训诂著作，多认为成书于汉初)和《说文解字》(东汉许慎编撰，不限于字义训诂)两书中，分别对“游”、“戏”的原意解释作了解释。《尔雅》曰：“游，戏也。”“戏，谑也。”反过来：“谑，戏也。”“游”、“戏”、“谑”相通。《说文解字》曰：“游，旌旗之流也。”指战旗下方的垂饰，后来引申为不固定，悠闲从容、无拘无束的意思。

“戏”本意为角力、竞赛体力之强弱,《国语·晋》中曰：“少室周为赵简子之右，闻牛谈有力，请与之戏，弗胜，致右焉。”其后，另有开玩笑、嘲弄之意，如《论语·阳货》中的“前言戏之耳”。后引为游戏、逸乐之意，主要是指玩耍活动。《韩非子·外储说左上》曰:“夫婴儿相与戏也，以坐为饭，以涂为羹，以木为裁，然至日晚懊者，尘饭涂羹，可以戏而不可食也。”这里记载的是“过家家”游戏。《史记》卷二五中记载:“文帝时，会天下新去汤火，人民乐业，因其欲然，能不扰乱，故百姓遂安。自年六七十翁亦未尝至市井,游敖嬉戏如小儿状。”在这里的“戏”也是指玩耍的意思。

在中国古籍中，“游”和“戏”二字合用始现于战国时期《韩非子·难三》，其曰:“管仲所谓言室满室,言堂满堂者,非特谓游戏饮食之言也，必为大物也。”这里的“游戏”即游乐嬉戏、玩耍之意。“游戏”基本上保存了“游”和“戏”的语义，我们日常所言的游戏也指的是随意的玩耍活动。

英语中与游戏相关的有“game”和“play”两词。其中，game一词在英语

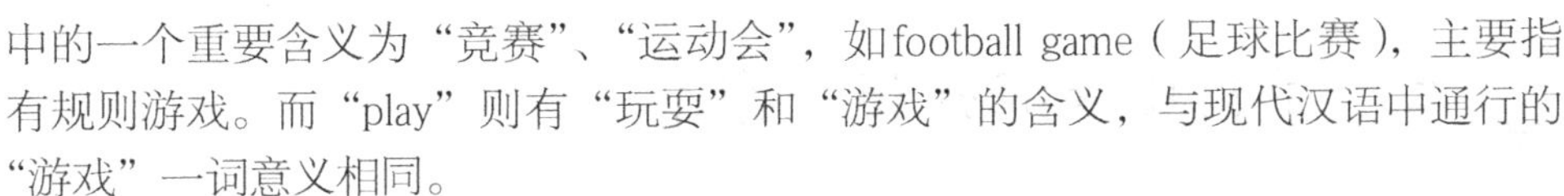

中的一个重要含义为“竞赛”、“运动会”，如football game（足球比赛），主要指有规则游戏。而“play”则有“玩耍”和“游戏”的含义，与现代汉语中通行的“游戏”一词意义相同。

游戏作为学前儿童基本活动之一，其作用很早就被我国古代教育家们所重视。《礼记·学记》中写道：“藏焉修焉，息焉游焉。”意即学习时就努力进修，休息时就尽情游乐，将游戏视为学习之余放松、休息的基本方式。崔学古在《幼训》中明确指出了游戏对儿童发展的作用：“优而游之，使自得之，自然慧性日开，生机日活。”他认为，要对儿童进行教育，必须顺应儿童的自然发展规律，游戏则是最主要的手段。在游戏中儿童自主地活动，自得地娱乐，自然会生机勃发，智力悟性也得到发展。为什么呢？王守仁对此进一步解释道：“大抵儿童之情，乐嬉游而惮拘检，如草木之始萌芽，舒畅之则条达，摧挠之则衰萎。”这一解释指明了游戏是适应儿童天性、增进儿童发展的活动。至19世纪下半叶，游戏才真正成为理论研究的对象，学者们开始从不同视角对游戏的本质进行探究。

柏拉图（Plato）在《法律篇》中将游戏界定为那种无功利、非理性、不相类且结果也无害处的东西，可由存在于其中的魅力标准以及它所提供的愉快来加以最好的评判。这种不包含善或恶的愉快，就是游戏。

荷兰的文化学家约翰·胡伊青加（Johan Huizinga）把“游戏”视为生活的一个最根本的范畴。在他看来，游戏是一种完全有意置身于“日常”生活之外的、“不当真的”但同时又强烈吸引游戏者的自由活动。

“幼教之父”福禄贝尔（F.Fr.bel）是教育史上系统研究游戏并尝试创建游戏实践体系的第一个教育家。他指出：游戏的发生是起于儿童内部发生的纯真的精神产物，儿童在游戏中常常表现出欢悦、自由、满足及和平的心情；儿童在游戏中，也常显出快活、热心、合作的态度，非做到疲劳不止；儿童在游戏中更常表现出勤勉、忍耐和牺牲的精神。所以游戏为万善之源。

瑞士心理学家皮亚杰（J.Piaget）认为游戏活动具有6个特征，即活动的内在目的、自发性、快乐性、非逻辑性、超脱性和过剩动机性。

杜威提出：“生活即游戏，游戏即生活。”他认为游戏是幼儿生活的一部分。

刘焱在《幼儿园游戏教学论》中指出：“游戏的本质是幼儿的主体性活动，这种活动现实直观地表现为人的主动性、独立性和创造性的活动。”

对于“游戏”的定义，学者们至今难达统一，但是人们都承认，爱玩是儿童与生俱来的天性，儿童偏爱游戏，游戏伴随娱乐。儿童从游戏中获得快感，获得了生理和心理上的满足，从而促进了身体的发育、认知能力的提高和社会化的发展。我国《幼儿园教育指导纲要（试行）》中也明确指出：“以游戏为基本活动，引导他们（幼儿）在与环境的积极相互作用中得到发展”，“寓教育于游戏中”。

本书采用《教育大辞典》（上海教育出版社，1998）中的定义：“游戏是幼儿的基本活动，是适合幼儿年龄特点的一种有目的的、有意识的，通过模仿和想象，反映周围现实生活的一种独特的社会活动。”

二、学前儿童游戏相关理论

游戏理论是对人和动物为什么游戏？游戏有什么价值？游戏经历怎样的变化？这些变化受哪些因素的影响等问题所作的系统解释和回答。自19世纪下半叶开始对儿童游戏进行科学研究以来，众多心理学家和教育学家都提出了自己的游戏理论，因不同学派研究视角和对象的不同，所以产生了不同的游戏理论。了解学前儿童游戏相关理论能帮助我们提高对学前儿童游戏的认识，更好地指导幼儿园游戏实践。

（一）经典游戏理论

从19世纪下半叶到20世纪30年代左右，是儿童游戏研究的初兴阶段。这一阶段在达尔文生物进化论的直接影响下，出现了最早的一批游戏理论，这些理论被称为“经典游戏理论”，主要包括剩余精力说、松弛说、生活预备说、复演说、生长说和成熟说等理论。

1. 剩余精力说

剩余精力说，又称为精力过剩论，这一理论的代表人物是德国思想家、诗人席勒（F.Schiller）和英国社会学家、心理学家斯宾塞（Herbert Spencer）。该理论认为：游戏是机体满足基本生存需求之后，留有剩余精力的产物。生物都有维持自身生存的能力，生物进化得越高级，生存的能力就越强。“高级动物除了维持生存所必须消耗的精力之外，他们还有剩余的精力，这种剩余的精力就要找出路消耗、发散出来，否则就会像不透气的蒸汽锅，要发生爆炸，于是就用自然的、无目的的活动形式——游戏以获得快乐，所以就产生了游戏。”因此，游戏的动力来自机体内部的剩余精力。

席勒认为，幼儿不必为自己的生存操心，总体精力过剩，所以只有游戏，游戏是剩余精力无目的的支出。斯宾塞提出，消耗剩余精力的游戏活动是随种系的进化而变化的，进化程度越高，为满足原始生存所提供的时间和精力就相对减少。当动物发展到较高阶段时，除了维护自己正常生存、生活外，还有剩余精力，剩余精力需要发泄，就产生游戏。

剩余精力说可以帮助我们解释我们熟知的常识：儿童的精力总是看上去比成人旺盛；当我们在工作或学习以后，如果觉得还有时间和精力，我们就会通过积极的娱乐活动去打发时间和精力。

2. 松弛说

松弛说又叫“娱乐论”或“机能快乐说”，这一理论的代表人物是德国学者拉扎鲁斯（M.Lazarus）和裴茄克(Patrick，又作帕特里克)。与“剩余精力说”不同，“松弛说”认为游戏不是消耗剩余精力，而是在工作疲劳后，恢复精力的一种方式。该理论认为：人类在脑力劳动和体力劳动中都会感到疲劳，为了放松自己，消除疲劳、恢复精力，就产生了游戏。对于儿童来说，由于身心发展的未完成性和生活经验的缺乏，难以适应复杂的外部世界，容易产生疲劳，因此需要游戏来使自己得以轻松。

拉扎鲁斯指出，艰苦的脑力劳动、体力劳动使人身心疲劳，这种疲劳要通过一定的休息和睡眠才能消除。而要解除紧张状态从而充分休息，得到完全恢复，只有从事游戏活动才能达成。帕特里克认为，当代职业要求人们从事的劳动比体力劳动负有更大的精神压力，因此，要解除由精神紧张的工作所引起的疲劳只有通过游戏来实现。

松弛说可以解释我们的日常生活经验，当我们在工作和学习感到疲劳时，常常会通过娱乐去放松一下，以使身心得到调整。在幼儿教育中，这个理论可使幼儿的生活处于动静交替、劳逸互补的有序结构中。

3. 生活预备说

生活预备说也称本能练习说或预习说，该理论由德国生物学家、心理学家卡尔·格罗斯提出。他认为，每个动物都要有一个准备生活的阶段，都要有一个锻炼自己生存竞争能力的阶段。儿童虽然有天性的本能，有天赋的独立生存的可能性，但本能不能适应未来的生活，它必然要先以不成熟的方式、在非正式的生存活动中进行实践。因此儿童也需要有一个生活的准备阶段，而游戏则是准备生存、练习本能最好的形式。在儿童游戏中可以看到儿童对成人生活进行模仿的过程中表现出的不成熟行为；还可以看到儿童对不成熟动作进行反复实践，并在实践中逐渐成熟起来。卡尔·格罗斯认为游戏就是为以后的成人生活提供早期训练，小狗咬着玩是为了练习猎捕的能力，小猫玩球是为了练习捕鼠，而女孩玩娃娃是为了将来做母亲和妻子。因此，游戏是儿童对未来生活的一种无意识的准备，是一种升华本能、演练生活的手段。

4. 复演说

美国心理学家斯坦利·霍尔认为，游戏是人类生物遗传的结果，是对从太古时代到文明社会之行为发展的复演活动，是重现祖先生物进化的过程。如孩子玩打猎游戏，就是重复原始人的生活；捉迷藏的游戏就是反映当时原始人躲藏野兽保护自己；幼儿喜欢爬树，就是重复人猿的乐趣；幼儿喜欢玩水，就是重复祖先在水中寻找食物。霍尔认为游戏即是个体再现祖先的动作和活动，游戏是重复人类发展的历史，学前儿童游戏是种族行为的复演。霍尔具体把人类发展分为以下五个阶段（从原始人至现代人）。

（1）动物阶段，是指类人猿阶段。幼儿表现为本能的反应，如吸吮、哭泣、抓爬、站立。

（2）未开化阶段，是指靠猎取动物为生阶段。幼儿表现玩追逐游戏、丢手绢游戏和捉迷藏游戏等。

（3）游牧阶段，靠游牧为生。幼儿表现出爱玩小猫、小狗、小鸡、小鸭的游戏，爱护小动物的游戏等。

（4）农业、耕种阶段。幼儿表现为玩娃娃、玩具、挖地、挖河等游戏。

（5）城市阶段，也称部落阶段。幼儿表现出小组游戏，由单个人玩发展成为一群人一起玩。

5. 生长说

"生长说"是由美国学者阿普利登（Appleton）提出。他认为，游戏是生长的结果，是幼小儿童能力发展的一种模式，是机体练习技能的一种生长性手段。美国人奇尔摩还认为，幼儿通过游戏可以生长，游戏是练习生长的内驱力，通过游戏，儿童的各种技能和能力能够得到发展。生长说与生活预备说相较，更强调游戏的过程价值和眼前效用。

6. 成熟说

成熟说的代表人物是荷兰生物学家、心理学家拜敦代克（F.Buytendijk）。该理论针对"生活预备说"提出了相反的观点，认为人有潜在的内部力量，而心理的发展就是在这种潜在的内部力量的驱动下完成的，因此，不需要游戏做准备，不需要练习也能发展起来。游戏不是对本能的练习，而是儿童为操作某些物品进行的活动，它不是单纯的一种机能，是幼稚动力的一般特点表现，如运动的目标不明确，冲动、好动，对周围环境有直接的激情等。该理论还指出，游戏不是本能，而是一般欲望的表现。引起游戏的欲望有三种：排除环境障碍获得自由，发展个体主动性的欲望；适应环境与环境一致的欲望；重复练习的欲望。游戏的特点与童年的情绪性、模仿性、易变性、幼稚性相近，不是因为游戏才有童年，而是由于有童年，才会有游戏。

经典游戏理论首次对游戏作出了解释，提供了历史上成人对儿童游戏的看法，为现代游戏理论的发展奠定了基础。但由于时代的局限性，经典游戏理论仍存在许多不足。首先，研究范围限制太多，只能对一小部分游戏行为作出解释，不能解释儿童游戏的全部行为。例如：剩余精力说并未能解释儿童即使玩得精疲力竭，也还要游戏；按松弛说的观点，成人工作越多，越应该做更多的游戏，而事实并非如此。其次，经典游戏理论深受达尔文生物进化论思想的影响，带有浓厚的生物学色彩，以先天的、本能的、生物学的标准看待儿童的游戏，否认游戏的社会本质。第三，经典游戏理论属主观思辨的产物，缺乏可靠的实验依据，没有真正揭示游戏的本质。虽然仍存在不足，但经典游戏理论在一定程度上解释并说明了游戏这种极为普遍却又令人十分困惑的社会活动现象，对后人的研究产生了巨大影响，推动了儿童游戏研究的发展。

（二）现代游戏理论

现代游戏理论自20世纪20年代发展至今，主要有20世纪初产生的精神分析学派的游戏理论，20世纪中叶的认知发展游戏理论，苏联社会文化历史学派的游戏理论，以及兴起于20世纪60～70年代的觉醒理论和元交际理论。

1. 精神分析学派的游戏理论

精神分析学派的游戏理论以奥地利心理学家弗洛伊德（S.Freud，1856～1939）为代表。弗洛伊德从精神分析理论的观点出发，提出了游戏的补偿说，又称发泄论。弗洛伊德指出，一切生物都具有与生俱来的原始冲动和欲望，而人的原始冲动和欲望在现实生活中受到压抑，这种压抑要是不能宣泄就会导致精神分裂，游戏便是排解内在心理矛盾和冲突的途径之一。他认为，儿童也有许多冲动和愿望，在现实中得不到实现就通过游戏加以补偿。儿童在游戏中受

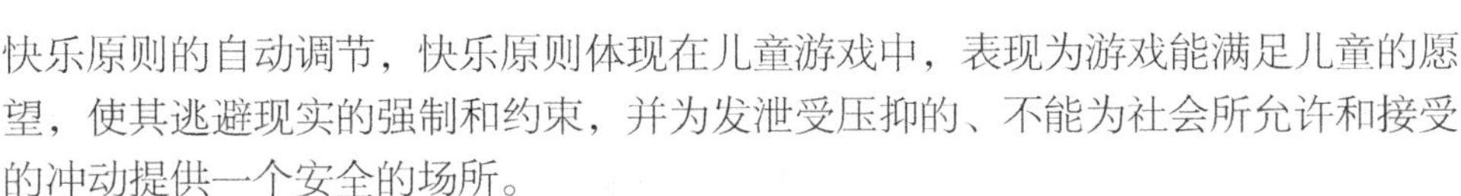

快乐原则的自动调节，快乐原则体现在儿童游戏中，表现为游戏能满足儿童的愿望，使其逃避现实的强制和约束，并为发泄受压抑的、不能为社会所允许和接受的冲动提供一个安全的场所。

埃里克森在弗洛伊德学说的基础上提出了“掌握论”，该理论既承认游戏对本能欲望的宣泄即对本我冲突的调节，又强调游戏对接纳社会要求、协调超我和本我之间的矛盾以及推进自我发展的作用。该理论认为，游戏可以帮助自我对生物因素和社会因素进行协调和整合，因为游戏创造了一种典型的情境，在游戏中过去可复活，现在可表征与更新，未来可预期，所以游戏是自我的一种机能，它能使身体发育和社会性发展两种过程同步进行。在学前期，儿童通过在游戏中扮演角色来表现内心冲突和焦虑，并解决问题。

2. 皮亚杰认知发展游戏理论

认知发展游戏理论又称游戏的认知结构说，其代表人物是皮亚杰。皮亚杰是20世纪研究儿童认知能力阶段性发展的主要代表。他从认知的角度理解儿童游戏的发展，认为游戏是智力或认知活动的一个方面，游戏不是发展新的认知结构，而是对原有知识技能的练习和巩固，通过游戏补充、巩固着儿童生活活动达到一定水平。同时，游戏也是同化超过顺应的表现。皮亚杰认为,同化与顺应之间的平衡是认知或适应活动的特征，如果顺应作用大于同化，主体则完全不考虑现实的客观特征，而只是为了实现某种愿望去活动，去改变现实，这就是游戏。他认为儿童的认知发展水平决定着游戏的发展水平，他把游戏的演化过程分为三个大的阶段，即练习游戏、象征游戏和规则游戏，分别与他的认知发展三个阶段即感觉运动阶段、前运算思维阶段和具体运算思维阶段相对应。例如，他把假装游戏称作象征游戏，认为它是使用符号表征事物的一种手段。从幼儿的假装游戏中，可以看到幼儿渴望模仿和参与成人的社会活动，而他们本身又缺乏这种能力，游戏恰好提供了解决这一矛盾的最好方式。

3. 游戏学习论

游戏学习论以美国心理学家桑代克（Thorndike）为代表。以桑代克为代表的行为主义理论认为，儿童游戏是一种学习行为，受社会文化和教育要求的影响，也受学习练习律和效果律的影响。练习律是指学习需要重复，反应重复的次数越多，练习越牢固。效果律则是指学习需要通过效果的强化来导致满意的结果，满意的效果可加强联系，不满意效果则削弱联系。根据这一理论可知，奖励能增加反应出现的可能性。儿童游戏遵循着学习的“练”与“效”，处在不同的历史文化背景下的儿童，其行为受不同社会文化的规范和限制，所呈现出的儿童游戏也具有不同面貌。

4. 苏联的游戏理论

苏联心理学家从马克思主义活动论观点来解释游戏，形成了“社会文化历史学派”的游戏理论，从根本上区别于西方心理学的游戏理论。该学派强调活动在心理发展中的作用，提出了“人类心理是在活动中形成的”著名原理，认为游戏不是起源于认知因素，而是受社会文化的影响。

维果斯基从文化历史发展的角度来探讨儿童的游戏问题，他强调心理机能是一个从低级向高级转化的质变过程，儿童心理发展的高级机能是人类物质生产过程中发生的人与人之间的关系以及社会文化历史的产物。他认为，考察儿童游戏活动应该首先从考察儿童游戏活动的诱因与动机这一特殊的方向开始，因为从一阶段向另一阶段的发展是与活动的诱因和动机的变化有关的，不了解这些诱因，就不可能把握儿童游戏的本质特征。儿童游戏出现的诱因是：当儿童在发展过程中出现了大量的、超出儿童实际能力的、不能立即实现的愿望时，游戏就发生了。维果斯基认为儿童游戏反映了成人世界的实践活动，例如，儿童看到周围成人的活动，就在游戏中模仿这些活动。他们明显强调了儿童游戏的社会性，认为儿童在真实的实践情况之外，通过游戏创造一种想象的情境，从而掌握基本的社会关系。而且，游戏活动再造了某种生活现象，成为一种“社会性实践”。

5. 游戏的觉醒－寻求理论

游戏的觉醒－寻求理论（Arousal-Seeking Theory）也称内驱力理论或激活理论，兴起于 20 世纪 60 ~ 70 年代，它以探讨游戏发生的生理机制和环境的影响为特色。伯莱恩(D.E. Berlyne)、哈特(C. Hutt)与埃利斯(A. Ellis)是该理论的主要代表人物。该理论是一种试图通过解释个体行为和环境刺激之间的关系来揭示游戏的神经生理机制的假设性理论。

这一理论是以人类有社会性内驱力，需要不断参与信息加工活动为前提，并认为个体的中枢神经系统总是通过控制环境刺激的输入量来维持和追求最佳觉醒水平的。此外，缺乏刺激导致的不适，使机体从内外两个方面寻求刺激；刺激过剩使机体以减少注意来拒斥一些刺激。游戏正是儿童用以调节环境刺激量以达成最佳觉醒状态的工具。这一理论解释了儿童通过游戏调整刺激输入和激活环境的机制，提示人们注意在人与环境的交互作用中存在环境刺激适宜性的问题。这也引导教育工作者在布置游戏环境时要使刺激适宜，这样才能有利于儿童的游戏行为与心理发展。

6. 元交际游戏理论

游戏的元交际理论(或后设交际理论)由贝特森(Batson)提出，试图用逻辑学、人类学、数学等理论来研究游戏，解释游戏过程中信息交流的实质。他认为游戏是一种元交际过程，在人类文化演进与个体社会化中有重要意义。元交际(或后设交际)指交际活动中交际的双方识别、理解对方交际表现中的隐含意义的活动。人类社会是一个表征世界，人类的交际活动也带有丰富的深层含义，交际双方只有理解了交际活动背后的深层含义才能达到真正的沟通，所以，元交际在人类交往中相当重要。游戏正是一种元交际的机会。游戏是以“玩”、“假装”为背景来表现种种现实生活中的行为，只有理解了这些行为背后的含义，参与者才能真正进入游戏情景。游戏实际上是将人类的表层活动与活动的深层含义联系起来，也体现了活动及其含义之间的差异与统一性，能引导游戏者在联系中增进认识。所以，包含元交际活动在内的游戏，对于儿童理解和建构表征世界具有先导作用。儿童游戏的价值不在于教会儿童某种认知技能或承担某种角色，而在于向儿童传递特定文化下的行为框架，并教儿童如何联系所处的情景来看待行为，以及如何在联系中评价事物。

现代游戏理论在不同程度上摆脱了以纯生物学的标准看待游戏的不足，关注到了游戏的社会本质，同时与儿童心理发展、人格发展相联系，强调了游戏在儿童身心发展中的重要作用，并进一步将理论研究与幼儿园游戏教育实际相联系。虽然学者们研究的视角和对象不同，不同游戏理论所持有的游戏本质观不同甚至相互冲突，但它们又共同丰富着我们对学前儿童游戏的认识，推动着学前儿童游戏理论研究和教学实践的不断进步。

三、学前儿童游戏的基本特征

学前儿童游戏与成人游戏都有着游戏的本质特征，但学前儿童游戏又区别于成人游戏。成人将游戏视为一种重要的娱乐方式，是生活中一个相对次要的部分。成人游戏多为强规则游戏，带有一定的民族传承性和突出的竞技色彩。成人在游戏中往往更看重游戏技巧，希望达到某种游戏之外的目的。成人意识中有明确的游戏与非游戏的区分，既不会把“正经”事情当“儿戏”，又能在“正经”事和社会交往中运用“游戏手段”，以示亲和感或调节、放松自己。而对于学前儿童来说，“游戏即生活”，游戏是学前儿童主要的、基本的活动形式，占据了日常生活以外的几乎全部生活内容。学前儿童游戏的驱动力是直接内在的，他们为了游戏而游戏，其内容多是反复操作玩具、互相追逐以及在假想的情境中扮演角色，游戏的玩法多为隐性规则的自然游戏和规则性不强的游戏，获得的乐趣体验更多是本能性和原始性的生理舒张。幼儿会模糊游戏与非游戏的界线，在游戏中会有在日常生活中的朦胧感。而成人游戏与学前儿童游戏最大的区别在于游戏的功能，对成人来说，游戏已不再有探索、求知、发育身心的功能，但对学前儿童而言，游戏中丰富的探究、审美趣味等都对其身心发展有着至关重要的作用。

对于学前儿童游戏的特征，学者们多做了深入探讨。我国学者认为游戏应该是反映幼儿现实生活的活动，它应该是幼儿喜欢的、主动的、自愿参与的活动。

加维(C. Gervey，1982)提出游戏行为五特征说：第一，游戏是令人愉快的、有趣的活动，即使有时并不一定表示出快乐，但游戏者仍然作出积极的评价；第二，游戏没有外在的目标，游戏的动机是内在的，游戏更多的是一种获得愉快的体验的手段，而不是为了某种特别的目的而努力；第三，游戏是自发自愿的，它是非强制性的，由游戏者自由选择；第四，游戏包括对游戏者的积极约束；第五，游戏与非游戏之间有着某种系统性的联系。

克罗伊斯(R. Caillois)的游戏行为六特征概括如下。第一，自由。游戏不是被迫进行的，否则游戏就失去了吸引力和快乐的性质。第二，松散。游戏不是精确的，没有事先预设的限制。第三，易变。没有预定的进程或结果，游戏者具有随机应变的自由。第四，非生产性。从游戏开始到结束，不增加任何生产的物质或任何新因素，除去物品在游戏者之间的转移和变化。第五，由某种规则和玩法所支配。这种规则代替了通常的法则，而具有独特的新的意义。第六，虚构的。游戏者清楚地知道其在经历着真实的情况，甚至是与日常生活截然不同的虚构的情况。

根据国内外学者对游戏特征的分析和概括，我们将游戏的特征总结如下。

（一）学前儿童游戏具有自主自发性

首先，学前儿童游戏都是自愿的活动，幼儿参加游戏是由内部动机诱发而非外部动机强制决定的，也不是为了顺从社会和其他外部条件的要求。因此，“遵照命令的游戏已不再是游戏，它至多是对游戏的强制性模仿。”学前儿童游戏受兴趣支配的自发性又决定了游戏是学前儿童自我掌握、自由自主的活动。学前儿童的游戏是“我要玩”而不是“要我玩”。在游戏中，幼儿总是在自己能力和兴趣的基础上来选择和决定游戏场景、游戏内容、游戏材料以及一起游戏的对象等。他们有支配游戏时间的权利，在他们感到疲劳或不想进行下去的时候，他们有权停止游戏的进行。整个游戏过程绝对自控，不会服从来自外部的要求与压力，否则就只是“不真实的幼儿游戏”。从心理学的角度来分析，学前儿童游戏是一种比较松散的、自由的、轻松的活动，符合学前儿童心理需要。

（二）学前儿童游戏具有虚拟性

从游戏的内容看，学前儿童游戏来源于社会生活，又是在假想的情景中反映周围生活。幼儿进行游戏行为时所反映的是对现实生活的模仿，但在模仿中又带有想象和创造。“从游戏情景的虚设、游戏角色的确定到游戏玩具的假象，再到日常活动和生活中对自己和周围事物的认定，儿童的幻想随时都可以发生。”他们通过游戏将日常生活中的人和事再现出来，并通过他们的想象在游戏中创造新的形象。任何一种游戏材料都可以被赋予无限的想象，并根据游戏的需要和游戏材料的特征改变其原有的用途而运用到游戏中去。游戏材料经幼儿的想象可以有多种用法，他们在游戏中以真诚的情感投入其中，体验游戏中的成人生活。游戏能够将幼儿带进假想的成人世界，幼儿在游戏中可以尽情重演成人世界的活动。他们不受成人的约束，不受时间和具体条件的限制。

（三）学前儿童游戏具有愉悦性

游戏是自由的而非强迫性的活动，在游戏中幼儿自己控制所处的环境，尽量施展自己的能力、实现自己的愿望、释放自己的情绪，这决定了幼儿在游戏过程中能获得自豪感和成就感，有着愉悦的、快乐的情绪体验。同时，幼儿在游戏中没有需要达到的强制性目标，因而减轻了为达目标而产生的紧张情绪，耗费精力小，因此，整个游戏过程对幼儿来讲是愉悦的过程。伯林内（Berlyne）的唤醒激活理论（Arousal Modulation）把游戏、好奇、创新等行为放在一个系统中进行探讨，认为游戏是愉悦、有趣的。游戏的愉悦性使游戏引领儿童远远超越日常生活本身，达到席克真特米哈依（Csikszentmihalyi）所说的“涌流”（flow）和陶醉状态。同时，如胡伊青加所言，游戏的愉悦乃是“拒斥一切分析、一切逻辑解释的。”

（四）学前儿童游戏是“重过程”的非功利性活动

从学前儿童游戏目的的角度分析，学前儿童游戏是一项重过程的活动。在游戏过程中，孩子们想的都是玩什么游戏和怎么玩游戏，游戏的活动方式和活动过程是否“好玩”是幼儿最关注的。游戏活动并非没有目标，其目标不由别人强加而是幼儿自己游戏出来的，因此在幼儿的游戏中会出现更多的随意性游戏行为，游戏目标也会随着游戏的变迁而发生改变。学前儿童游戏作为一种娱乐活动，不在于外部的目的而在于本身的过程，它不追求外部功效，没有强制性的社会义务，没有实用的社会价值，也不可能创造社会财富，游戏目的只是让幼儿学会关心他人、理解他人，并在游戏中锻炼意志力，发挥想象力和创造力。正如米舍莱所言：“游戏显然是一种无偿的活动，除了它本身带来的娱乐外，没有其他目的。”

总的来说，游戏是一种主体性活动，以上特征是就游戏的一般情况而言，而在具体的游戏中并非都具有以上特征，不同主体的自主性、能动性、想象力与创造性会使以上特征表现出不同的程度和倾向。

四、学前儿童游戏的种类

对游戏类型的研究如同对游戏进行概念界定一样，十分复杂。根据游戏的内容、儿童在游戏中的表现以及研究者不同的研究视角可以进行不同的游戏分类。

（一）认知分类

皮亚杰认为游戏是随认知发展而变化的，他根据儿童认知发展的阶段，把儿童游戏分为感觉运动游戏、象征性游戏、结构游戏和规则游戏四类。

1. 感觉运动游戏

感觉运动游戏（sensory-motor play）又称机械性游戏（mechanical play）或练习性游戏（practice play），是儿童最早出现的一种游戏形式，一般处于从儿童出生到2岁这一阶段，随儿童年龄的增长逐渐减少。感觉运动游戏阶段的儿童主要通过感知和动作来认识环境、与人交往。他们的游戏最初是将自己的身体作为游戏的中心，逐渐地会摆弄与操作具体物体，并不断重复练习已有动作，从简单的、重复的练习中，尝试发现、探索新的动作，从而使自身获得发展。在反复的、成功的摆弄和练习中，获得愉快的体验。因此，感觉运动游戏的动因来自感官所获得的快感，由简单的重复运动所组成。

2. 象征性游戏

象征性游戏（symbolic play）是处于前运算阶段的儿童（2 ~ 7岁）最典型的游戏形式，这是把知觉到的事物用它的替代物来象征的一种游戏形式。当婴儿开始把环境与自身区别开来，就具有了进行象征性游戏的可能性。儿童将一物体作为一种信号物来代替现实的客体，就是象征游戏的开始。儿童把一种东西当做另一种东西来使用即“以物代物”、把自己假装成另一个人即“以人代人”，这是象征的表现形式。象征游戏反映了儿童符号机能（symbolic function）的出现和发展，以及对环境的同化倾向性，它是一种适应现实、按照自己的意愿和需要来塑造现实的游戏形式，体现着儿童认知发展的水平。

3. 结构游戏

结构游戏（constructive play）也称造型游戏（moldmaking play）或工作性游戏（working play）。结构游戏是儿童利用积木、积塑、金属材料、泥、沙、雪等各种材料进行建筑或构造（如用积木搭高楼），从而反映现实生活中的物体的活动。该类游戏要求儿童手脑并用，不断调控注意力和动作，进而可以促进儿童手部动作发展、对物体、数、形、空间特征的精细观察与理解，以及想象力和创造力等方面的发展。因此，在皮亚杰的认知理论中，结构游戏被视为感知运动游戏向象征性游戏转化的过渡环节，而且一直延续至成年期转变为建筑等活动。

4. 规则游戏

规则游戏（game-with-rules）是指由两个以上的7 ~ 11岁的儿童参加的，按照一定规则进行并带有竞赛性质的游戏。例如“棋类游戏”、“迷宫游戏”、“找异同”等锻炼幼儿思维能力、观察力和记忆力的智力游戏。研究表明，幼儿中期儿童能按一定规则进行游戏，但是他们常常出现因外部刺激或自己的兴趣而忘记以至破坏规则的现象；幼儿晚期的儿童，不仅能较好地从事这类游戏，还能较好地理解并坚持游戏的规则，同时还能运用规则约束参加游戏的所有成员。规则游戏可以发展儿童的逻辑思维能力及培养儿童遵守集体和社会道德规范的良好习惯。

（二）社会性分类

儿童的社会化是在个体与同伴群体的相互作用、相互影响中不断实现的，儿童的游戏过程往往反映了儿童社会性发展的规律。美国学者帕顿（Parton）认为游戏的社会性质遵循一个发展顺序，即在早期年龄段，个体与平行游戏占优势，在学前晚期，联合与合作游戏逐渐占据主导地位。他从儿童社会行为发展的角度，把游戏分为以下六种。

1. 偶然的行为（或称无所事事）

儿童行为缺乏目标，注视着身边突然发生的使他（她）感兴趣的事情，或摆弄自己的身体，或从椅子上爬上爬下，或到处乱转，或是坐在一个地方东张西望。

2. 旁观（游戏的旁观者）

儿童自始至终都只是其他儿童游戏的旁观者，该行为还不属于游戏。儿童大部分时间是在看其他儿童玩，听他们谈话，或向他们提问题，但并没有表示出要参加游戏。只是明确地观察、注视某几个儿童或群体的游戏，对所发生的一切都心中有数。

3. 独自游戏（单独的游戏）

自该阶段起，儿童社会参与水平开始提高。独自游戏指不与旁人发生联系的单独游戏。儿童独自一个人在玩玩具，所使用的玩具与周围其他儿童的不同。他

（她）只专注于自己的活动，不管别人在做什么，也没有作出接近其他儿童的尝试。以这种形式游戏的主要是尚无自我意识、并且不能理解他人的乳婴儿。

4．平行游戏

儿童与其他儿童操作同样的玩具，但相互之间不作交往。该游戏由两个以上的儿童在同一空间进行。平行游戏的儿童仍然是独自在玩，但他（她）所玩的玩具同周围儿童所玩的玩具是类似的，他（她）在同伴旁边玩，而不是与同伴一起玩。这是2～3岁儿童游戏的社会参与状况。

5．联合游戏

联合游戏是4岁以后儿童游戏的主要特点，是一种没有组织的共同游戏。儿童开始有较大的兴趣与其他儿童一起玩，同处于一个集体之中开展游戏，时常发生许多如借还玩具、短暂交谈的行为，但还没有建立共同目标。儿童个人的兴趣还不属于集体，做自己愿做的事情。儿童在游戏中虽有明显的社会交往行为，但仍以自己的兴趣为中心。

6．合作游戏

5岁以后的儿童，合作游戏越来越多。合作游戏是儿童社会化程度最高的游戏，儿童以集体共同目标为中心，在游戏中相互合作并努力达到目的。该阶段的儿童交往经验、游戏经验越来越丰富，语言表达能力越来越强，可以玩耍的游戏内容日益复杂，游戏种类越来越多，儿童在游戏中有明确的分工、合作及规则意识，其中有一到两个游戏的领导者。

（三）情绪体验分类

比勒根据儿童在游戏中的不同体验形式，将游戏分为以下四大类。

1．机能性游戏

婴儿期的游戏多属于机能性游戏，三四岁以后完全消失。机能性游戏是一种由身体运动本身产生快感的游戏，如动手脚、伸舌头、上下楼梯、捉迷藏等。

2．想象性游戏

想象性游戏也称模拟游戏，一般从2岁左右开始，随年龄的增加而逐渐增多。该类游戏是指利用玩具来模仿各种人和事物的游戏，如烧饭、木偶戏等游戏。

3．接受性游戏

指听童话故事、看画册、听音乐等以理解为主的游戏形式。在该类游戏中，儿童处于被动地位，愉快地欣赏所见所闻。

4．制作性游戏

制作性游戏从2岁开始，5岁左右较多。其中包括儿童用积木、黏土等主动地进行创造并欣赏结果的游戏，如搭积木、折纸、玩沙、绘画、泥工等。

（四）行为表现分类

依据儿童行为的表现可将学前儿童游戏分为语言游戏、运动游戏、想象游戏、交往游戏和表演游戏，而表演游戏则可以看作是以上其他几类游戏的综合形式。

1. 语言游戏（language play）

语言游戏是指以语音、词语、字形、词义、语调、语法等语言要素为内容和目的的游戏。语言游戏能帮助儿童掌握语言，提高儿童学习语言的兴趣，并能促进儿童元语言意识（或后设语言意识）（meta-linguistic awareness）的发展。

语言游戏不像其他游戏只是将语言作为交流信息的中介，而是探索、操纵语言符号本身，并使游戏者从中获得娱乐。

2. 运动游戏（motor play）

运动游戏在婴儿期就开始出现，幼儿期继续发展，是通过手脚和身体其他部位的运动而获得快乐的游戏活动。在运动游戏中，儿童的运动技能得到充分的发展。婴儿运动游戏的内容主要是踢腿、爬行、迈步，随着年龄的增长，运动游戏的内容日益复杂，到幼儿期以后，则有打秋千、滑滑梯、骑三轮车及相互追逐等。

3. 想象游戏（imaginative play）

想象游戏是儿童在假想的情境里按照自己的意愿扮演各种角色，体验各种角色的思想情感的游戏活动。想象游戏在儿童社会能力的发展中起着重要作用，约在1.5岁左右出现，通常是单独的想象性游戏，如给布娃娃穿衣、喂饭；3岁时幼儿开始出现合作的想象性游戏，它常常以怪诞、夸张的形式出现。想象游戏的高峰期大约在6岁，此时儿童的想象力十分丰富，能迅速、协调地从一种角色转换到另一种角色，从一种情境转移到另一种情境。

4. 交往游戏（intercourse play）

交往游戏是指两个以上的儿童以遵循某些共同规则为前提而开展的社会性游戏。该类游戏的特点是参与者互相呼应，而在使用游戏材料方面采用协商分配或轮换的形式。交往游戏按交往的性质可分为合作游戏和竞争游戏；按交往对象的不同则可分为与成人的交往游戏和与同伴的交往游戏。

5. 表演游戏（dramatic play）

表演游戏是以故事或童话情节为表演内容而展开的一种游戏形式。儿童在表演游戏中扮演故事或童话中的各种人物，并依照故事中人物的语言、动作和表情进行活动。表演游戏以儿童的语言、动作和情感发展为基础，一般幼儿中期的儿童才能较好地从事这类游戏。通过表演游戏，儿童不仅可以增长知识，而且还能提高表演才能和语言表达能力。

（五）学前儿童游戏的教育作用分类

前苏联的学前教育注重从教育角度研究游戏，根据游戏在实践中的教育作用进行分类，将游戏分成两大类：一类是创造性游戏，包括角色游戏、建筑造型游戏和表演游戏，此类游戏由儿童自由玩；另一类是教师的“教学游戏”，包括体育游戏、音乐游戏、语言游戏等，此类游戏由教师组织儿童进行。前苏联也有学者把游戏分为四类：模仿性的游戏、创造性的游戏、有规则的游戏、民间的游戏。我国在学习和借鉴国外游戏理论的基础上，形成了以下游戏分类的方式。

1. 创造性游戏和规则游戏（教学游戏）

我们可按图1-1的形式来了解创造性游戏和规则游戏。

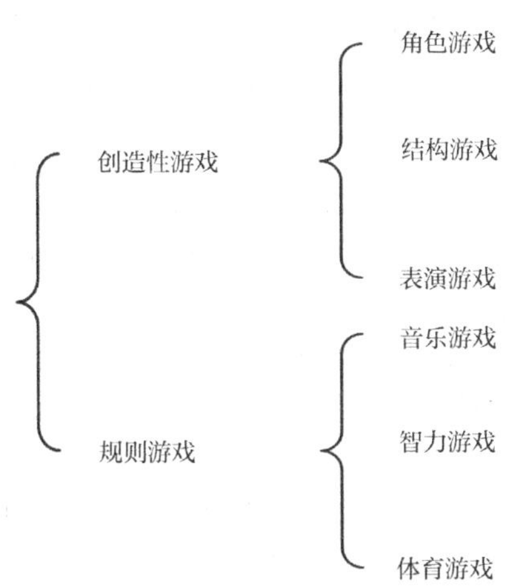

图1-1　创造性游戏和规则游戏的区分

创造性游戏是以幼儿自由创造为主的游戏，包括角色游戏、结构游戏和表演游戏。在该类游戏中幼儿不受外显规则的约束，完全按照自己的兴趣和需要来进行活动。规则游戏是指以教师组织和创编为主的游戏，包括体育游戏、音乐游戏和智力游戏。规则游戏（教学游戏）有明确的规则，幼儿在该类游戏中必须按照规则所要求的步骤和玩法进行活动。

2. 主动性游戏和被动性游戏

主动性游戏是指儿童运用肢体、肌肉的活动自由进行游戏，包括可以控制游戏速度或按自己的意愿来决定游戏的形式，如绘画、手工、玩积木、玩玩具、角色游戏、玩沙、玩水、唱歌。根据不同的游戏方式，主动性游戏可以再分为操作性游戏、建造性游戏、创造性游戏和想象性游戏。被动性游戏属于较静态的活动，儿童只需观看、聆听或欣赏，而不需进行体力活动，如看图书、听故事、看录像、听音乐等。

以上只是按照常用的一些标准对游戏进行了分类，由于游戏本身的复杂性和多样性，各类游戏的呈现往往是交叉融合并相互转化的。因此，在设计游戏活动时，需要把握游戏的复杂性，不能固化地要求幼儿在某个时间段里玩某种游戏。

五、学前儿童游戏的发展阶段

学前期是儿童成长和发展最快速的时期，学前儿童游戏也从零开始经过不断发展、变化直至成熟。了解和掌握学前儿童在游戏发展中的认知发展特点和规律，有助于我们理清学前儿童游戏发展的总体趋势，科学地指导游戏实践。按照皮亚杰的儿童心理理论，婴幼儿游戏心理发展可以分为三个阶段，即感觉运动性游戏水平阶段、象征性游戏水平阶段和规则性水平阶段。

（一）感觉运动性水平阶段

感觉运动性水平阶段也称机能性游戏阶段或练习性游戏阶段，是婴幼儿游戏发展的第一阶段和最初形式，也是婴儿阶段(特别是2岁前)游戏的基本特征。

游戏的发生与发展必须以一定的动作能力和心理发展水平为前提，处于人生最初阶段的婴儿身心活动突出表现为感觉运动性的认知特点。婴儿在6个月之前首先得到发展的是一些感觉器官的机能(视觉、听觉、嗅觉等)，而通过游戏，婴儿所获得的是生理性的快感，是感觉器官对适宜刺激的机能性需要得到满足的结果。例如，当孩子看到颜色鲜艳、能发出音乐声音的玩具时，会盯着它看、微笑。这可视作是感觉游戏。6个月以后，随着手眼协调动作的形成、发展，孩子出现了初步的有意识动作，逐渐能够较准确地抓握物体，也就可以主动地使自己感兴趣的事情或现象发生或持续。儿童不仅在感觉器官的运用上，也在运动器官功能的发挥上获得机能性快乐。当婴儿周岁以后，由于体力不断增长，动作不断发展，孩子对于活动的自然需求进一步加强。他们开始模仿成人的样子，尝试自己用勺子、杯子等日常用品，并进行一些日常生活活动的练习。当婴儿真正学会独立行走，产生独立意识和行动倾向时便不再满足于与成人的共同活动，这时玩弄物体的独处游戏开始在婴儿的生活中占据重要地位。婴儿的感觉运动游戏在感知觉器官和运动系统的发展、成熟过程中不断发展，同时在感觉运动游戏中，婴儿通过直接感知和动作操作也不断地促进着感知觉和运动机能的成熟和完善，促进着婴儿认知和身心的整体的发展。

（二）象征性水平阶段

这一阶段的学前儿童游戏主要有象征性游戏和结构性游戏两种形式。在儿童出生后第二年即感知运动性认知发展的末期，儿童的游戏性质就开始发生变化。从主要由啃咬、敲打、摇晃等动作图式构成的感知运动游戏向模仿真实生活转变。一方面由于认知能力的增强，逐渐出现了以一物体假装另一物体和扮演角色为主要形式的象征性游戏；另一方面由于动作和技能的发展，游戏从机能性转向建构性，开始出现了以各种材料建构物体结构造型的活动即结构游戏。

象征性游戏是以一物假装另一物和扮演角色为主要形式的一种游戏。情景转变、以物代物、以人代人是象征性游戏的构成因素和发展趋势。其中，情景转变是象征性游戏发生的标志，之后以物代物、以人代人相继产生并不断趋向成熟。在幼儿三四岁时，象征性游戏发展到了巅峰，游戏连贯性增强，逼真、准确、模拟现实的要求增强并出现了集体合作的倾向。在日常生活中，幼儿象征性游戏经常发生。例如：幼儿把积木当蛋糕给布娃娃吃；把木棍当马骑，兴高采烈地在操场上跑来跑去；把椅子当汽车，模仿着司机开车的动作等。游戏中的代替(假装、扮演)活动表现出明显的象征性，它表明幼儿具有了象征性的认知功能。但此阶段儿童的象征性游戏内容和情节都比较简单，受思维水平的限制，幼儿对游戏规

则的理解较差，自我控制的水平较低，游戏常随外部条件和自己情绪的变化而改变。象征性游戏有利于帮助幼儿增强社会适应力，解决情感上的冲突，也可帮助幼儿对未满足的要求进行补偿，例如角色的颠倒（例如服从与权威的颠倒）和自我的解放与扩张等。

结构性游戏是以各种结构材料建构物体的一种构造性游戏，倾向于构成“真正的”适应活动。例如，幼儿试图用积木建成一些房屋或机构的结构等，或是构成对问题的解决以及构成智慧性的创造性活动。结构游戏需要游戏者形状和空间知觉发展到一定水平以及具备一定的结构技能；同时，它也需要游戏者的象征功能有相当程度的发挥，因为儿童在此类游戏活动中，是通过自己对某一材料的操作和创造，来使当前造型(象征物)与真实的物体(被象征物)之间建立象征联系。正如皮亚杰所说，这种游戏“既卷入感知运动的机能，又卷入了象征性的表征”。结构性游戏对幼儿学习思维、智力开发、创造性能力和钻研精神的培养有着十分重要的作用。

象征性游戏与结构游戏在实际学前儿童个体身心发展过程中既交叉又融合，共同确定着婴幼儿游戏的象征性水平，使象征性成为学前儿童游戏在认知上最典型的发展特征。但幼儿自然的结构游戏发展比较缓慢，需要更多的指导。从学前末期开始，象征性游戏和结构性游戏便逐渐减少而进入结束期。

（三）规则性水平阶段

规则性游戏是在游戏中按一定的规则重现某一事件或动作，如“老鹰捉小鸡”、“石头、剪子、布”、独脚踢石块、打弹子等。由于儿童认知范围不断扩大、思维能力以及社会化程度不断提高，在幼儿末期游戏逐渐失去了具体的象征内容而进一步抽象化。一方面，游戏中角色的数量不断增加，规则产生成为可能；另一方面，思维的发展要求游戏越来越接近现实，结构游戏作为象征性游戏和实物认识及操作活动之间的过渡，由最初受象征性认知的影响逐渐演变成为真正的成人式的智力适应活动。

规则游戏中的规则主要是关于动作或语言的顺序以及在游戏中被允许的各种被禁止的动作或语言的规定，是保证游戏得以顺利进行的前提，也是游戏构成的中心。在象征性游戏中，幼儿关注的是角色的扮演过程，而不在意自己是否真的就是该角色或像这一角色。而在规则游戏中，幼儿更加关注行为的结果，他们在遵守规则的基础上，克服困难，为取得行为的结果(赢、取胜)而积极参与游戏。由此可见，这一阶段的学前儿童游戏目的性、坚持性不断增强，并通过规则游戏的竞争性体现了出来。规则游戏的发展，标志着此时的儿童语言及抽象思维的能力有了发展。通过游戏，儿童对规则的认知和理解水平逐步得到提高，控制自己行为来遵守规则的能力也逐步得以增长，这有利于幼儿的社会性发展，在发展幼儿自我意识、增进幼儿自信心、掌握社会规则等方面有重要作用。

可见，学前儿童游戏经历了从感觉运动性水平到象征性水平，再到规则性水平的认知演变过程，其中象征性是最典型的发展特征。游戏的认知发展趋势呈现出连续性和阶段性特点，是一个量变和质变的过程。认知的发展是游戏内容(主题、情节）不断扩展和游戏形式（如玩法、人数等）逐步提升的重要心理条件；同时，学前儿童游戏的发展也能促进儿童认知的发展。因此，在教育实践中教师要从学前儿童游戏发展所处的认知水平出发，对环境创设、游戏主题选编以及现场组织和实施等工作进行有效指导，既坚持儿童主体性的充分发挥，又能实现游戏的全面教育价值。

模块二 学前儿童游戏与学前教育

一、学前儿童游戏与学前教育的关系

游戏是学前儿童的基本生活方式，是学前教育的一种重要教育手段，这已成为全世界主流教育的共识。这样，教育也就必然要与儿童的游戏发生不同性质、不同层次或不同方面的联系。因此，考察学前儿童游戏与学前教育的关系成为我们必然要探究的问题。

（一）游戏是幼儿的权利

游戏在每个人的儿童期都扮演着重要的角色，对于儿童的发展具有重要作用，每一个儿童都有游戏的权利。给幼儿游戏的权利是促进幼儿健康和谐全面发展的基本策略，好的学前教育是保障幼儿游戏权利实现的重要渠道。

1989年8月在丹麦哥本哈根举行的“世界幼儿教育大会”的主题就是“保护儿童游戏的权利”。《儿童权利宣言》中强调“儿童应有游戏和娱乐的充分机会，应使游戏和娱乐达到与教育相同的目的；社会和公众事务当局应尽力设法使儿童得享此种权利”。1989年11月20日第44届联合国大会一致通过的《联合国儿童权利公约》第31条明确规定：“缔约国确认儿童有权享有休息和闲暇，从事与儿童年龄相宜的游戏和娱乐活动，以及自由参加文化生活和艺术活动。”该公约确认儿童不仅有发展权、受教育权，而且还有享受游戏的权利。1989年6月我国颁布实施（1996年6月修订）的幼儿教育第一部行政法规——《幼儿园工作规程（试行）》中也指出：“游戏是对幼儿进行全面发展教育的重要形式”，“幼儿园教育应该充分尊重幼儿作为学习主体的经验和体验，尊重他们身心发展的规律和学习特点，以游戏为基本活动，引导他们在与环境的积极相互作用中得到发展。”除此之外，1990年联合国儿童问题首脑会议通过的《儿童生存、保护和发展世界

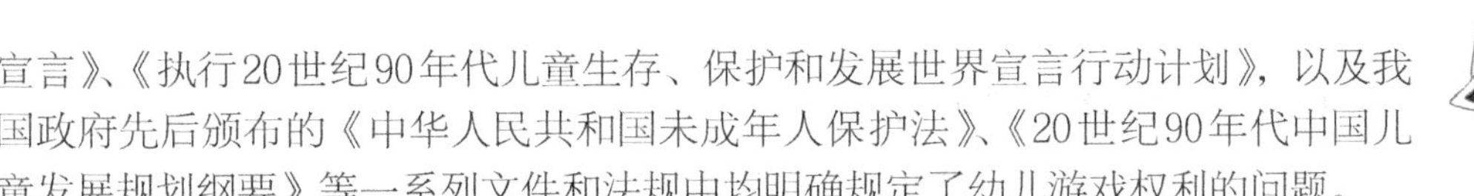
宣言》、《执行20世纪90年代儿童生存、保护和发展世界宣言行动计划》，以及我国政府先后颁布的《中华人民共和国未成年人保护法》、《20世纪90年代中国儿童发展规划纲要》等一系列文件和法规中均明确规定了幼儿游戏权利的问题。

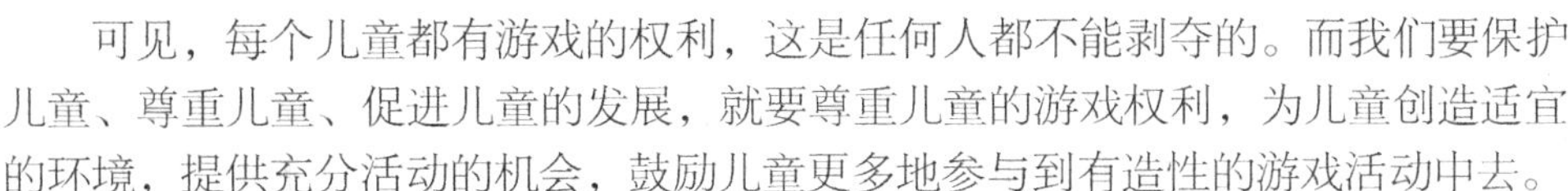
可见，每个儿童都有游戏的权利，这是任何人都不能剥夺的。而我们要保护儿童、尊重儿童、促进儿童的发展，就要尊重儿童的游戏权利，为儿童创造适宜的环境，提供充分活动的机会，鼓励儿童更多地参与到有造性的游戏活动中去。

（二）游戏具有教育功能

站在教育的角度审视游戏和站在游戏的角度反观教育，是两种不同的视界，会得出不同的结果。首先，是站在教育的角度来审视游戏，集中在游戏的教育功能上。游戏作为一种活动形式，哪些游戏类型能促进儿童的身心发展？哪些游戏类型能使社会所需的知识技能得以形成和发展？这是游戏教育功能的题中之意。在了解游戏教育功能之前，首先需要回答什么是教育。所谓教育，是一种与人的完整生活密切相关的培养人的社会活动，这种与人的完整生活的密切相关性，既表现在教育终极目标对完整生活主体的追求上，又体现为具体的教育过程与儿童现实生活和未来生活的恰当而完整的联系。而游戏的教育功能，即是指从儿童身心发展特点出发，游戏作为一种基本的教育活动对儿童所起到的作用。

对儿童来说，游戏是最好的学习方法，被看作是儿童的一种天性行为，它适应并满足儿童身心不同方面发展的需要，能促进儿童的自主发展。但游戏又不可避免地受制于社会文化的影响，是一种重要的社会文化现象，人们对“游戏”教育功能的认识也是伴随着社会的前进、历史的发展而逐步深入的。因此，教师可以通过游戏过程对幼儿进行引导，所以游戏又是一种促进儿童发展的教育活动。

胡森在《国际教育百科全书》一书中对游戏的教育功能作了简明扼要的归纳。他认为：通过各种不同类型的游戏活动，能培养儿童简单的身体协调；简单的身体适应；较复杂的身体协调；复杂的身体协调；记忆；创造性；预见技能；掩饰技能；配合；规则指导行为；对待成功和失败的态度；自居作用与感情移入；勤奋、自我牺牲和勇敢等能力和品性。一些学者更是认为，玩耍及其所包含的情感的满足对儿童也有重要价值。游戏能使儿童克服紧张情绪、消除愤怒，也有利于儿童始终保持积极乐观的情绪，促进儿童身体的生长发育。我国学者经过研究也发现，游戏对于儿童来说在智力、社会性、情感的满足和稳定方面以及身体的生长发育方面都具有发展功能；另外，在游戏中，教育的指导也是必要且重要的。游戏是幼儿主动参与的活动，在游戏中幼儿用自己的方法去感知和探索周围的世界，模仿和演练社会行为规范，但随着幼儿自觉性的萌生和逐渐提高，就会出现自觉与自发的协调问题，教育的重要意义就在于及时提供有效的帮助、引导和支持。

需要指出的是，游戏的教育功能是有限度、有前提并不断发展变化的，因此，教师要善于把握游戏中的教育契机，既赋予游戏一定的教育目的或功能，又不损害儿童自由选择的权利、不压制儿童自由活动的需要。这样，游戏才能最大限度地发挥其教育功能，提高教育的效力。

（三）学前教育需要游戏

从教育的角度审视完游戏后，一个更为重要的视角就是从游戏的角度关注教育。幼儿园是区别于家庭和其他场所的专门的学前教育机构，幼儿园的教学应具有游戏性。游戏性意味着幼儿能自主、自由、平等地参与教学过程，教学过程中幼儿个体经验的投入、丰富和扩展突出的是幼儿的游戏体验以及他们在游戏中的主体性和愉悦性。在传统的学前教育中，幼儿仅仅被视为是教育塑造的客体，其主体地位和个体差异被忽视，教师和家长将有目的、有计划地向幼儿传授知识、为幼儿适应应试教育打基础作为教育目的，这是一种具有强制精神和规范精神的非游戏性教育。幼儿是具有主观能动性的独立个体，他们通过直接操作与具体感知促使身心发展，因此，在教育教学实践中，教师与家长应与幼儿平等对话，给他们创设一个自由的环境，引导他们主动参与教育活动。然而，学前教育的游戏性并不意味着对幼儿完全放任，学前教育需要计划与规则；也即是说，任何一个具体的教育活动都具有某种程度的游戏性与非游戏性，游戏性这种自主、自由的精神同非游戏性这种强制精神、规范精神，往往处在一种此消彼长的关系中，教师在具体的教育教学过程中要不断地在二者之间寻求某种最适宜该时该地具体情境的恰当平衡点。

从另一个侧面来看，学前儿童的身心发展特点和学前教育的游戏性决定了幼儿园必须寓教育于幼儿的活动之中，而最好的活动便是游戏，游戏是学前儿童生活与教育不可或缺的重要内容。在幼儿园中，游戏主要有两种形式：一种是幼儿自主发起的自由游戏，它是幼儿身心发展的基础活动和生成教学游戏的土壤；另一种是教师有组织的教学游戏，它有效地提升了游戏的教育含量，具有明确的目标指向，是幼儿园教学活动的主要形式。处理好这两类游戏的关系是保证保教工作有效进行和幼儿身心健康发展的前提，我们既不能一味强调教学游戏，机械地搬用某些游戏形式而不重视实质的游戏乐趣，忽视幼儿自由游戏的价值；又不能对游戏放任自流，忽视教育目标甚至放弃教育。我们应以幼儿身心全面发展为基础，以多元的价值观为指导，将两类游戏有机地统一到幼儿的发展目标上来。

综上可观，“教育”与“游戏”通过游戏的教育功能与教育的游戏性这两个方面紧密地联系在一起。一方面，两者具有本质上的区别，专门的教育教学更多地强调目的、计划和效果，强调教师对幼儿活动的指导，而游戏则更多地强调兴趣、表现以及过程，强调幼儿自主的活动，两者都有独立存在的价值。另一方面，我们谈论游戏的教育功能，并不是要否定游戏的快乐原则，游戏在于享乐，享乐也具有某种潜在的教育价值。游戏对于儿童来说，本身就是一种发展，因为儿童在游戏的同时，身体与精神也得到了某种程度的放松和自由，从而为其发展提供了机会和准备。然而，这并不意味着所有的游戏对于儿童的发展都是积极的，幼儿身心发展的未完成性和游戏层次、类型的复杂性决定了它需要教育的引导和规范。总之，游戏与教育在儿童整个发展历程的不同阶段共同起到了重要的作用。

二、游戏教育及其模式探索

（一）游戏教育源起

游戏很早就被看作是“幼儿的需要”，其本身就有着教育的功能，因此，人们从未停止运用游戏来对幼儿进行教育的尝试，正如美国著名哲学家、教育家杜威所说：“无论何时，无论何国，凡是儿童的教育其大部分莫不借助于游戏与竞技，而对于年幼的儿童，尤其不能不如是。”而不同时代背景的人们从事教育实践的目的不同和所持有的价值观念不同，决定了游戏教育模式的差异。

游戏产生历史悠久，渊源于远古时期。在原始社会，游戏就对儿童认识成人社会和掌握一定的生活技能起过重要作用。而将游戏用于教学实践，并对游戏与教育的关系进行论述可以从古希腊探起。例如，在雅典和其他希腊城市所流行的儿童游戏达50余种之多，最常见的是掷股子、猜单双、玩球等。雅典的幼儿教育较为重视玩具的教育作用，其玩具包括各种各样的彩陶娃娃和泥制动物，还有铁环、陀螺、玩具车等。此外，雅典还将学习音乐、唱歌、吟诗、弹七弦和吹笛子等作为主要学习内容。可以说，雅典的儿童教育是将游戏运用于教育的早期典型。关于通过游戏进行教育，许多哲学家、思想家和教育学家均对此有所论述。

古希腊著名哲学家、教育家柏拉图认为，喜欢游戏是儿童的天性，但游戏不仅仅是玩耍、娱乐，也应与道德教育相结合。游戏中要防止出现违反规律和秩序的现象，着重培养幼儿勇敢、聪慧严肃和守法的性格。因此，“我们的孩子必须参加符合法律精神的正当游戏。因为，如果游戏是不符合法律的游戏，孩子们也会成为违反法律的孩子，他们就不可能成为品行端正的守法公民。”可见，在柏拉图的游戏教育思想中，体现了要求筛选和管理游戏的主张。

亚里士多德进一步提出教育要“适应人的天性”的原则，提出指导儿童游戏要防止儿童过度疲劳，“在体育中其首要作用的，应该是美丽的体格而不是野蛮的兽性的体格。”古罗马教育家昆体良认为儿童初学字时可以用雕有字母的象牙人像，使儿童在玩的当中学会字母。17世纪意大利人文主义者康帕内拉在其名著《太阳城》中认为，儿童在两岁至三岁时就应该根据墙上的图表、画图和文字学习字母文字和语言，而且应把游戏与学习结合起来。

英国著名哲学家、教育思想家洛克认为，教学要从儿童的年龄特点出发，使读书变得饶有趣味，从而产生一种轻松感和愉快感。例如，选择附有字母的玩具学习字母，再用印有动物名字的图片学习拼音，而后选择一本容易、有趣而又适合于儿童能力的插图书籍来学习阅读，这样寓学习于兴趣之中，他们就会把求学当成另外一种游戏或娱乐去追求，自己去要求学习。

法国教育思想家卢梭极其重视游戏对儿童身心发展的作用，他认为儿童最好是在生活中、在游戏中学习，这样的学习有趣、易懂、对生活有用。他甚至提出要使儿童离开折磨他们的书本，必须在游戏、在生活中度过其童年。第一个系统地讨论了幼儿教育的教育家夸美纽斯针对“禁欲主义”、“经院主义”的教育提出了“自然适应性原则”，他指出：“游戏是发展各种才能的重要智力活动，是扩大和丰富儿童观念范围的有力手段。”

以上教育家对游戏教学的论述尚未形成系统的理论体系，只有零散、随意的游戏穿插在教育之中。真正的学前公用教育开始于19世纪初，直至德国教育家福禄培尔（1782 ~ 1852)才发展了一套比较完善的幼儿教育体系。

（二）国外游戏教育模式探索

1837年，福禄培尔在勃兰登堡开办了第一所专门的学前教育机构，1840年正式命名为“幼儿园”（kindergarten）。在他创办的幼儿园中，游戏是幼儿的主要活动，幼儿的生活充满欢乐。他认为，游戏是儿童活动的特点，游戏和语言是儿童生活的组成因素，儿童游戏活动往往伴随着语言的表达，这有利于儿童语言的发展。福禄培尔还设计出一系列儿童玩具和幼儿园教具及教学法，他设计的“恩物”与“作业”为儿童各阶段的发展提供了教学手段。“恩物”也可称为儿童玩具和作业用具，是福禄培尔为儿童游戏和作业而制作的，后来逐步发展成为幼儿园的教学用具和材料。

福禄倍尔主要的学前教育思想包括如下几点。第一，教育应当适应儿童的发展。他认为教育应遵循儿童的自然本性，实现儿童的天然禀赋。学前儿童不是成人的缩影，幼儿园的教育应与学校不同，他为学前儿童创建了一种不用书本的学校。第二，教育应以儿童的自我活动为基础。儿童的天性是善的，儿童通过自我活动实现内部的发展，教师只为儿童提供条件，不进行干预，必要时才要儿童服从一定的要求。第三，游戏有重要的内部价值。他认为：“儿童早期的各种游戏，是一切未来生活的胚芽；……人的整个日后生活的渊源都在儿童早期。”“游戏是幼儿教育的基础。”“游戏是内部存在的自我活动表现，也是一种创造性活动，促进儿童的成熟和学习。”福禄培尔的游戏教学理论第一次奠基于对儿童身心的科学认识上，并阐释了游戏促进儿童身心发展的内在机制，为游戏教学逐步成熟奠定了坚实的基础。他也是第一个试图建立幼儿游戏体系的教育家，是引领现代学前教育第二次革命性进步的代表性人物，他研究了已有的学前教育理论，系统地阐明了幼儿园的基本原理和教学方法，著有《幼儿园教育学》（1862）《慈母游戏和儿歌》（1843）年等书，并在幼儿园中进行实践。

意大利教育家蒙台梭利是继福禄培尔之后在现代教育史上对幼儿教育及游戏教学理论具有重大贡献的幼儿专家。她创办的“幼儿之家”从实践走向理论，从而形成一套独特的游戏教学理论。1609 年，蒙台梭利发表了《适用于幼儿之家的幼儿教育的科学教育方法》，阐明了自己教育方法体系中的基本因素——自发冲动、自发行动和个体自由。蒙台梭利以为儿童的自发冲动是一种无意识地追求某种东西的动作，通过这种动作儿童的生命力不仅得到表现和满足，而且得到进一步发展，而游戏就是一种儿童自发冲动下的活动。蒙台梭利设计了3大类共14种教学玩具，包括用于实际生活训练或动作教育的、用于感官教育的、用于读写算准备练习的，这套教具具有很高的教育价值，在20世纪初风行一时。

20世纪初，美国实用主义哲学家、教育家杜威从他的“活动”理论出发，

为游戏教学奠定了哲学基础。杜威非常重视儿童的游戏活动在教学中的作用，他认为经验是学习的基础，在原始本能与冲动的驱使下，儿童主动地与环境相互作用，获得经验，而游戏是儿童获得经验的主要形式。他强调儿童“从做中学”、“从经验中学”，在主动作业中获得发展。主动作业包括游戏、竞技、建造等，这些都是使儿童有机会从事各种调动他们的自然冲动的活动，最容易成为儿童所喜欢的事情。这样，学生就可以通过自身来对周围世界进行认识和理解。

（三）中国的游戏教育

我国教育家很早就对幼儿游戏教育有了论述，在《礼记·内则》、《少仪》、《大戴礼记》、《保傅》、《贾谊新书·保傅篇》等篇中都有关于幼儿游戏教育的探讨。我国的幼儿教育向来有“寓教于乐”的游戏主张。宋、明兴起的蒙养教学比较注重儿童的学习兴趣，强调要教人“乐学”，多注重歌舞、吟诗、讲故事之类，让儿童在欢呼嬉笑之间，习得行为规范。程颐曾说，“教人未见意趣，必不乐学”；朱熹亦强调“乐教”的重要性；王守仁主张，“大抵童子之情，乐嬉游而惮拘检，如草木之始萌芽，舒畅之，则条达；摧挠之，则衰痿。今教童子，必使其趋向鼓舞，中心喜悦，则其进自不能已。譬之时雨春风内容中，沾被卉木，莫不萌动发越，自然日长月化，若冰霜剥落，则生意萧索，日就枯槁矣。”“童子戏”是当时幼儿教育常用的游戏教学方法之一。古代教育家们已认识到儿童的特点，但受封建社会的影响，要求儿童“少年老成”、“勤有功，戏无益”的观点极为普遍，因此，当时的主流儿童教育还是非游戏化、违背孩子天性的。

清末维新人士及清政府都注意到幼儿教育，1903年，清政府制定的《奏定学堂章程》（简称《章程》）规定：学前儿童的教育“以蒙养院辅助家庭教育”，保育教导的主要内容有“游戏、歌谣、谈话和手技”。根据《章程》的指示，我国最早的学前教育机构——武昌模范小学蒙养院于1903年诞生，次年上海也建立了务本女塾幼稚舍。此外，清末许多报纸都辟有游戏专版，有的致力于推动幼儿游戏。

我国以托幼机构教育实践为基础的幼儿游戏教育理论与实践研究始于20世纪20年代，至今大致经历了以下四个阶段。

第一阶段是20世纪20 ~ 40年代。这一阶段是在介绍和引进国外游戏理论的基础上，开始我国儿童游戏研究的工作，主要代表人物是陈鹤琴。1923年，陈鹤琴创办了我国第一个幼儿教育实验中心——南京鼓楼幼稚园，1940年还建立了我国第一所公立幼儿师范——江西省立实验幼稚师范学校，积极倡导和躬行将游戏充分运用于幼儿教育中。陈鹤琴认为，儿童之所以游戏与两方面因素有关：一方面与儿童游戏的力量、体力和能力、动作技能的发展有关；另一方面与儿童好动的天性和游戏能给孩子以快感有关。从儿童身心发展的角度考察儿童游戏的原因与游戏的发展变化是其儿童游戏思想的核心。他提出：“儿童以游戏为生命，游戏具有种种教育上的价值，我们更加宜利用。”“我们应当依儿童的年龄，给予各种游戏工具，使他有适当的游戏”。他主张“游戏性教育”，“儿童既喜欢游戏，我们就可以利用游戏来支配他的动作，来养成他的习惯”。他还提出：“游戏从心理方面说是儿童的第二生命，五六个月大的小孩子就表现出对游戏的兴趣……到了进幼稚园的时候……他所需要的游戏比以前复杂得多了。游戏从教育方面说是儿童的优良教师，他从游戏中认识环境，理解物性，他从游戏中强健身体，活泼动作，他从游戏中锻炼思想，学习做人。游戏实是儿童的良师。”基于陈鹤琴的研究，游戏在当时成为幼儿园课程的重要组成部分。此外，张雪门、张宗麟、孙铭勋、王骏声和樊兆更等也对幼儿的游戏教育进行了探讨。

1928年，当时的国民政府教育部制定并颁布了《幼稚园课程标准》，其中把游戏规定为幼儿园课程的重要内容；并指出，幼儿园游戏内容包括计数游戏、故事表情和唱歌表情游戏、节奏和舞蹈游戏、感觉游戏、模拟游戏及传统游戏。在组织幼儿进行各种活动时主张尊重儿童的意愿，注重教师的指导，包括小组和个别指导。这一时期注重让幼儿通过实际生活和游戏获得各种经验。

第二阶段是20世纪40～60年代。这一阶段我国幼儿教育理论与实践全面苏化，排斥了来自欧美的幼儿教育理论与实践，但中国化研究不够。在该阶段，以社会历史文化学派的心理学理论为基础的游戏理论对我国幼儿游戏教育理论与实践的发展产生巨大的影响。如强调活动在儿童心理发展的主导作用，强调游戏的社会性本质，反对本能论，注重利用主题角色游戏和规则游戏来设计教学游戏等。

我国儿童游戏教育模式的第三个探究阶段是“文革”时期。在该时期我国教育的发展受到阻碍，学前教育的研究也处于停滞状态；相反，国外幼儿园教育理论与实践却处在迅速发展时期。

第四阶段是20世纪70年代末至今。20世纪70年代末到80年代初，相当数量的学前教育工作者不了解国外儿童游戏研究的状况，指导幼儿园教育实践的主要是原苏联20世纪50～60年代的游戏理论。我国儿童游戏教育研究力量薄弱，专业研究队伍人数少，对游戏的研究也仅局限于学前教育领域。20世纪80年代初到80年代末，我国学者广泛翻译世界各国的儿童游戏教育研究的著作，在介绍国外游戏教育理论的基础上寻求我国本土的学前儿童游戏教育模式。

20世纪80年代末以来，我国幼儿园教育从观念到实践都发生了较大的变化，以幼儿园课程改革为核心的幼儿园教育改革蓬勃发展，一些科学的儿童观和教育观越来越多地被幼儿园教师所接受。如：尊重儿童独立人格与权利；尊重儿童学习的主动性、创造性；培养与发展幼儿的主体性等。幼儿教育研究者们正在尝试建立具有中国特色的幼儿教育理论体系，也出现了许多有特色和有影响的理论与实践研究。

目前以北京师范大学、南京师范大学等高校为代表，为学前游戏教育作出众多贡献。上海静安区幼儿园在近20年的探索与实践中，针对幼儿游戏开展了一系列深入的改革与课题研究，摸索总结出一套行之有效的做法。

（1）日常生活中的自由游戏　自由游戏的特点是开放、松散。教师在教室、走廊创设许多以物为媒体的游戏，游戏的内容是多方面的，游戏的难易是多层次的，游戏的材料是多种类的，游戏的玩法是多变的，游戏的时间是随意的（可在来园、饭后、间歇等时间），游戏占据的空间是多方位的（有桌面、地面、墙面

等）。幼儿参与游戏的方式是按个人意愿进行，以个别活动为主。幼儿在游戏中的学习活动以自发兴趣为导向，通过摆弄、操作等方式来进行。自由游戏着眼幼儿在游戏中的体验，幼儿按照自己的意愿自由选择，自主游戏。教师则是观察、了解每个幼儿的发展水平与学习特点，以此为任务定向游戏、集体游戏提供活动设计的依据。

在此种游戏活动中，幼儿游戏性最强，教师对游戏过程的干预最少。

（2）活动室的任务定向游戏　活动室的任务定向游戏具有半封闭、低结构的活动特点。在教师创设的游戏环境中，封闭性和开放性并存。在游戏设计上，教师按照幼儿每一阶段的学习，有顺序、有内在联系地安排游戏材料，并给予幼儿专门的时间与空间（非正式活动室），让幼儿体验某方面的感性经验。相对于自由游戏而言，任务定向游戏环境中的学习要求更外显一些，提供幼儿游戏的材料也更为集中一些，幼儿游戏时间相对固定。但在游戏过程中幼儿仍可自由地个别玩或结伴玩，仍可按自己的发展水平和学习速度进行游戏，同时接受教师一定的启发、引导或点拨。

在任务定向游戏中，教师的主要任务是观察幼儿的游戏过程，了解幼儿的游戏结果，并调整游戏的内容，使游戏中的任务定向始终与幼儿的原有水平保持一种幼儿学习的最近发展区。同时注重幼儿发展的个体差异，为发展较快或较迟缓的幼儿提供适宜的游戏内容，引导他们与同伴进行横向交流。

（3）教师组织的集体游戏　教师组织的集体游戏具有封闭和高结构的活动特点。教师事先设计的游戏目标指向明确，游戏设计周密，教师组织游戏的语言严谨，层次清楚。教师以集体的方式（全班或分组）进行，游戏过程既受教师的影响，又受到同伴的影响，幼儿游戏的进程受教师事先设计的游戏方案制约。这类游戏学习要求更为明确，但在设计与游戏组织进程中，教师比较注重激发幼儿产生自愿、自发的动机与积极愉快的主观体验。教师的任务是让幼儿在游戏中愉快地学习、自主地发展。教师组织的集体性游戏，相对自由游戏、任务定向游戏而言，可以是前置性的，即对幼儿今后阶段的学习起引导、启迪作用；可以是过程性的，即对当前幼儿学习普遍需要解决的难题通过集体游戏得到解决；也可以是后置性的，即对幼儿一个时期的学习内容进行综合、归类。

北京市在发展和建立游戏实验园、开展“以游戏为基本活动”课程模式的研究和探索中，取得了丰硕的研究成果。他们关于“区域游戏与主题游戏的融合”就是一种把幼儿的学习融入游戏之中的课程模式。

（1）区域游戏　课程把幼儿的区域游戏划分为六大类，它们是建构类、美劳类、表演类、益智类、角色类和运动类。其中，建构类游戏由大型建构、小型建构、沙水建构组成；美劳类游戏由绘画、手工制作、欣赏组成；表演类游戏由歌舞表演、故事表演组成；益智类游戏由观察、操作、阅读、探索、规则游戏组成；角色类游戏由现实生活角色和非现实生活角色组成；运动类游戏由大中型体育设施。中小型器械、手持轻器械、自然物游戏组成。六大类游戏在课程中的作用主要是创设能够支持幼儿兴趣活动的物质环境，保证幼儿素质潜能的开发和个性的充分发展。教师有计划创设的区域游戏环境应包含幼儿园基本的教学任务，各区域游戏在目标上既各有侧重，又有重合。

（2）主题游戏　主题游戏是指教师根据幼儿的兴趣和发展需要灵活生成的活动。游戏的线索是幼儿随心所欲的发散性思维，其中也渗透了教师有意识的鼓励和帮助。课程把幼儿的主题游戏划分为自我认识、生存环境、生物世界和科学探索这四大类。主题游戏在培养幼儿学会主动学习方面起着突出作用。它能够启发幼儿探究的兴趣和养成合作研究的习惯，使每一个幼儿都能借助集体的力量，实现学习能力（包括认识能力、表达能力、表现能力）的自我超越。游戏的表现形式以小组学习为主，不同主题、不同内容的游戏，参加的幼儿人数也不同。

（3）区域游戏与主题游戏的融合　幼儿的区域游戏和主题游戏是既有区别又有联系的。一般来说，幼儿在区域游戏中关注的是区域中环境的探索和游戏内容的挖掘；在主题游戏中关注的是寻找兴趣点和合作研究、表达、表现。由于这种划分不是由规则所限定，而是由幼儿兴趣和游戏需要自然形成的，因此两种游戏就经常互为融合。幼儿可能在某一游戏区发现兴趣点，生成主题并把游戏扩展到其他区域；也可能在主题游戏中形成分工，分散到各区域中去研究、探索、表达、表现，并转化为区域游戏的主要内容。正因为两种游戏具有相互联系、相互依存的特点，在教育实践中努力使这两种游戏自然融合，就能达到1加1大于2的效果。

三、游戏中教玩具的运用

教玩具是幼儿进行游戏和教师开展游戏教学的基本工具，是保障游戏活动有效进行的重要条件。因此，要更好地进行游戏实践，使幼儿从中获得身心不同方面的发展，需要对教玩具有整体的认识和把握。

（一）教玩具的含义

教玩具是幼儿认识事物、积累经验、发展智力的主要途径和学习方式，也是游戏开展的载体和前提，它包括教师运用的教具、幼儿操作活动的具体材料、电化教学等，它是教师有效地传递信息、促使主体与客体相互作用，以及发挥主体学习积极性、主动性的重要因素。

3～6岁的幼儿好动、好问又好奇，他们注意的无意性占优势，知识经验贫乏，思维具体、形象、富于想象。在日常生活中我们不难看到，幼儿处在觉醒状态和身体健康的时候，不管在什么场合都能将其所运用的物品变成玩具。例如：吃饭时可以摆弄食品或餐具；走路时总要看一看、摸一摸或踢一踢路边的花草；甚至早晨起床穿衣时还会以反复穿脱衣服来嬉戏作乐，该年龄阶段幼儿的特点决定了教玩具是其主要的学习资源。《幼儿园教育指导纲要》（简称《纲要》）也指出："指导幼儿利用身边的物品或废旧材料制作玩具、手工艺品等来美化自己的生活或开展其他活动。"这体现了玩教具是幼儿游戏中必不可少的关键物质基础。

教玩具运用得当，对幼儿身心发展具有重要作用。

首先，形象生动的教玩具，有助于幼儿掌握知识和技能。学前儿童思维以具体形象思维为主，因此，教师在保教工作中与孩子沟通时应尽量配以具体的材料和形象。例如：语言活动课，老师会利用绘本或实物图文并茂地讲述故事；数学活动课，教师可以利用就餐时摆放筷子让幼儿感知数的概念。

其次，多类型多层次的教玩具，有助于幼儿想象力、创造力的发展。陈鹤琴先生曾说道："一切教学，不仅仅在做上打基础，也应当在思想上做工夫，最危险的，就是儿童没有思想的机会"。"最宝贵的是儿童们自动研究的精神，这种精神是小朋友们本已潜在的，不过因为种种的限制，使它不能流露出来罢了。我们现在最要紧的，就是启发他们这种自动研究的精神"。而在教育实践中，多数幼儿喜爱新鲜的、具有可操作性的游戏材料，特别是一些可让幼儿充分发挥想象力、创造力的教玩具，幼儿非常希望通过自己的思考去寻找答案。因此，合理利用教玩具，引发幼儿对玩具的探索，对培养幼儿的思维能力有重要作用。

此外，操作性强的教玩具，有助于幼儿去发现和进行自主探索。《纲要》中强调："提供丰富的可操作的材料，为每个幼儿都能运用感官、多种方式进行探索提供活动的条件。"因此，教师要为幼儿创设可探究的环境，及时提供丰富的、操作性强的教玩具，支持和引发幼儿积极主动地探究，更进一步地培养幼儿的个性和审美能力。

（三）教玩具在学前儿童游戏中的作用

教玩具作为学前儿童游戏的物质载体，在儿童游戏中也发挥着重要作用，主要表现在以下几个方面。

首先，教玩具能激发游戏的开展。幼儿通过游戏与世界互动并获得发展，而幼儿身心发展的未完成性决定了他们对世界的认识与把握必须借助于生活中真实的物品。因此，模仿生活中真实物品的玩具对幼儿有重大的启发意义，这促使了游戏的产生。

其次，教玩具能给幼儿提供锻炼的机会。幼儿在游戏过程中会充分发挥教玩具的作用，并通过教玩具体验情绪情感、放飞个性，幼儿在现实生活中没有能得到训练的技能在游戏中也可以获得满足，例如幼儿在角色游戏中就可以获得角色学习的机会和角色认同的机会。

同时，教玩具作为幼儿生活与学习的媒介，促使幼儿不断地关注自己与他人，不断地加深对世界的认识。随着幼儿对世界的认识越来越深，经验越积越多，他们游戏的水平也会不断提高。

（四）教玩具的投放

教玩具在幼儿园的教学中扮演着重要角色，因此，优化教玩具，提高幼儿园活动效果是非常重要的。但在实际的幼儿园教学工作中，教玩具的制作与运用还存在一些问题。如以下案例：区域活动时间，大三班孩子们一蜂窝挤向新设的区角，那里有老师刚投入的手工操作材料。只可惜能容纳的人数有限，没抢到位置的孩子失望地回到座位上。老师只好动员这些孩子到其他区角去玩，可这些孩子宁可自己拿出本子画画，也不愿去玩那些原来设置的拼图区、编织区。既然没有人在这些区玩，不如干脆撤换，可想想花了这么多时间制作的材料，被孩子们玩了那么几次就“遗弃”了，实在太可惜。从以上案例可见，老师们花了大量时间和精力在区角材料的制作和投放上，但却不能迎合幼儿的兴趣和需要，没办法，老师们只好大批大批地更换，这造成教师精力和教学资源大量的隐性浪费。如何提高教玩具的利用率，科学、合理地投放教玩具？这是我们值得探讨的问题。

具体来说，教玩具及游戏材料的投放应注意以下几个方面。首先，投放要有计划性，这是投放材料的关键，包括何处要投放何种玩具材料，投放多少，要避免在游戏过程中出现材料浪费或因材料不足而引发冲突。其次，材料的投放应坚持循序渐进和可转变性两个原则。循序渐进原则是指投放材料时要根据不同年龄段幼儿的发展目标有序地进行，从多到少，从简到繁，从具体到抽象；可转变性原则是指材料从内容和位置上要进行转换，以打破幼儿的常规思维模式，激发他们持续研究的兴趣。最后，材料的投放最重要的是要满足幼儿的年龄特征与个体差异，例如，小班的幼儿选择教玩具时材料真实性要高，同种类型的玩具材料要尽可能多，因为小班幼儿模仿意识强、独立性差，玩玩具时倾向于选择同类玩具，这样可以避免抢夺玩具的冲突。

（五）自制教玩具

教玩具是教师在幼儿教学中采用的一种教学手段，但目前市场上教玩具品种虽多但并不完全符合实际学情，《幼儿园教玩具配备目录》仍然是“提倡幼儿园参照本目录的内容，就地取材，利用各种无毒、安全、卫生的自然物和废旧材料自制教玩具”，我们也应当看到幼儿园玩具种类和数量不足仍然是一个普遍存在的问题。为了减轻幼儿园的经济负担，满足幼儿教育教学活动的需要，自制教玩具显得十分重要。

自制教玩具与花费资金购买的商业化教玩具是不同的，自制教玩具既能为幼儿的学习提供各种感知觉刺激和可操作的、具体形象的“概念框架”，为幼儿动手动脑主动学习创造有利的条件，又可以有效地节约资金，缓解幼儿园的经济压力。在制作教玩具时，应把握好以下几方面的特点。

第一，自制教玩具应该是安全的。幼儿的安全在任何时候都是放在首位的，因此，自制教玩具要考虑到任何存在的安全隐患，并一一消除。例如，所制教玩具必须符合安全、卫生的要求，不符合安全、卫生的要求，就会使幼儿受到伤害，还可能成为传播疾病的媒介；不能有尖锐边缘或尖角，否则幼儿在活动时稍有不慎就可能被撞伤或刮伤等。

第二，自制教玩具要适宜。所制教玩具要符合幼儿的年龄特点，才能有效地开发幼儿智力，培养幼儿学习兴趣。同时，制作出来的教玩具需要是可玩的、活动多变、可拆可拼的，让幼儿通过手的动作带动思维。一般要求玩具造型美观大方，色彩鲜明亮丽，形象生动，能够诱发幼儿学习兴趣。

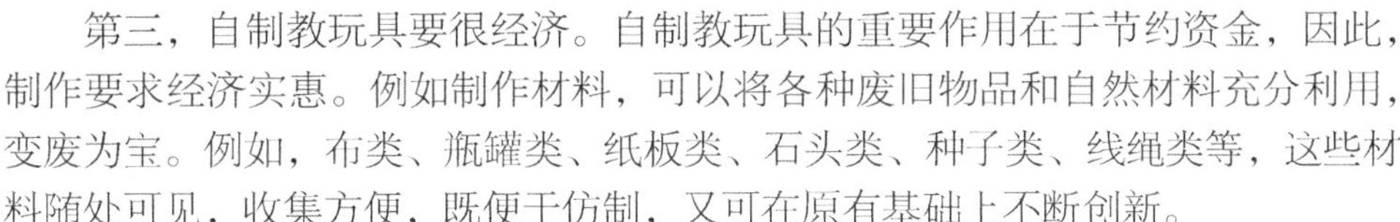

第三，自制教玩具要很经济。自制教玩具的重要作用在于节约资金，因此，制作要求经济实惠。例如制作材料，可以将各种废旧物品和自然材料充分利用，变废为宝。例如，布类、瓶罐类、纸板类、石头类、种子类、线绳类等，这些材料随处可见，收集方便，既便于仿制，又可在原有基础上不断创新。

第四，自制教玩具要具有不定型的特点。教师和孩子们可以根据教育教学的实际需要及时创作，共同探讨，一起深入挖掘材料的新功能、新玩法，做到一物多玩，避免材料的浪费和教师精力的耗费。

最后，还可以调用多方资源参与教玩具制作。除了教师，还包括幼儿和家长，可以调动多方资源的参与，激发幼儿和家长的创造力，能够很好地让自制教玩具做起来。如：在“小小蛋儿把门开”这一主题活动，可以让孩子每人带两只生蛋和熟蛋，家长与孩子共同讨论安全携带生蛋到幼儿园的方法。

●【思考题】

1.学前儿童游戏的理论有哪些?

2.学前儿童游戏与成人游戏的区别在哪里?

3.学前儿童游戏的本质特点是什么?

4.按社会性，学前儿童游戏可分为哪些类型?

5.按照教育作用，学前儿童游戏可分为哪些类型?

6.简述学前儿童游戏的发展阶段。

7.游戏与学前教育的关系是什么?

8.试论述学前儿童游戏教育模式。

9.教玩具和游戏材料的投放应注意哪些原则?

10.自制教玩具需要注意什么?

项目二 学前儿童角色游戏设计与指导

【项目目标】

1. 了解角色游戏的概念及发展。
2. 理解角色游戏对幼儿的教育功能。
3. 能对幼儿的角色游戏行为进行观察、记录与评价。
4. 能按规范制订各年龄班幼儿角色游戏指导计划。

【项目预备知识】

一、什么是角色游戏

角色游戏是幼儿自然游戏的一种，是幼儿借助模仿和想象，通过扮演角色创造性地反映周围生活的游戏。角色游戏是幼儿最喜欢的活动，是幼儿通过模仿和想象，扮演角色，创造性地反映现实生活的一种游戏。角色游戏的角色可以包括社会各行各业，涉及周围各种环境，其内容丰富多彩，饶有情趣，角色游戏集自由性、趣味性、假设性和创造性于一体，正好与幼儿好奇、好玩、好动的年龄特征契合，角色游戏全面反映了游戏的特点，但与有规则的游戏是由成人预构的不同，角色游戏是幼儿自己创造的，其内容反映的是社会生活，在两三岁时产生，学前晚期达到最高峰。

二、角色游戏的产生和发展

（一）角色游戏的产生

角色游戏是一种典型的象征性游戏，它是伴随着幼儿的心理发展到一定阶段自然产生的。2岁之前幼儿的游戏主要是简单的感觉运动游戏。幼儿寻求并满足于感觉与运动器官的机能性快乐，故也被称为机能性游戏，如敲打和摆弄物体、摇木马等。2岁以后，由于模仿和想象能力的发展，幼儿开始能够进行延迟模仿，也就是说可以借助头脑中的表象，在事后进行模仿。正是这种延迟模仿的能力使他们能够在非真实的情境中模仿曾经经历或想象的生活情景，展开新的游戏形式——角色游戏。3 ~ 5岁的孩子普遍都热衷于角色游戏，6 ~ 7岁以后角色游戏逐渐减少并逐渐被规则游戏所取代。

（二）角色游戏的发展

角色游戏是幼儿游戏发展的必经阶段，是不能跨越的。正常发展的幼儿都必然会经历角色游戏这个阶段，从中获得情感、社会能力以及认知等方面的发展。幼儿不可能从感觉运动游戏直接跨入规则游戏，这也是由他们智力发展的阶段性所决定的。而角色游戏本身也是有一定的发展过程的，角色游戏的发展可以从角色扮演水平、游戏内容的扩展与丰富、材料与玩具的使用以及语言与社会能力的发展等方面来衡量和评价。

1．角色扮演水平的提高

第一阶段，幼儿不能意识到自己所扮演的角色，而是满足于摆弄物体和反复进行同样的动作。如幼儿反复“喂娃娃”，不停地“切菜”，且没有意识到自己是在扮演妈妈。

第二阶段，幼儿开始意识到自己所扮演的角色，但是经常会转移注意力，不能始终按照角色的要求来行动。如“妈妈”在喂娃娃时，听到有人喊自己或是看到别的游戏开始了，会丢下娃娃就走，离开自己的游戏和所扮演的角色。

第三阶段，幼儿角色意识明确，能够按照角色要求来行动，但还不能与其他角色进行有效的配合。如扮演医生的幼儿始终在忙着自己的事情，一会儿给病人把脉，一会儿用听诊器给病人听心跳，但一直没有注意到旁边的护士，没有跟护士进行角色间的沟通。

第四阶段，幼儿的角色意识明确而且能够协调角色间关系，有角色行为的配合互动，已达到共同游戏的需要和实现游戏的目的。如同样是扮演医生，不仅检查病人的状态，而且请护士给病人量体温，还会安慰病人，嘱咐病人回家后按时吃药等。

2. 游戏内容的不断扩展与丰富

幼儿游戏的内容包括主题和情节两个方面。游戏主题是指在游戏中所反映的社会现象的范围，如幼儿游戏中有家庭生活主题，有医院、商场、超市、银行和110等扩展的社会生活主题。游戏情节是指主题的展开以及游戏中的具体活动过程。在幼儿的游戏中往往主题相同而游戏情节却有很大的差别。幼儿游戏主题的范围由所熟悉的家庭或幼儿园的生活，逐渐扩大到社会生活。主题的性质由简单的、自由的到比较复杂的、有规定的内容，如从“娃娃家”到“照相馆”和“图书馆”。游戏情节的发展表现为由零散、片断到出现系列，并逐渐丰富和富有创造性。

3. 使用材料与玩具能力的发展

第一阶段表现为模仿性强，往往是别人玩什么，自己就玩什么，自己没有的话就会从同伴那里去“抢”。第二阶段，幼儿不再只模仿他人，而是能够根据自己的兴趣使用材料，但这些材料通常是实物，形象性比较强。第三阶段，幼儿能够按照角色要求使用替代物，这些替代物与真实物体具有外形上的相似性，如木棍代替针筒，扫把当马骑。第四阶段，幼儿能够不拘泥于材料外形上的相似，有时还能够借助于想象力用语言来替代。

4. 语言与社会能力的发展

第一阶段是平行游戏阶段，游戏时幼儿各人玩各人的，很少有语言沟通，主要是自言自语；第二阶段，幼儿开始进行联合游戏，并能够进行简单对话，对话的内容围绕材料出现，如对材料的借还，对游戏结果的评价等；第三阶段，与合作游戏对应，能够依据游戏情节的发展和角色身份进行有意义的沟通，同时能够在游戏外以自然身份进行沟通，也即能自觉出入于游戏内外。

三、角色游戏的教育作用

角色游戏是幼儿期最重要的游戏活动之一，开展角色游戏对幼儿获取知识，开阔视野，发展思维，锻铸个性，培养能力，形成良好的思想品德，实现社会化发展目标都大有助益。

（一）促进幼儿智力发展

角色游戏能唤起幼儿的兴趣，集中注意力，活跃幼儿的智力活动，使幼儿在轻松愉快的气氛中学习，从而促进幼儿智力的发展，幼儿将已有的知识经验综合

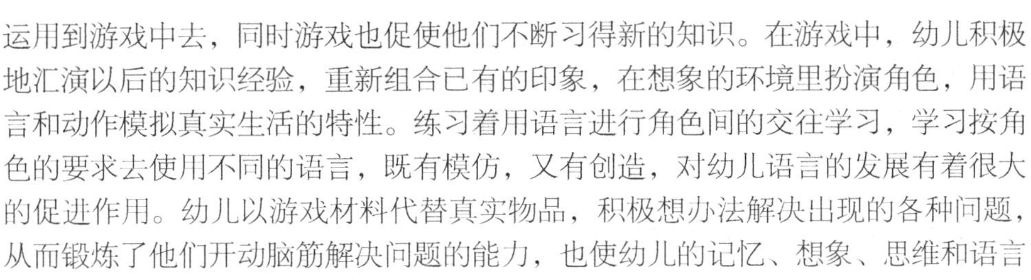

运用到游戏中去，同时游戏也促使他们不断习得新的知识。在游戏中，幼儿积极地汇演以后的知识经验，重新组合已有的印象，在想象的环境里扮演角色，用语言和动作模拟真实生活的特性。练习着用语言进行角色间的交往学习，学习按角色的要求去使用不同的语言，既有模仿，又有创造，对幼儿语言的发展有着很大的促进作用。幼儿以游戏材料代替真实物品，积极想办法解决出现的各种问题，从而锻炼了他们开动脑筋解决问题的能力，也使幼儿的记忆、想象、思维和语言能力得到发展。

（二）促进幼儿社会性发展

幼儿在角色游戏中通过模仿和想象,扮演着各种角色,创造性地反映现实生活。在游戏中体验人与人之间的道德情感和同情心,在与同伴间的相互交往中建立亲密、友好的关系,从中得到满足和快乐。在幼儿园中重视开展角色游戏,把它作为教育活动的一种形式,为幼儿提供游戏的环境和材料,拓展游戏的内容,引导和发挥幼儿的创造性、主体性,是促进幼儿社会性发展的重要途径。

1. 角色游戏有助于幼儿发展恰当的自我意识，摆脱自我中心

自我意识是人的社会性发展的基础，发展恰当的自我意识是人的社会性发展的第一步。幼儿是典型的自我中心主义者，他们往往从自己的角度出发去考虑问题，去理解周围的任何事物，不能从他人的角度去看问题。角色游戏在促进幼儿从他人的角度看问题的能力发展中起着重要的作用。通过角色游戏，幼儿由于角色的需要而扮演别人，必须以别人的身份出现，从别人的角度去看问题。这样，可以比较自然地学会改变自己看问题的角度，逐渐克服“自我中心”的观点，使自我意识得到发展。

2. 角色游戏促进了幼儿的同伴交往，发展了他们的交往技能

同伴交往是幼儿社会性发展的必经途径。为了角色游戏的顺利开展，幼儿必须首先就游戏主题、游戏内容、游戏情节以及角色分配等进行沟通与交流，这就促进了现实的伙伴交往关系的形成与发展；另外，幼儿扮演角色还必须进行角色间的交往，学会表达角色的感情和愿望，理解其他角色意愿与态度并作出反应，幼儿必须学会妥协让步，学会通过协商解决问题，学会轮流、分享、谦让和交换等交往技巧，以使自己的愿望在游戏顺利进行的情况下达成。这样，在不断解决游戏纠纷的过程中，幼儿的社会交往技能也逐渐得到了发展。角色游戏越深入，幼儿交往频率越高，交往越积极主动，就越能促进交往能力的发展。

3. 为幼儿提供了学习社会规则、进行社会实践的机会

角色游戏是幼儿对将来社会生活的预演，为他们适应以后的成人社会、掌握社会规则、理解人与人之间的关系及习得合理的行为的方式提供了一个舞台。每个人在社会生活中都担任着多种不同的角色，每种角色都有自己的特定的任务与做事的规范。对幼儿来说，角色游戏中角色扮演正是一种社会角色的学习和实践过程。每个幼儿会扮演各种不同的角色，不仅可以通过学习和模仿角色的行为中理解不同的角色关系，学到角色的权利和义务，还能通过学习和模仿角色的态度和情感，从中学习角色的优秀品质和接物待人的

态度，体验良好的思想感情，学习社会生活中人们的行为准则，这对幼儿道德意识和情感的发展有良好的促进作用。随着游戏情节的开展，幼儿便可以把自己在现实生活中获得的知识经验拿到游戏中去演练一番，进一步去感受、体验和理解，从而大大加深了幼儿的社会认知。

（三）促进幼儿主体性发展

角色游戏是幼儿按照自己的意愿扮演角色，通过模仿和想象，独立自主地、创造性地反映现实生活的活动。角色游戏是幼儿对现实生活的一种积极主动的再现活动，在游戏中玩什么、怎么玩等均由幼儿决定，因而角色游戏是幼儿独立自主的活动，对幼儿主体性和独立性的培养有积极的意义。角色游戏开展过程带给幼儿不同的体验和经验，幼儿是角色游戏的主人，在角色游戏开展的过程中，幼儿角色游戏活动的开展从游戏主题的确立到每一步活动的展开都生成于教师与幼儿、幼儿与材料、幼儿之间不断的互动。在这个过程中，幼儿积极地观察体验周围生活，在教师的引导下不断地发现问题、解决问题，从而成为自主的研究者，任何一个环节都是以幼儿主体性的发挥与发展为根本目的，因而能为幼儿主体性的发展提供了更大空间。

有研究发现：幼儿由于在商店游戏中扮演角色的需要，必须自觉地积极去识记和追忆，因而能唤起兴趣，集中注意力，无论记忆的数量和质量都比一般实验室条件下的情形要高得多。角色游戏对幼儿的主动性和创造性也提出了一定的要求。在游戏中，幼儿要先想好游戏主题，然后对角色如何行动、游戏怎样进行下去和角色间的关系如何应付等方面进行安排。幼儿不仅要分配角色、布置环境，而且要思考过程、解决问题，并以语言和行为来实现自己想象。因此，游戏的整个过程，都在培养和发挥幼儿的主动性和创造性。这种主动性和创造性幼师幼儿认知发展、情感发展、身体发展和积极尝试的基础，是进一步健康成长的重要条件。

（四）促进幼儿情商的发展

幼儿的情商主要体现在情绪情感的丰富和深刻化，意志品质的形成以及个性萌芽上，幼儿在进行角色游戏的过程中，情商也能得到潜移默化的发展。

角色游戏既是幼儿建立积极情感、调节消极情感的途径，也是表露或发泄情感的渠道。在游戏中，幼儿既体验着各种情感，如快乐、恐惧以及对别人的同情和成功的喜悦等，又可以自己控制这些情感。幼儿在游戏中全神贯注于角色扮演，很少约束和限制，他们的喜悦、满足以及恐惧、忧虑都能通过游戏表露和抒发出来。这一方面能使幼儿增加控制环境的机会，获得成功的满足，增长自信心；另一方面又为幼儿提供了消极情感的出路，减少情感失调的影响因素。同时，角色游戏还为幼儿提供了体验他人情感，帮助他人的机会，通过扮演商店、医院等游戏中的角色，幼儿的同情心和责任感能得到增强。

幼儿的意志比较薄弱，自制力、坚持性均较差。在游戏中，幼儿自愿担当了一定的角色之后，角色本身就包含着行动的榜样。游戏要求幼儿时刻拿

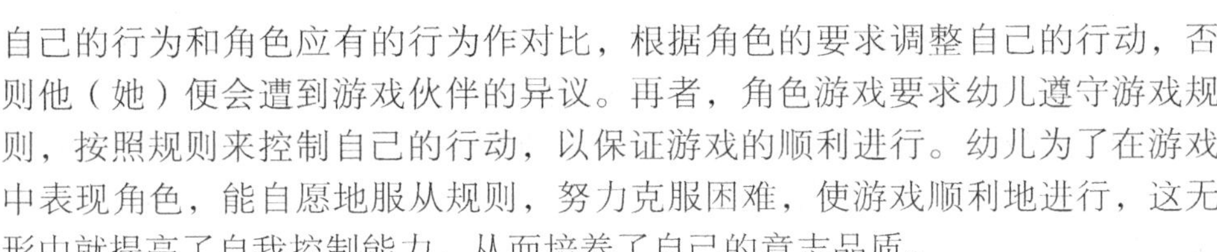

自己的行为和角色应有的行为作对比，根据角色的要求调整自己的行动，否则他（她）便会遭到游戏伙伴的异议。再者，角色游戏要求幼儿遵守游戏规则，按照规则来控制自己的行动，以保证游戏的顺利进行。幼儿为了在游戏中表现角色，能自愿地服从规则，努力克服困难，使游戏顺利地进行，这无形中就提高了自我控制能力，从而培养了自己的意志品质。

四、教师在角色游戏中的能力素质

角色游戏作为幼儿乐意接受的一种教育手段,教师应重视并利用其为教育服务,并在其中充分发挥主导作用,通过有效的组织与引导,使幼儿从角色游戏活动中充分发挥出自己的创造性、积极性和主动性,以获得生活经验,增长知识。幼儿在与社会、家庭、集体和社会成员的交往中积累对生活的基本印象和认知，进而运用到角色游戏当中，但是由于幼儿在生活中所获得的印象并非都是好的、正确的，所以不是任何幼儿自发的角色游戏都具有良好的教育作用。因此，教师必须加强对角色游戏的指导，使角色游戏能积极地开展并深入地进行下去，并有效地促进幼儿多方面的发展，这就需要幼儿教师具备以下这些能力素质。

（一）观察、倾听和分析幼儿行为的能力

观察、倾听为教师指导游戏的准备工作提供基础，也是教师的准备工作和介入游戏这两者之间的桥梁。教师通过对游戏的细致观察，可以发现何时需要增加游戏时间、地点、材料和经验，可以了解幼儿游戏的现状，使教师能更好地介入幼儿的游戏。观察、倾听的目的并不是让教师成为游戏过程的导演，而是通过注意倾听幼儿的对话，观察幼儿在活动中表现出来的行为、语言，准确地了解幼儿在游戏中的表现和需要，进而能从客观实际出发,对游戏作出合理、有效的指导。观察的内容主要包括：游戏中幼儿之间的关系、角色与材料之间的关系、幼儿对游戏的态度、游戏持续的时间、幼儿外部与内心的表现等。总之，教师对幼儿游戏的观察是多方面、多角度、多层次的。教师还要尽可能地把观察和倾听到的东西记录下来，并分析、寻找幼儿的兴趣点、知识领域、经验范畴和思维特点，这样才能更准确地了解幼儿,以采取更好的方法教育幼儿，促进其发展。

（二）沟通能力

没有沟通，就没有理解，更谈不上教育。幼儿教师的沟通能力是实现心灵交流的教育艺术，是创造彼此新关系的动力。幼儿教师对角色游戏的指导主要体现在帮助幼儿按自己的愿望和想象开展游戏，充分发挥他们的积极性、主动性和创造性，使他们有兴致、毫不勉强、努力地在游戏过程中学习，而不是将教师自己的意图或设计强加于幼儿。现实中，许多教师在指导幼儿角色游戏时往往喜欢包办代替、越俎代庖，自觉或不自觉地为孩子们确定好游戏主题。教师的硬性规定使幼儿在游戏中玩得拘谨、压抑、不开心，幼儿游戏变成了完成教师的任务，甚至使游戏在很大程度上成为教师的教育工具。

因此，在幼儿角色游戏中，教师要善于使用适当的言语，尽可能地蹲下来与幼儿交流，了解他们的真实兴趣和想法，鼓励他们大胆地表达自己的愿望。引发游戏主题时，可利用出示游戏材料、设置游戏场景或直接征求幼儿的意见等方式，启发幼儿玩游戏的愿望，帮助他们确定主题，并要善于启发幼儿理解角色、认真而富有创造性地扮演角色；结束游戏时，也要尊重幼儿的意愿，不要因为时间到了，马上命令或要求幼儿结束游戏，应该视游戏的内容与情节的发展而灵活把握，可与幼儿协商，如收玩具、整理场地需要时间较多的那组，就与他们商量是否可先结束游戏；有的游戏开展得很好，幼儿兴趣很浓，如果场地、时间允许，也可让他们多玩一会。总之，要与幼儿达成共识，使幼儿自然、从容、愉快地结束游戏。

（三）创设游戏环境、丰富幼儿生活经验的能力

环境是儿童学习的“第三位老师”，儿童是在与环境的和谐互动中获得发展的。教师作为环境的创设者，游戏中应善于通过观察和聆听，从幼儿作用于环境的活动中敏锐地捕捉有用的信息，并通过调整和变化环境，将游戏引向纵深。幼儿教师必须为幼儿提供安全、卫生、美观、整洁有序、富有童趣的游戏环境。只有在丰富的物质环境中，幼儿才有多种选择的可能性。幼儿的生活经验越丰富，则角色游戏的内容越充实新颖，否则游戏将变得枯燥无味，也不能持久。幼儿的生活经验主要来自家庭、幼儿园的生活，以及通过图书、电视、电影、参观等获得的体验。例如：幼儿玩医院游戏前，老师可以帮助他们回忆医院看病的情景，用谈话的方式再现从挂号、看病到付款、取药的过程，了解医生和病人的对话，掌握医生这个角色的一般语言。在游戏时，“医生”便会煞有介事地说：“你发烧了，要休息，多喝开水，按时吃药。”教师要在日常活动中丰富幼儿的生活，使幼儿每天的生活都有新内容。这一切必然会反映到幼儿的游戏中。

（四）随机介入、指导幼儿游戏的能力

角色游戏的自主性与教育的目的性是一对矛盾。如果仅从游戏的角度考虑，让幼儿随心所欲地玩，那么他们就难以从游戏中得到教育所要给予他们的东西；如果仅从教育的角度出发，用教育要求束缚游戏，强迫幼儿学这学那，则会失去游戏的本意，所以指导角色游戏既要尊重幼儿的游戏意愿，发挥他们的主观能动性，又要寓教育于其中，发挥教师的主观能动性。这就要求幼儿教师具有灵活、机智地介入幼儿游戏的能力。最有效、最自然、幼儿最欢迎的一种介入方式，就是教师以游戏角色的身份进入并指导游戏。例如，“影剧院”中的“检票员”检完票就无事可做了，所以幼儿觉得没意思，不愿扮演这一角色。这时教师可扮演一位迟到的观众，检完票后说：“里面这么黑，请检票员带我找座位，好吗？”于是“检票员”高兴地找到“手电筒”，帮助观众找座位去了。由此可见，教师的介入丰富了角色的内容，也增强了游戏的趣味性。

（五）评价游戏活动、调整游戏计划的能力

游戏评价是教师了解游戏开展的基本情况、有效指导和深化游戏的一个不可

缺少的环节。幼儿教师应在观察、倾听的基础上把握幼儿的行为表现、发展脉络和活动方向，进而有选择地改变一些游戏主题或适时延伸、扩展出新的游戏主题。如当一些游戏不能引起幼儿兴趣时，教师要及时调整游戏计划；当发现有些幼儿自发的游戏不恰当时，教师要适时、适度予以转化或淡化，或将幼儿游戏活动中有价值的经验和具有共性的问题，用幼儿能够接受的方式加以提升，以满足幼儿进一步发展的需要。

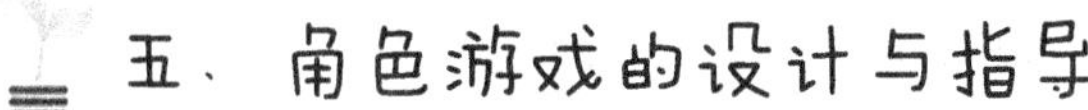

五、角色游戏的设计与指导

角色游戏是一种自发性游戏，往往比较简单，内容和情节也比较平淡。而作为学期教育的一种重要手段，角色游戏被赋予了一定的教育目的，因此教师的指导就必不可少了。角色游戏的指导工作主要是围绕游戏前、游戏过程中和游戏结束这三个阶段展开的。

（一）游戏前的指导

1. 丰富幼儿的生活经验，拓宽角色游戏的内容来源

角色游戏是幼儿对现实生活的反映，丰富的生活印象和知识经验是角色游戏内容的源泉。一旦幼儿对周围环境、社会生活有了感知印象，在开展游戏活动时就容易进入角色，再现幼儿经历的生活体验。如果幼儿不具备担任某种角色的经验，那么玩起游戏来将会变得枯燥无味而难以持续下去。教师一方面要在日常教育教学活动、生活活动和娱乐活动中，利用一切机会引导幼儿观察周围生活，拓展幼儿的视野，丰富和加深对周围生活的印象。在游戏前，教师可带幼儿参观、散步或听故事、看图书、看电影、看电视等，帮助幼儿理解游戏中的各种角色。另一方面还可指导和协助家长安排好幼儿的家庭生活，丰富幼儿的见闻。

2. 创设游戏情境、准备丰富的游戏玩具和游戏材料

创设良好的情境能引发幼儿玩游戏的欲望。情境创设首先应该从幼儿玩的角色游戏的内容去考虑，布置适合于该游戏需要的场景。如在“步行街”游戏中，由于各种门店摊位较多，这就需要教师根据本园的实际情况和游戏需要为孩子们准备较大的活动空间。在游戏情境的基础上，教师还需要准备丰富的物质材料，包括玩具和游戏材料。前苏联教育家马卡连柯说过：“玩具是游戏的中心，没有中心，游戏就玩不起来。”在角色游戏中玩具代表着幼儿曾经看见过的物体，通过它能勾起幼儿对生活经验的回忆。因而，各种玩具或材料构成幼儿游戏活动的物质基础，是幼儿开展游戏活动表现游戏内容的辅助工具。对游戏玩具材料的选择，要能引起幼儿对游戏的兴趣，激发其创造性，教师尽可能根据幼儿现有的知识经验和游戏的需要，为幼儿准备一些玩具或成品半成品材料，帮助角色游戏的进行，并激发幼儿游戏愿望和兴趣，发展幼儿想象力。

3. 提供充足的游戏时间，促进游戏深入开展

幼儿的角色游戏所需时间一般都较长，每次不能少于30分钟，只有在较长的时间里，幼儿才能有寻找游戏伙伴、商量主题和情节、分配角色及准备材料等

的机会。否则，如果游戏时间太短，游戏情节难以充分展开，势必影响游戏的结果，这既会影响幼儿继续开展角色游戏的兴趣，也不能使角色游戏达到它应有的教育效果。除按规定时间进行专门的角色游戏以外,还可充分利用餐后时间、全天各零散游戏活动时间,让幼儿在本班各区自主选择进行各类角色游戏活动,保证有足够的时间玩游戏。

（二）游戏过程中的指导

在幼儿游戏的活动过程中，教师要抓住游戏过程的主要环节，协助幼儿按照自己的兴趣和愿望组织和开展游戏，以尊重幼儿的主体性为原则进行科学指导。教师可在观察的基础上采用提问、建议启发、提供玩具和材料等游戏指导的方法来介入游戏的各个环节。

1. 鼓励和协助幼儿按照自己的意愿提出游戏的主题

角色游戏是幼儿自主自愿的游戏，其主题应来自于幼儿的需要。教师要善于发现幼儿游戏的需要，适当启发幼儿游戏的动机，帮助幼儿学会确立主题。教师不应是游戏计划的设计者和实施者，而应该成为幼儿游戏的观察者、促进者、支持者和引导者。同时，不同年龄阶段的幼儿有着不同的特点，教师要根据这一特点进行有针对性的指导，保证幼儿在游戏中的主体地位。儿童是游戏的主体,有权决定自己的游戏主题、内容、情节及角色分配,教师不要包办代替一切，片面理解教师在游戏中所起的作用,人为地对幼儿游戏实行统治与支配,结果会阻碍幼儿积极性、主动性和创造性的发挥。教师应从幼儿的角度去看待角色游戏,尽量满足幼儿游戏活动的各种需要，要尊重幼儿意愿,鼓励幼儿自由发挥游戏角色,尽量让处在游戏角色中的小朋友获得满意的感受。

2. 指导幼儿选择和分配角色

游戏中角色的确定有很多方法，如猜拳、轮流等，教师可在平时游戏中教会幼儿使用这些方法来分配角色。幼儿在分配角色时比较容易发生纠纷，教师可有多种方法帮助幼儿解决纠纷。在幼儿分配角色时，教师还要注意观察，使幼儿在扮演角色时有一定的针对性和公平性。某些幼儿平时性格比较安静、内向，在扮演角色时角色可进行针对性的安排，如让这些幼儿去扮演活泼的、互动性强的角色，如警察、医生等；而对那些外向的、活动性过强的孩子则建议他们扮演一些需要耐心的角色，如门卫、收银员等。同时教师还要注意到，不要总是让那些能力强的幼儿扮演主要角色，而使能力弱的幼儿总是处于被支配的地位。加强个别指导,促进全面提高:幼儿各自有不同的居住环境、生活经验和社会交往,不同的幼儿扮演同一个角色,会有不同的表现效果。这就要求教师了解幼儿，知其长短,区别对待,加强对个别幼儿的指导。

3. 指导幼儿丰富游戏内容和情节，提高游戏水平

教师可参与游戏，以角色的身份来指导游戏，也可以用提供玩具和材料的方法来促进游戏内容和情节的丰富与参与。教师参与游戏，扮演角色，一方面可提高幼儿的兴趣，调动和激发幼儿的主动性和创造性，同时可使游戏内容和情节得到自然的丰富和展开，而不让幼儿有被干涉的感觉，在不知不觉中提高幼儿游

戏的能力和水平。例如，在邮局游戏中，教师可扮演不知道目的地、邮编或忘了贴邮票的寄信人，从而吸引邮局工作人员主动来帮助，这样就丰富了角色间的对话。在商店游戏中，教师可扮演成一个难缠的顾客，故意要买一些商店没有的商品，以引发幼儿寻找代替或到工厂定做，使得游戏情节进一步展开。以角色身份参与游戏活动,更好地发挥教师的指导作用。教师只有以角色身份深入到幼儿的游戏中去,认真观察幼儿在游戏中的一言一行,一举一动,才会有新的发现,寻找幼儿新的感觉。教师参与幼儿游戏活动的方式多种多样,而直接起指导作用的莫过于扮演角色,成为幼儿游戏活动的一员,这是最为有效的。

（三）游戏后的指导

1. 让游戏在愉快自然的状态下结束

在愉快自然的状态下结束游戏能保持幼儿下次继续游戏的积极性。教师应把握好结束游戏的时机和方法。如果游戏情节开展得比较顺利，应在幼儿情绪尚未低落时结束游戏，这样可以让幼儿感觉意犹未尽，对下次游戏充满期待；如果游戏情节已告一段落，再往下发展有困难，这时即使游戏时间还没结束，也应该提醒幼儿结束游戏，以免产生倦怠。

2. 做好游戏后的整理工作

游戏结束后整理场地，收拾玩具既是下次开展的必要条件，又是培养幼儿良好生活习惯的重要时机，教师千万不能包办代替。针对不同年龄班幼儿的特点，教师应该采取不同的指导方法。

3. 评价、总结游戏

角色游戏的讲评也是组织游戏的重要环节。成功的讲评对提高游戏质量、发展游戏情节和巩固游戏中所获得的情绪体验等都有直接的导向作用，主要包括对游戏情节、对游戏材料和玩具的制作与使用进行讲评以及游戏中幼儿的行为进行讲评等内容。教师应在游戏结束收集玩具之前,对游戏活动进行必要的评价，让幼儿边摆弄游戏材料边回忆游戏情境,或示范典型的游戏情节,对在游戏活动中表现较好的幼儿给予充分的肯定。游戏评价既是对游戏活动进行总结,又作为下次开展游戏活动的导向。教师合理的评价与肯定,能给使后幼儿对游戏活劫保持浓厚兴趣,有利于帮助幼儿不断地提高游戏活动水平,促进幼儿全面发展。

●【项目实施】

任务一：角色游戏观察与记录

（一）任务目标

1. 知道幼儿进行各种角色游戏的基本流程。
2. 能观察到幼儿开展角色游戏的各因素发展差异。
3. 能熟练运用观察标准去判断幼儿角色游戏的开展程度。

（二）完成任务形式

个人独立完成。

（三）任务指导书

姓名________ 班级________ 学号________ 组号________

观察线索	观察标准	观察内容
1. 主题确定	幼儿能自己选择游戏主题，确定游戏内容	
2. 材料运用于游戏技能	幼儿能根据主题选择恰当的游戏材料，能结合游戏材料丰富游戏内容，提升游戏水平	
3. 新颖性与创新性	能在游戏过程中有丰富的想象力和表演力，对游戏内容、游戏角色、游戏材料都能有进一步的创新和理解	
4. 游戏常规的执行	能遵守游戏规则，执行游戏角色应有的职责，角色扮演稳定，促进游戏开展和进行，不扰乱其他幼儿及整个游戏活动	
5. 社会参与水平	能在游戏中与其他幼儿互相配合合作，共同协作地进行游戏，不以自我为中心	
6. 游戏持续时间	没有固定要求，以幼儿玩得深入、尽兴为宜	
7. 独立自主性	自定主题，自选伙伴，主动交流，协调关系等	

（四）任务评价

教师与学生共同商议项目任务“角色游戏观察与记录”完成标准，评价体系由学生自我评价、小组评价、教师评价三部分构成，按学生自我评价30%、小组评价20%、教师评价50%的比例确定最终成绩。

任务评价表如下。

姓名________ 班级________ 学号________ 组号________

评价主体 评价内容	学生自评	小组评价	教师评价	评分理由	总分
观察能力					
记录能力					
评析能力					
知识运用能力					
语言表达能力					
遵守纪律					

任务二：角色游戏设计与指导

（一）任务目标

1. 能根据不同年龄特点幼儿设计出适合的角色游戏活动。
2. 能在游戏中针对幼儿游戏开展程度、游戏中出现的问题等进行适时指导。
3. 知道游戏指导策略，具备游戏指导能力。

（二）完成任务形式

小组合作完成。

（三）任务指导书

班级__________ 组号__________ 组员姓名__________

活动准备	
活动过程	
指导记录	

（四）任务评价

教师与学生共同商议项目任务“角色游戏设计与指导”完成标准，评价体系由学生自我评价、小组评价、教师评价三部分构成，按学生自我评价30%、小组评价20%、教师评价50%的比例确定最终成绩。

任务评价表如下。

评价内容＼评价主体	学生自评	小组评价	教师评价	评分理由	总分
活动目标					
活动内容					
材料投放					
知识运用能力					
语言表达能力					
遵守纪律					
团队合作					
组织能力					
幼儿的积极性					
幼儿参与性					
幼儿趣味性					

●【项目知识拓展】

角色游戏与区域活动的整合

角色游戏是幼儿运用模仿和想象，通过扮演各种角色，创造性地反映现实生活的一种游戏。在角色游戏活动中，幼儿可以通过自己的思考、想象，在假想的情境中，扮演各种不同的角色，体验着社会生活与情感。由于它具有独特的综合功能，是幼儿园其他活动所无法替代的，因而也是幼儿园广为开展的一项活动。在实践中，我们认为角色游戏的开展，离不开区域活动。

一、角色游戏的生成来源于生活，得益于区域活动

如同上述，幼儿园受条件限制，教师很难有精力在班内开展大规模的角色游戏活动。于是，教师们充分利用三维空间创设区角，将角色游戏融入到区域活动中，让每个幼儿都有参与游戏的机会。譬如——大五班幼儿开展的角色游戏《芳婷娜美发厅》，是在原有的区域活动“理发店”的基础上生成而来。此游戏整合了美工区、科学探索区、表演区等活动内容：一是幼儿在美工区制作各

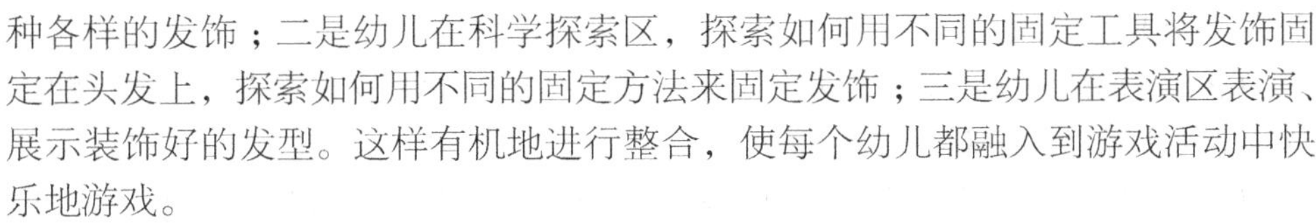

种各样的发饰；二是幼儿在科学探索区，探索如何用不同的固定工具将发饰固定在头发上，探索如何用不同的固定方法来固定发饰；三是幼儿在表演区表演、展示装饰好的发型。这样有机地进行整合，使每个幼儿都融入到游戏活动中快乐地游戏。

二、角色游戏的发展来源于生活，落实在区域活动

为了丰富幼儿的生活经验，我们有目的、有计划地组织幼儿参观，实地观察成人的劳动，获得直接经验。如到超市去看看物品是如何摆放的，了解它们是怎样分类的。另外，还请专职人员来班上讲课，直接为幼儿传授经验，譬如，请永安天宝粿条店的师傅演示扁食、粿条、芋包的做法，这样既增长了孩子们的见识，也解决了角色游戏操作上的困难。同时，教师们也鼓励家长带幼儿到社会上去观察不同角色的言行举止，了解不同岗位人员的工作职责，如商店、银行工作人员服务态度是怎样的，见到顾客会说些什么等；进而，为深入开展角色游戏打下了基础。平时我们充分利用一日活动中的时间让幼儿进区角，模仿生活中成人的言行，为角色游戏的发展做铺垫。如：中二班幼儿开展的角色游戏《永安风味小吃》，我们整合了以下七个区域的活动。

（1）美工区：提供纸和笔让幼儿把看到过的粿条等画出来，幼儿用橡皮泥制作各种小吃食品。

（2）操作区：提供制作材料，指导幼儿制作粿条。

（3）语言区：幼儿向游客介绍和宣传永安小吃。

（4）科学区：讨论永安小吃的不同烹调方法。

（5）结构区：用结构材料设计搭建中二班“粿条店”。

（6）娃娃导游团：向各位游客介绍永安的各种小吃。

（7）娃娃家：礼貌地招待游客到家里做客，热情地介绍小吃。

经过这样整合，既丰富了幼儿的生活经验又使游戏得以顺利开展。

三、角色游戏的调整来源于生活，依赖于区域活动

在角色游戏中，当我们发现存在问题时，如，幼儿毫无规则地放任乱玩，理发店“生意”不好，理发店的工作人员都很泄气。这时教师应以参与者、引导者的身份，与幼儿一同游戏，并适时地提醒幼儿加以及时调整，如，教师以一名顾客到理发店剪头发的身份，当看到“生意”不好时，一起帮助理发店的工作人员想办法解决问题。他们想了很多办法：有的说，我们在理发店门口吆喝一下，这样也许生意会好的；有的说，我们可以做一些广告去宣传一下，让更多的人知道我们的理发店。这样的有效调整，使角色游戏得以深入开展。又如：中二班开展的角色游戏“医院”，当游戏玩了一段时间后，没有变化、没有增加新的内容时，幼儿就开始厌烦了，不愿意继续玩下去，这时教师就以一名娃娃家的妈妈的身份带孩子去医院看病，并给医生提建议：“你们可以增设120急救中心，在病人需要时上门给病人看病，开急救车去接病人，这样医生就不会没事干了”。借助切实有效的引导，使“医院”的游戏开展得热烈、有效。

判断幼儿角色游戏水平可以参考以下几条标准。

（1）目的性：①无目的地游戏；②时时更换游戏；③事先想好玩什么；④按

目的、持续地玩。

（2）主动性：①不参加游戏；②能参加现成的游戏；③在别人带领或分配下游戏；④主动参加游戏。

（3）担任角色：①不明确角色；②能明确角色；③能主动担任角色；④能担任主要角色。

（4）遵守职责：①不按角色职责行动；②有时按角色职责行动；③尚能按角色职责行动；④一直按角色职责行动。

（5）角色表现形式：①重复个别活动；②各个动作间有些联系；③有一系列的动作；④能创造性地活动。

（6）角色间关系：①个别地玩与别人无联系；②与别人有零星联系；③在启发下与别人联系；④明确角色关系配合行动。

（7）对玩具的使用：①凭兴趣使用玩具；②按角色需要使用玩具；③创造性地使用玩具；④为游戏自制玩具。

（8）游戏的组织能力：①无组织能力；②会商量分配角色；③会带领别人玩或教别人玩。

（9）持续时间：①十分钟左右；②二十分钟左右；③四十分钟以上；④一小时左右。

●【活动拓展】

理发店

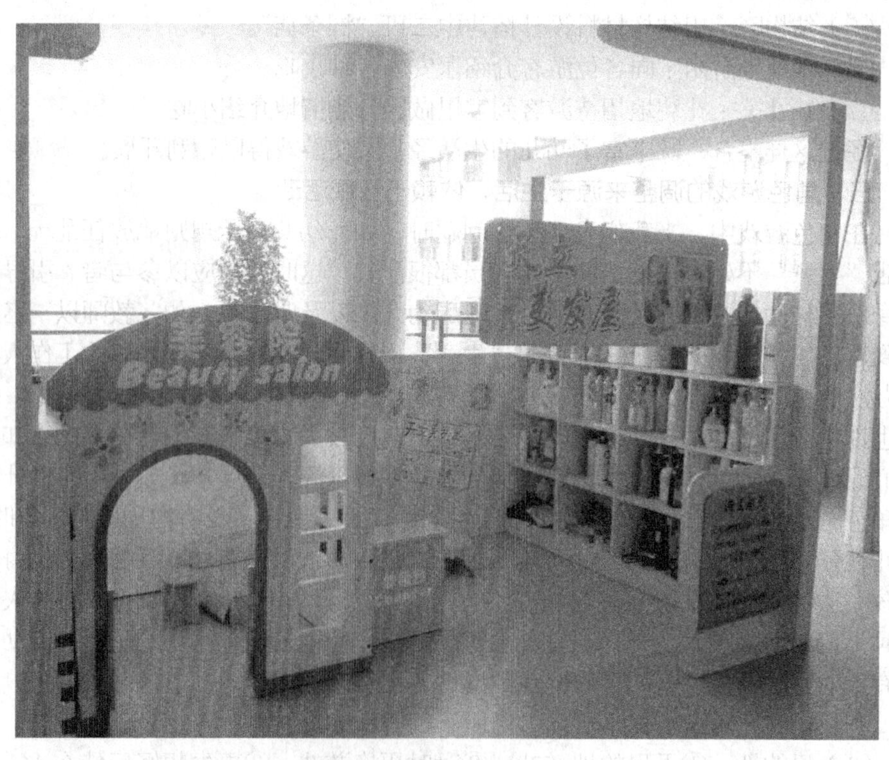

一、目的

使幼儿学习劳动者的服务态度，体会人与人之间的关系，培养想象力和创造力。

二、准备

塑料脸盆、镜子、玩具吹风、梳子、洗发水瓶子、肥皂盒、剪刀、白围补、夹子等。

三、游戏组织

1. 启发主题

参观理发店，请理发员为孩子理发，孩子就能直接感受理发店的环境，直接看到理发员使用的工具、理发的程序等，为开展游戏创造条件。在此基础上，家长或教师出示理发工具，抱个娃娃说："看娃娃的头发又长又脏，谁给他理理发呀？"也可以直接提出主题，如说："昨天我们参观的店叫什么？理发员使用的工具有哪些？我们现在也开个理发店好不好？"这种提问不仅能启发孩子产生游戏愿望，而且使孩子对这一主题游戏的开展做好了心理准备。

2. 分配角色

"理发店"游戏的角色比较单一，理发员角色的设立，应根据理发店玩具的多少而定，并鼓励孩子轮换角色。

3. 发展情节

开始游戏时，教师和家长可扮理发师，给幼儿围上白围布，边给他理发边简要介绍理发的过程，先用剪刀修剪长发，再用肥皂擦洗头发，然后洗净吹风，照镜子问顾客是否满意，然后逐步启发幼儿当理发师，给娃娃理发。再从单纯的理发发展到给阿姨烫发，给老伯伯刮胡子，并从一个人单独玩，发展到几个人合起来开理发店。

例如：理发店门口，来了一位顾客，理发员热情地迎上去，然后请他坐在理发椅上，问他要理什么发型，并拿出许多照片请顾客选择。顾客指了一张满意的，理发员便开始动手。先用梳子梳一下，然后用剪刀修剪头发，接着请顾客到洗发处用肥皂清洗，再用水冲干净，用电吹风吹干，最后拿了一面镜子给客人照，直到顾客满意为止；然后又热情地顾客送出门外，欢迎他下次再来理发。这时又有其他顾客进来，理发员又迎上去。

这个游戏的情节还可以发展为：请理发员上门为身体不便的顾客理发，或到幼儿园为幼儿理发；还可以开展理发员之间的各种服务竞赛；开展最新的美容美发服务项目等。

四、游戏评价

"理发店"游戏是反映社会中服务性行业的，因而评价游戏应评议理发员的服务质量，可开展一个"最佳理发员"的小活动，鼓励幼儿学习热情、认真、细致、耐心的服务态度。另外，对孩子对现实生活的反应能力也应作出评价。

百货商店

一、目的

通过游戏增加知识，学习售货员热情、周到的服务态度。

二、准备

糖果、鞋子、饼干、巧克力、糕牙膏、化妆品、纸、本子、服装、手帕、收音机等。

三、游戏组织

1. 启发主题

家长和教师可带幼儿去商店参观，并有意让幼儿用钱买东西，以了解售货员工作的情况，再出示一些玩具，问幼儿怎样从商店里把玩具买来，引起孩子想当售货员的愿望，这样一个玩具店就可以开起来了。我们还可以让孩子收集各种化妆品的空罐或空盆子，放在一起，就可以构成一个专卖化妆品的柜台。孩子的其他小制作也无一例外地可以作为“商店”里的“商品”，引发他们进行商店游戏的愿望。

2. 分配角色

“百货商店”往往不是一下子展开的，角色因此也是逐渐产生的，一般多是玩具柜、食品柜、化妆柜等，角色的分配可让幼儿协商确定，有时，我们还可以建议增加角色来解决矛盾。比如说，“商店鞋子柜台还缺一个售货员，谁想当啊？你愿意当吗？”总之，分配角色要使孩子能够愉快地接受。

3. 发展情节

家长和幼儿可以先和幼儿一起动手布置商品柜台，然后请一些幼儿扮演顾客来买东西，游戏中应结合孩子的知识，在布置商店柜台时，让幼儿懂得百货商场的货物要以一定的用途分类设置柜台，将同类的商品放在一起可以建立一个柜台。这样顾客想买什么就知道该在什么柜台里可以买到了。所以百货商店游戏常常是从某一柜台引出主题，然后逐个地增设柜台，发展游戏。例如，幼儿先把橱窗和柜台搭好，放上要出售的物品，整理清楚；店开门时，录音机里传出悦耳的音乐，商店经理站在店门口迎接顾客，热情地招呼客人入内，顾客走进柜台，售货员热情地询问，“同志，您要买点什么？”顾客说，“我要买一包饼干。”“多少钱？”“一元五角。”售货员热情地取出一包饼干给顾客，顾客付完钱后，高高兴兴地走了。另一位顾客要买糖果，售货员抓一把放在秤上称，然后用纸把糖包好，顾客付钱拿着糖说：“谢谢你！”售货员笑着说：“不用谢，下次再来。”在另一个柜台，一个顾客要买双皮鞋，对第一双不满意，售货员又给顾客换了一双，使顾客十分满意。

四、游戏评价

游戏的情节发展一方面可以从商店里的货物不断扩充，如顾客要买电视机，售货员拿出一个小纸盒，上面插上两根小棒作天线即成了电视机，帮助顾客调试等。另一方面增加游戏情节内容，如请顾客对售货员的服务质量进行评比，评出优秀售货员等。

照相馆

一、目的

培养幼儿在游戏中相互配合、友好相处的良好习惯，学习劳动者待人接物的态度。

二、准备

玩具照相机、纸、照片、开票本、彩色笔、镜子及简单的布景如花瓶、小动物等。

三、游戏组织

1. 启发主题

幼儿都拍过照片，家长和教师可带领幼儿参观照相馆，给幼儿欣赏影集，引起幼儿对拍照的兴趣；然后利用玩具，启发他们产生玩照相馆游戏的愿望。我们也可以把孩子分成几组，分别扮演娃娃的妈妈，请“摄影师”为娃娃拍照（画娃娃）。我们以这样一个美术活动，引出照相馆游戏的主题。

2. 分配角色

“照相馆”游戏开始，角色只有摄影师和顾客，随着游戏的发展，就有冲印照片的角色（画照片的人），还有开票的、修剪照片的工作人员。这些角色的分配可视情况而定，可以让能力较强的幼儿担任摄影师和冲印照片的师傅，也可以让幼儿们自己协商分配。

3. 发展情节

开始时，教师和家长可以抱一个娃娃启发幼儿给自己和娃娃拍照，也可以让幼儿相互间拍照，要大家摆出各种优美的姿势。由于拍照的人很多，也可以建一个摄影室，里面有摄影机、座位和简单的布景。为了使拍出来的照片更漂亮，我们可建议大家在拍照前梳妆打扮一下，还可穿上美丽的服装，于是就设立了梳妆室，里面安放了镜子、梳子，还有出租的玩具、服装等。照片拍好了，大家要来取照片，就设立冲印室，由一名冲印师在纸上为大家画像，画好的照片放在取相处，有专人负责开票和取照。于是，一个较正规的照相馆便可以开展起来了。

例如：游戏开始，顾客东东先到开票处，开票员问他要拍几寸的照片，东东说要拍4寸的照片，开票员便在小盒子里找出一张写有4的纸片给东东，东东付了钱，拿了纸片去找摄影师。到摄影室后，摄影师接过纸片问东东要拍什么姿势的照片，东东说要拍一张解放军端枪的照片，摄影师就领着东东到梳妆室更换衣服，并拿了一把玩具冲锋枪给东东挎上，东东雄赳赳地站在摄影机前，摄影师按动快门，“咔擦”一声照片拍好了。冲印室的师傅立即用彩色笔在纸上画好东东的像。过了一会儿，东东来取相片了，他接过照片表示很满意，道谢后高兴地走了。这时又有顾客来拍照了。

“照相馆”游戏中，为了使游戏情节进一步深化，增强幼儿游戏的趣味性和积极性，室内拍照时还可增加道具和布景，如有小动物、小汽车、小木马等，背景也可用积木、剪贴、绘画等不同形式充当，并根据顾客的需要进行调整。例如有一种道具，衣服和背景都已画好，只有头部是空白的，只要顾客往后面一站，就能拍出漂亮的照片来，非常受幼儿的欢迎。另外，摄影师还可以带照相机外出，让顾客自己挑选满意的地方拍照。这样情节更丰富，形式更活泼，

气氛更热烈。

四、游戏评价

在“照相馆”游戏中，应对角色的配合情况进行评价。首先是摄影师之间的配合，摄影师与冲印师傅的配合，然后就是其他角色的协调配合。另外，对摄影师、冲印师傅在顾客提出不同要求时，对所遇到困难的解决能力也是评价游戏的一个方面。

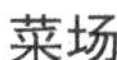

菜场

一、目的

通过游戏培养幼儿创设、分类及整理物品的能力，学习礼貌交往。

二、准备

秤；各种蔬菜，如青菜、萝卜、黄瓜、卷心菜、马铃薯等；各种荤菜，如肉、鸡、鸭、鱼等。

三、游戏组织

1. 启发主题

菜场和孩子的生活比较接近，孩子每天都要吃菜，知道父母要去菜场买菜，也有跟着大人去买菜的经历，因而菜场游戏是很受幼儿欢迎的。倒是用什么做游戏材料，如肉用什么代替，鱼拿什么做，菜又是哪些等，需要好好选择。只要发动孩子们搜集和制作游戏材料，开展游戏就方便了。有了游戏材料，我们就可以拿一个篮子问幼儿：“今天是娃娃的生日，我要买好多好吃的菜，请许多客人来为娃娃庆祝，可菜场在哪儿呢？”引起幼儿玩菜场游戏的兴趣。

2. 分配角色

菜场游戏中的角色主要是售货员，由于有好多菜可以卖，孩子很少抢角色，基本上可以让孩子自报卖什么菜、站什么柜台就可以了。

3. 发展情节

开始玩的时候，幼儿也许只会忙于摆弄各种菜，见顾客来买就顺手给对方拿去。家长和教师要逐步启发幼儿先根据不同的种类把菜区分开放好，然后再建立游戏规则，即顾客选好要买的菜，售货员问顾客买多少，称好以后算价格，顾客付钱取货。大人们还可扮作顾客，通过提问，促进孩子积极思考并扩展游戏的内容。如可说："今天我家来了客人，想买鸭子和和鱼，你们菜场有没有呀？""今天我要包饺子吃，你们菜场有肉馅卖吗？"这些提问，都会使幼儿积极活动起来去创造菜的替代物。

例如，在用积木和桌椅搭起的小菜场里，部分幼儿系好围裙，在自己的柜台前挂上牌子，然后在柜台上摆放好自己卖的菜，写好价牌，当起了售货员。营业开始，顾客们陆续来到柜台前，挑选各自需要的菜，问售货员多少钱一斤，售货员热情地回答并问对方要买多少，顾客报出需要的数量，售货员边称边算好钱，顾客如数付钱后把菜放入篮子里，高高兴兴地回到了家。又有顾客光临，售货员热情地介绍自己柜台里菜的种类，回答顾客提出的各种问题，并及时按顾客的要求"赶制"新品种，使顾客满意地离去。

游戏的情节还可以作以下发展：菜场的菜卖完了，又用车子送了一批菜场到菜场，及时供应顾客；售货员提高服务质量，帮残疾人和老人把菜送到家里；还可以对售货员的服务态度、服务质量进行评比，评比出"最佳售货员"。

四、游戏评价

"菜场"游戏中售货员与顾客之间良好的关系是游戏发展的一个关键。售货员对顾客要热情周到，顾客对售货员也应客气礼貌。我们在游戏评价时应抓住游戏的情节和孩子们的一些表现，来突出这一对人物的正确关系。同时，我们要对孩子在游戏中表现出来的制作游戏材料和动脑筋寻找替代用品的能力进行评价。

戏院

一、目的

培养幼儿的独立性和创造性。

二、准备

各少数民族的服装、头饰、音乐、舞蹈或是童话剧表演用的服饰、话筒、舞台道具、录音、磁带、售票处和戏票。

三、游戏组织

1. 启发主题

让孩子们收集已作废的戏票、电影票，从而引起戏院游戏建议，孩子们一定是非常乐于接受的。我们还可以问幼儿："娃娃今天告诉我，他要看戏，你们能演戏给娃娃看吗？"孩子们肯定也高兴地嚷："我们演拔萝卜的故事。""我们演小兔子乖乖的故事。"这样，游戏的主题就可以确立了。

2. 分配角色

戏院游戏的角色主要有演员，还有一些卖票人员、管理工作人员。参加这个游戏的孩子，应该让他们按照自己的兴趣爱好来选择角色，爱唱、爱跳的可选择当"演员"。家长和教师也要积极引导和鼓励胆小害羞的孩子扮演"演员"角色。

3. 发展情节

家长和教师可以发动幼儿用积木搭一个戏台，配置上话筒。然后请演员们认真排练，并启发观众去售票处买票准备进场看节目。在游戏中，演员活动的丰富多彩关系到整个游戏内容的发展。幼儿自己报幕，自己化妆，自行编排节目顺序，自己伴奏，不仅丰富了游戏的内容，而且使幼儿真正成为游戏的主人。

例如：演员们在认真化妆，然后在演出前再次排练节目，有的在吊嗓子、有的在练舞蹈动作、报幕员在背报幕词，检查话筒。乐队在练习配乐。售票员整理戏票后开始卖票，观众纷纷在卖票处排队，买了票以后由戏剧院的领票员领进剧场对号入座。待演出开始后，报幕员报告演出开始，并按出场次序依次报节目。随后演员们依次表演，有独唱《我是一个大苹果》，有舞蹈《洗手绢》，有故事表演《小熊请客》等。表演时，小乐队在旁边进行伴奏。每演完一个节目，观众们都热烈地鼓掌。全部演出结束后，演员们都上台拍手谢幕，观众们也报以掌声，然后才散去。

戏院游戏开展起来，一定要有观众。观众来剧场看演出可以提高演员的活动兴趣，也是保证戏院游戏不断发展的重要因素。游戏还可以将表演的内容更丰富一些，如时装表演、魔术表演、乐队表演等，游戏的形式还可以发展为送戏下工厂、农村、下幼儿园等。

四、游戏评价

"戏院"游戏评价的重点应该在演员的活动方面，评价他们准备、排练、组织、演出节目及各方面的协调，使孩子通过游戏获得一些处理相互关系的好经验，同时也要随演员在游戏中的独立性和创造性进行评价。

动物园

一、目的

巩固对所学过的动物的外形特征、习性、用途的认识，培养幼儿自己整理物品的良好习惯。

二、准备

积木、集塑、栅栏，花草树木模型、各种小动物玩具。

三、游戏组织

1. 启发主题

孩子是最爱去动物园玩的，动物园中机灵的小猴子、憨厚的大熊猫、甩着长鼻子的大象、走来走去的长颈鹿等，都深深地吸引着天性喜爱动物的孩子们。对于动物园游戏的主题，可以通过参观后的谈话，启发幼儿们为小动物们搭建房子。建好后，家长和教师们问："我要参观动物园在哪里买票？从哪里开始看？谁来当讲解员？"这样，动物园游戏便会很自然地开展起来。

2. 分配角色

动物园游戏的角色一般有售票员、检票员和讲解员以及游客。角色分配可以让幼儿共同协商。由于讲解员需要对动物的外形特征、生活习惯进行描述讲解，所以开始由家长和教师担任，然后请口头表达能力较强的儿童担任。

3. 发展情节

幼小的孩子就像对待娃娃一样地给小老虎盖被子，哄小白兔睡觉，用积木给它们搭建房子。家长和教师可以启发他们分别为每个小动物搭建一个家，从用积木、积塑、火柴盒、牙膏盒等物的搭建游戏中，逐步引出动物园的游戏情节。当幼儿建好围墙及其内部设施后，教师和家长及时要求其他主题游戏中的孩子进行参观活动。如果到娃娃家说明："今天天气这么好，你们不带娃娃去动物园玩玩吗？"这样，动物园游戏的情节便在与娃娃家游戏的联系中得到了发展。我们还可以以游客的身份问："这小猴子吱吱乱叫，是不是饿了？"于是讲解员又自然地想到该给他们喂食了。只有在动物园各个角色有事可做的时候，游戏才能得到进一步发展。

例如，四五名玩动物园游戏的幼儿，先将所有的桌子并在一起；用积木和积塑建了动物园，其中有售票员处，入口、出口处以及检票亭。一会儿，游客来了在售票处买了票，从入口处进入动物园，两名讲解员热情地迎上来，负责接待不同的游客，他们带领游客一处一处地参观，并仔细地为游客讲解，一些游客还在动物前和动物合影留念。游客还在动物园的小卖部买了食物喂小动物。动物园的饲养员也端出了水果、小鱼虾和竹叶等，认真、仔细地给小动物们开饭，还给游客们介绍这些小动物的生活习性。游客们非常满意地离开了动物园。

动物园游戏的发展不仅要从动物园的搭建活动得以扩展，而且还可以通过增加动物园工作人员的职责来发展情节，如增设小兽医专门为小动物们看病，训练小动物为游客进行表演，以及带动物外出进行巡回展览等。

四、游戏评价

"动物园"游戏是建立在动物园建筑物搭建活动的基础之上的，所以，应对幼儿搭建的成果进行评价；同时还要评价动物园工作人员的服务态度，包括讲解员的讲解是否清楚正确，自然大方；最后对幼儿整理玩具的主动性等也应作一定的评价。

●【思考题】

1.什么是角色游戏?

2.幼儿的角色游戏是怎样发展起来的?

3.学前儿童开展角色游戏有什么作用?

4.角色游戏中，对教师有哪些能力素质要求?

5.角色游戏开展前，教师需要做哪些准备工作?

6.教师如何指导幼儿选择和分配角色?

7.如何观察幼儿的角色游戏?

项目三 学前儿童表演游戏设计与指导

●【项目目标】

1. 了解学前儿童表演游戏的定义和价值。

2. 理解学前儿童表演游戏的特点和类型。

3. 掌握学前儿童表演游戏的组织和指导要点。

4. 能用生动的语言和表情动作给幼儿讲故事；能用手影表现一些常见的动物造型；能操纵布袋、手指木偶等进行故事表演；能排练演出小型儿童歌舞剧。

●【项目预备知识】

一、什么是表演游戏

表演游戏，也称戏剧游戏，是指幼儿根据故事和童话等文学作品的内容和情节，通过扮演角色，运用语言、动作和表情等表演技能再现作品内容（或某一片段）的一种游戏形式。它以儿童自主、独立地对作品的理解去展开故事情节，如幼儿演出的童话剧、歌舞剧、木偶剧和皮影戏等。

故事或童话等文学作品是幼儿经常接触的学习内容，对他们具有很强的吸引力。当幼儿听过童话或故事后，几乎都愿意扮演故事或童话中的各种角色或某一角色进行游戏活动。幼儿通过积极、欢快同时又富有创造性的表演游戏，再现文学作品，表达自己对故事或童话的感受和情感。由此可见，表演游戏也是一种创造性游戏，是深受幼儿喜爱的游戏之一。

二、表演游戏的特点

（一）表演游戏是幼儿的一种艺术表演活动

表演游戏和角色游戏有很多相似的地方，导致许多人经常会将两者混淆起来。它们的相似之处主要体现在：两者都是幼儿通过模仿和想象扮演角色来进行的游戏，以表演角色的活动为满足，这说明表演游戏跟角色游戏一样都具有游戏性。

但两者也有不同之处。其一是角色来源不同，在角色游戏中，幼儿扮演的角色主要来自现实生活中的各种人物，角色具有社会性；而表演游戏中，幼儿扮演的角色来源于文学作品中的角色，角色具有艺术性。其二是反映的内容不同，角色游戏反映的内容是幼儿的生活印象，以自己的生活经验为情节自由开展游戏，游戏的角色、情节、内容可以由幼儿自由选择创造；表演游戏的内容则均来自文学作品，以经过艺术加工了的文学作品的内容为情节来展开游戏，也可以适当根据兴趣和发展需要进行创造。

然而，文学作品中的故事不再是真实的生活故事，这决定了表演游戏比角色游戏更具夸张的戏剧成分。但表演游戏中幼儿的表演并不是随心所欲的即兴表演，而是“源于生活又高于生活”的较为夸张的表演。可以说，兼具游戏性和表演性正是表演游戏不同于其他类型游戏的特点。在表演游戏中，幼儿需要运用一定的表演技能，这更接近于文艺表演。当幼儿具备了一定的知识经验积累以后，他们还能自编自演或开展即兴表演等更富有个性化戏剧色彩的游戏活动。同时，表演游戏的主题、角色、道具、服装、情节等也均有着鲜明的戏剧成分，由此可见，表演游戏是幼儿的一种艺术表演活动。

（二）表演游戏是幼儿创造性的自娱活动

表演游戏和文艺表演也有很多相似之处，它们都是以童话故事等文学作品为依据，均含有对话、动作和表情等表演的表现形式。但不同的是，文艺表演是在教师的组织导演下，严格按照作品的内容、情节、语言进行表演的。而表演游戏则是幼儿主动、自发的创造性活动。其创造性表现在幼儿表演游戏时可根据自己对作品的角色、情节的感知理解和体验，在语言、动作表现上有所增添或改动，也即对作品进行再创造。例如，表演“狼和小羊”时，有的幼儿扮演成一只凶恶的狼，有的幼儿则扮演成一只狡猾的狼，孩子们的不同理解和表演往往使艺术作品具有了新的亮点。

此外，表演游戏的道具材料一般由师生共同制作或幼儿自制，材料多是采用废旧物品来替代，比文艺表演更为灵活和随意。如果说文艺表演是以表演给别人看为目的的活动，那么表演游戏则是幼儿的一种自娱自乐活动。游戏不是以演给他人看为目的，幼儿只是因为有趣好玩而在玩，即使没有人看，幼儿也喜欢表演。正由于不以演给别人看为目的，表演游戏也就有了更大的自主性和随意性。

三、表演游戏的类型

在幼儿园的表演游戏中，幼儿根据文学作品的内容进行角色扮演，自娱自乐，并不在乎有无观众。随着儿童年龄的增长，表演游戏呈现不同的特点：3~4岁的幼儿只能表演自己看到的、听到的作品中印象最深的情节，只是作品中片段的反映，且表演简单而缺乏内在联系；5~6岁的幼儿则具有计划性、组织性，表演前能先理解故事内容、情节发展、角色的动作与对话，能按作品中人物分配角色，准备道具，并能自编自演，把带有部分创作的故事加以戏剧化的表演。一般而言，表演游戏包括以下几种类型。

1. 自身表演

自身表演即幼儿自己以文学作品为蓝本，通过扮演角色进行表演的游戏活动。在此类活动中，幼儿的表演是极为单纯和朴素的，他们以故事、童话、诗歌等作品为蓝本，按照自己对作品的理解，在游戏中自编自导自演，自娱自乐，非常投入和专注，且充满激情，每一遍演出都可能会有不一样的效果，这种类型在幼儿园最为常见（图 3-1）。

图3-1 自身表演

2. 桌面表演

桌面表演，是指在桌面上以各种成型玩具或材料替代作品中的角色，幼儿以口头语言（独白、对白）和操纵玩具角色的动作等形式，来再现作品的内容。这种游戏以个人游戏为主。桌面表演对幼儿的语言表达能力有一定的要求，尤其是幼儿讲故事时的语音语调，要求他们在理解作品情节和体会角色情绪情感的基础上，能用不同的音调、音色、节奏来表现作品中角色的性格特征和情节的发展变化。这种表现形式一般要到中班下期才出现，大班幼儿桌面表演的能力才较强。有研究表明：3~4岁幼儿的桌面表演游戏占个人游戏的15%，5~6岁时则上升为80%。

3. 木偶戏表演

木偶原本是指用木头制作而成的玩偶。而在当今幼儿园中，用各种材料（木、布、纸、盒子、蛋壳、泥等）制成的人物、动物及植物造型的玩偶，都称为木偶。通过木偶来再现文学作品的内容，称为木偶戏。常见的木偶有手指木偶、布袋木偶、提线木偶和杖头木偶等几种，还有一种重要的表演形式就是人偶同演。手指木偶是在幼儿的手指上套上一个简单头饰或者直接画一个头饰在手指上进行表演。布袋木偶主要是通过幼儿的手指、手掌活动来进行操作表演，故称“掌中戏”（图3-2）。提线木偶和杖头木偶的操作、制作都比较复杂，适合于成人表演，让幼儿观看。而人偶同演则是由人来扮演木偶形象进行表演活动。除此之外，目前广大幼儿园中又出现了借助于各种小瓶制作的简易木偶。

图3-2　木偶戏表演

幼儿们很喜欢看木偶表演，因为木偶形象夸张、造型生动活泼而有趣。同时，他们更喜欢自己操纵木偶，自编自演。幼儿游戏用的木偶大多比较简单，一般以手指木偶和布袋木偶为主，既有市售的布袋木偶玩具可供选择，又可以由教师带领幼儿自己动手制作。演出的舞台只要拉一块幕布挡住操纵者即可，非常简便易行，很受孩子们喜爱。

4. 影子戏表演

影子戏表演是根据光学原理，通过光的作用，利用物体的阴影来进行一种表演游戏。幼儿玩的影子戏有人影、手影和皮影戏等，其中以手影游戏居多，而皮影戏则具有鲜明的地方特色。人影是以人的身体侧身造型所形成的影子进行表演；手影则是利用手的动作造型所形成的影子进行表演；皮影戏，即以纸和皮革为材料，制成侧身造型的影人，用杆子或绳子进行操作表演。

手影游戏是令无数孩子着迷的游戏（图3-3）。它十分简便，不需要复杂的设备和材料，只要有一灯或一烛，甚至一轮明月，只要有光的地方就可以展开巧思，进行手影表演。一双手在光线的照射下，做出各种各样变化的手势，投射到墙上就变成了活灵活现的黑影，勾勒出一幅幅神奇变幻的动画。幼儿喜爱动物，于是各种动物就成了手影的主要表现对象。

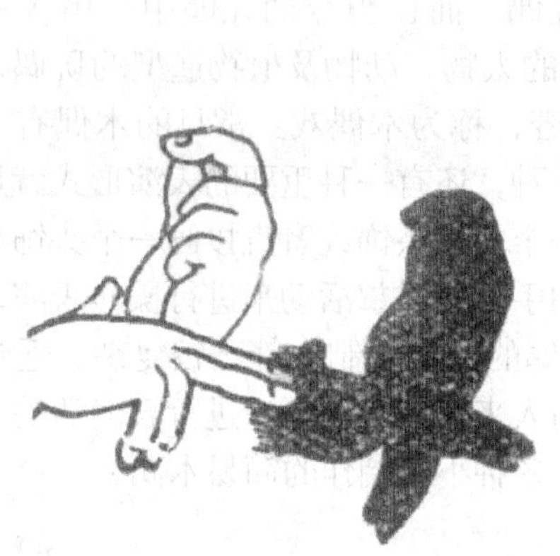
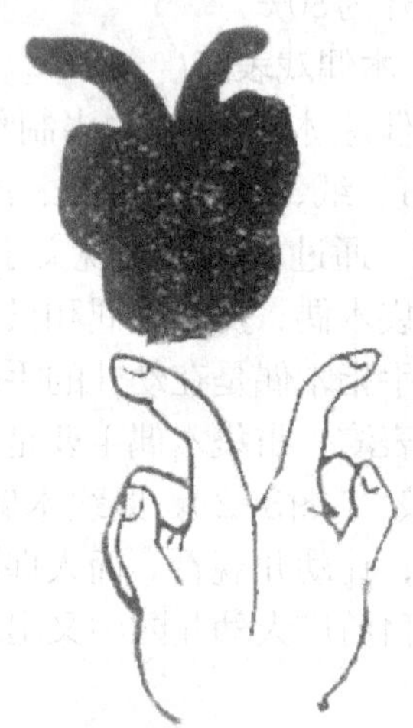

图3-3　手影游戏

皮影戏是让观众通过白色幕布，观看演员操纵的平面偶人表演的灯影来达到一种戏剧形式。皮影偶人一般为平面侧影，具有小巧玲珑、生动夸张的特点，其内容包含了美术、音乐、戏剧、剪纸、故事和游戏等综合性因素。幼儿皮影戏可以就地取材，选用硬纸片、透明胶片、马粪纸等代替传统的皮革，用剪纸和刻花的方法制作影人、布景和道具即可。演出的影窗可用一块白纱布平绷在倒置的桌腿上，再把灯光调整到适当的位置。然后一边操纵影人，一边配词拟声，就能进行简单的表演了。皮影戏对幼儿的言语表达能力、手眼协调能力、动手操作能力、分工合作及相互协调能力都有较高的要求，所以一般在大班才出现，而且需要教师的组织与指导才可能顺利进行。

此外，小舞台区表演在幼儿园也逐步成为表演游戏的一种重要形式（图3-4）。“小舞台”属于幼儿园里班级中的一个游戏区域，它通常是4平方米左右的场地，配合上一定的辅助道具或材料（如丝巾、头饰等），幼儿在录音机播放音乐的伴随下翩翩起舞。当然，也有少数一些幼儿园的“小舞台”以儿童自己创编的或来自文学作品中的故事为线索展开的游戏活动来玩故事表演、木偶戏等的表演范畴。小舞台区表演游戏是一种能够使幼儿的主动性充分发挥的自由游戏。

图3-4 小舞台表演游戏

四、表演游戏的教育作用

（一）表演游戏能促进幼儿认知的发展

1. 表演游戏能促进幼儿对文学作品的感知理解

表演游戏是幼儿对文学作品的一种感知、学习过程。在游戏过程中，各种语言信息伴随着具体的动作信息和情景信息一起进入大脑，与幼儿已有的表象融为一体，使得这些信息更容易为幼儿理解和记忆。借助于表演游戏，幼儿能更好地掌握文学作品的人物角色、内容、情节和主题思想，事件的先后顺序和逻辑关系，情节的发展和因果关系，人物的性格特征和人物角色之间的关系，领会人物的思想感情，加深对文学作品的理解。

2. 表演游戏能促进幼儿记忆力的发展

在表演中，幼儿通过对角色的种种揣摩表演角色，呈现角色的思想、情感、对话和动作，能够在不知不觉中烙下角色的各种印记。同时，幼儿的记忆很容易受情景和情绪的影响，在表演游戏中，由于扮演角色的需要，幼儿必须积极地、自觉地、有目的地去回忆作品的情节，包括整个故事中各个角色的名称、出场的先后顺序，自己所扮演角色的动作、表情及角色间的对话等，这就有利于幼儿有意记忆的发展。

3. 表演游戏能促进幼儿想象力的发展

从实质上讲，表演游戏的过程是幼儿想象活动的过程。在表演游戏中，尽管幼儿所扮演的角色是假的，甚至他们所用的道具也可能是假的，但他们却要当作真的来对待。这种以假当真的活动必须依靠想象才能进行。同时，表演游戏中的幼儿还会凭着自己对作品的理解和态度，在表演中对作品的一些内容、情节、动作和对话进行修改，创造性地刻画出角色的性格，这一切都需要幼儿充分发挥想象力和创造力。幼儿丰富的想象力使表演游戏呈现出多样性，幼儿想象发挥得越充分、越丰富，表演也就越逼真、越生动、越有趣。如在表演"小兔乖乖"时，有的幼儿把小兔表现为一只胆小、娇气的小兔，依偎在妈妈身边；有的则把小兔表现为一只聪明的小兔，不停地转动眼珠子。在这个生动的表演过程中，幼儿的想象力、创造力和表演才能都得到了极大的发展。

此外，表演游戏常常还需要使用一些道具和装饰，材料准备的过程，也是一项创造性的活动。教师可以发动幼儿自己动手制作，如用纸箱制作木偶戏台，用泡沫板拼小河，用饮料瓶当话筒，用厚纸制作大树，用瓶子、乒乓球等制作指偶等。这个发动幼儿动手制作或寻找替代物的过程，也促进了幼儿想象力和创造能力的发展。

（二）表演游戏能促进幼儿语言的发展

学前期是幼儿语言发展尤其是口头语言发展的关键时期，文学作品中的语言优美生动、句式丰富多变，不仅能吸引幼儿去模仿和表演，还对幼儿学习和掌握有关语言内容、语言形式和语言运用的经验具有特别的意义。

首先，幼儿语言内容的发展取决于幼儿已有的知识及其生活内容。表演游戏的内容来源于文学作品，有着语言、社会、认知等多方面丰富的信息。通过表演游戏，幼儿能获取广泛的知识内容，其语言内容方面的经验会越来越丰富，谈论的话题自然就越来越多。其次，幼儿在表演游戏过程中要熟记作品中的语言，掌握正确的语音，富有创造性地表现符合角色性格特征的语调和表情，这都有利于提高幼儿的口语表达能力。如在故事表演中，幼儿要学说各种不同的词汇和句式，日积月累，就能自然地获得有关语言形式的经验，就能自然地增加对各种词汇的理解，潜移默化地掌握各种不同的词汇和句式，从而发展了幼儿连贯的语言和表达思想感情的能力。再次，故事表演中生动的多样化情境也为幼儿积累丰富的语言运用经验提供了可能。幼儿在表演游戏中不仅要用童话、故事中角色的语言来说话，还需要注意倾听别人的话语，理解其他角色的说话意图，考虑怎样回答和应对，从而逐步提高在不同语境中运用适当语言的能力。

（三）表演游戏能促进幼儿个性和社会性的发展

1. 表演游戏能培养幼儿良好的人际交往能力

表演游戏是一种集体游戏，每个人都要扮演一定的角色，因而需要分工和合作。在游戏中，幼儿通过与同伴的交往活动，学习如何共同商议分配角色，如何创设游戏情境，如何互相协作和配合让游戏玩得更有趣；在游戏中，当幼儿与同伴之间发生冲突时，还要逐渐学会如何处理和化解矛盾，如何坚持正确意见或放弃自己的想法，从而培养幼儿良好的人际交往能力。

2. 表演游戏能促进幼儿良好情绪情感的发展

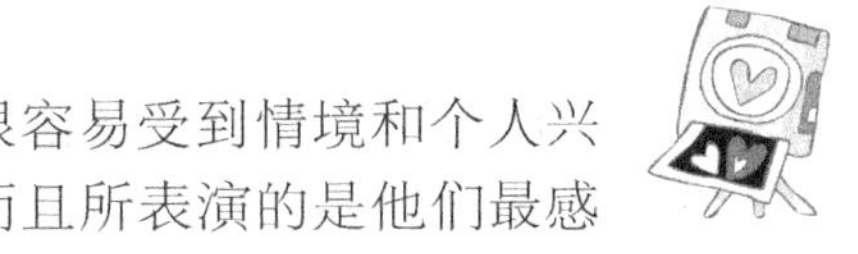

幼儿的情绪情感具有肤浅、不稳定性等特点，很容易受到情境和个人兴趣的影响。在表演游戏中，幼儿享有充分的自由，而且所表演的是他们最感兴趣的事物，因此情感非常真挚，情绪稳定、愉快、积极，这有利于培养幼儿的积极情感。在游戏中，幼儿一方面再现作品的情节、内容，表演作品中角色的动作和语言，另一方面也不断体验着所扮演的角色对周围的人物、事情等的态度，这些会对幼儿的情绪情感发展产生潜移默化的影响。

3. 表演游戏有助于培养幼儿良好的个性品质

童话、故事等文学作品是以文艺形式反映典型的社会生活，对幼儿具有非常大的感染力。在表演游戏中，幼儿可以根据自己的需要和兴趣，以快乐和满足为目的，自由选择作品，自由协商分配角色，自主开展游戏，可以不受任何来自外界的强迫，心理压力较小，对自己的行动掩饰性也较少，很容易表现出自己的态度、兴趣、能力以及特长和不足等真实状况。可见，表演游戏有助于幼儿兴趣、需要得到满足，天性得以自由表露，创造性充分发挥，进而逐渐形成健全人格。同时，幼儿为了扮演好某一角色，需要克服自身原本的害羞、胆怯并调整自己的心态，这有助于培养幼儿勇敢、大胆和自信等优良的个性品质。此外，幼儿扮演角色也是在反复体验作品中人物的思想感情，能加深对人物生活的认识，初步明白什么是正确的行为和优良的品德，这也将对幼儿的品德和行为产生良好影响。

（四）表演游戏能促进幼儿获得艺术熏陶

表演游戏的选材和内容绝大多数是一些幼儿文学作品。作品中美好的主题、有趣的题材、鲜明的形象、生动的情节、活泼的语言以及巧妙的结构形式、出奇的表现手法等都给幼儿带来极大的快乐和愉悦。这种情感体验不同于幼儿玩玩具时的快乐，它是以美的形态感化人心，满足幼儿强烈的好奇心、求知欲和游戏心理。同时，在表演游戏过程中，幼儿会主动注意自身的形象，试着去调整、改变自己的仪表、言行等。这对幼儿的形象、仪表、言行、体态、艺术素质等方面有综合培养的作用。可见，表演游戏不仅有助于发展幼儿的表演才能，还能使他们从感受语言美、艺术美逐步扩展到通过语言、动作去表现美、创造美，从而发展幼儿的审美能力，陶冶幼儿的艺术气质，让幼儿潜移默化地受到艺术熏陶。

五、表演游戏的组织与指导

在当前各大幼儿园中，表演游戏已逐步成为一种较为常见的游戏形式。但是，在实际开展的过程中还存在重表演、轻游戏的倾向。具体表现为：教师对幼儿表演游戏的指导和控制较高，给幼儿自己感知理解作品的时间和机会较少，常常把自己对于文学作品的理解强加到幼儿身上；片面追求表演游戏的表演性，即追求的表演结果，而忽略了表演游戏的游戏性和游戏的过程。这直接导致表演游戏变成了单纯的表演，师幼关系也变成了指挥者和被动执行者的关系。

要想改变这种倾向，教师首先要遵循的一个基本原则就是表演游戏的游戏性要先于表演性，即幼儿教师要先把表演游戏看作是游戏而不是表演，要按照游戏活动的本质特点来组织和指导幼儿的表演游戏，要让幼儿在活动中产生游戏性的体验。其次，幼儿教师要始终明确自己是幼儿表演游戏的组织者和辅助者，师幼关系应当是一种民主平等的合作关系。此外，在组织和指导幼儿开展表演游戏时，教师还应当为幼儿开展表演游戏创设宽松自由的游戏环境（包括时间和空间），支持和鼓励幼儿主动的交往与探索。表演游戏具体的组织与指导策略如下。

（一）引导幼儿生成表演游戏的主题

幼儿表演游戏的主题，既有幼儿自主自发产生的，也有在教师的引导协助下生成的。

1. 幼儿自发生成游戏主题

孩子是天生的演员，有着强烈的表演欲望，只要环境能激发和点燃孩子的表演欲，游戏的主题就自然产生了。表演游戏的自主生成离不开幼儿对表演题材、表演经验的积累，离不开伙伴的参与以及时间、场地、材料等的物质支撑。幼儿自主生成地表演游戏，其表演题材大多来自正在热播的他们喜欢的电视动画片，如《喜羊羊与灰太狼》、《熊出没》、《巴啦啦小魔仙》等，还有来自于成人所讲的他们感兴趣的、熟悉的童话故事，如《小兔乖乖》、《猪八戒吃西瓜》等。一旦有兴趣相投的小伙伴，以及一定的道具或材料基础，幼儿往往就能随时随地进入表演状态，尽情地表演和展示这些文学作品。此时，教师需要做的就是事先了解幼儿的兴趣，给予他们极大的自由和鼓励，并尽可能地提供各种物质材料、场地时间，以此诱发幼儿自发生成游戏的主题。

2. 在教师指导下生成游戏主题

在教师的指导下，根据文学作品生成的表演游戏是我国幼儿园最为常见的表演游戏形式，这已经成为集体故事教学的手段。其中，幼儿表演游戏的主题主要是来自图书、电视电影、网络或者成人所讲的、所教的童话、故事、语言、儿歌等文学作品和歌曲，如《拔萝卜》、《小兔乖乖》、《金色的房子》等，另外还有少量的来自幼儿的日常生活经验。可见，幼儿接触的文学作品类型和来源较多，但并非所有的文学作品都适合于表演游戏。适于幼儿进行表演游戏的作品，应具备以下基本要求。

（1）作品内容健康活泼。作品首先要具有健康活泼的思想内容和艺术价值，并为幼儿所理解和喜爱，能够使幼儿在游戏中获得一定的教育或启迪。选择的作品应适应幼儿的认知水平，幼儿才能理解其中的教育意义；作品内容还应符合幼儿的生活经验，幼儿才能在表演中发挥创造性。以前许多幼儿教师在选择作品时，往往过多地强调作品的思想性而忽视其文学性，对一些没有什么明确的教育意义的作品不会加以选择。其实，我们应该以一种开放的眼光对待作品中所蕴涵的教育功能。有的作品虽然表面上看似没有教育意义，但它呈现的是儿童的童真童趣，加上合理的想象，给人一种非常清新、可爱、活泼的感觉。这样的作品有助于幼儿张开想象的翅膀，以一种积极、健康的心态看待周围的一切，因此也可以成为表演游戏选择的素材，如《青蛙种瓜》、《小兔和云朵》等。

（2）作品结构完整、情节起伏。一般来说，表演游戏的作品要有一个完整的

结构。同时，情节主线要简单明确，不要过于复杂，以便幼儿理解和记忆，但故事情节要有起伏，发展的节奏要快，变化要明显，重点突出，枝蔓不多，脉络清晰，这样才能引人入胜，吸引幼儿想去表演并易于表演。如在《小兔乖乖》中，先是兔妈妈去拔萝卜，然后大灰狼来骗小兔子，后来兔妈妈回来了，最后把大灰狼打跑了。作品中情节起伏，变化明显，对幼儿具有很大的吸引力。在《会滚的汽车》中有小鸡、小鸭被狐狸骗进肚子，滚筒智斗狐狸，压死狐狸等情节，跌宕起伏，幼儿们争相扮演滚筒、小鸡、小鸭等角色，对故事表现出极强的兴趣。相比较而言，那些情节发展缓慢、言语陈述过多的作品则不适于幼儿表演。

（3）有较多的对话和动作，具有表演性。作品中要有较多的对话，对话要简单明了并且能与动作相配合，以便幼儿在表演中边说边做动作，以增加表演的情趣。如在《金色的房子》中，小鸟、小狗、小羊、小猴等每一个小动物与小姑娘见面和交往中都有彼此的对话。在《小兔乖乖》中，兔妈妈出门前对小兔的叮嘱，大灰狼和小白兔的对话，都生动有趣，且容易用动作表演出来。同时，为幼儿表演的作品还应具有鲜明的动作性。在小、中班宜选择简单的、有重复动作的作品。如《拔萝卜》的故事，角色出场时的动作虽然各异，但拔萝卜的动作是相似重复的，便于小、中班幼儿掌握。《小羊和狼》中的"我用嘴咬它"、"我用爪子抓它"、"我用腿踢它"、"我用鼻子把它卷起来"等语句，动作性极强，表演起来特别生动形象，孩子们非常喜欢。

此外，供幼儿表演的作品要有一定的情境和场面，有一定的戏剧成分。适合小班表演的作品最好只有一个场面。如《拔萝卜》的场面只有菜地。中、大班表演的作品场面也不宜过多。有集中的场景，还要易于布置，道具要简单，可以利用现成的桌椅、大型积木、胶粒拼图及实物等。

随着年龄的增长、知识经验的丰富，幼儿的言语表达能力逐步提高，愿意大胆表达自己的愿望和想法，也愿意与别人讨论、共享与交流。他们极富想象力，常会将自己的所见所闻描绘得生动形象。因此，教师还可以据不同年龄班幼儿身心发展的特点，引导幼儿自主选编、创编故事，进而生成表演内容，开展表演游戏，这将更好地促进幼儿的言语表达能力、想象力、表现力的发展，尤其是对幼儿的创造潜能和创造性人格的发展具有较大的影响。

（二）带领幼儿创设表演游戏的环境

环境的创设是表演游戏开展的重要物质条件。以往，在表演游戏环境的创设中，大多存在以教师为主创设环境、教师包办过多的现象，致使幼儿的主动性难以得到充分的发挥，参与性更是非常不足。在以幼儿为主体的观念引领下，教师可根据幼儿平日所喜爱的故事角色，吸引、邀请、鼓励幼儿一起来准备玩具、服装、道具以及布景等，并把它们摆放出来，创设游戏的物质环境，以充分激发和调动幼儿参与表演游戏的愿望和积极性。表演游戏一般需要以下一些材料。

1. 场地和布景

（1）场地。日常进行的表演游戏，可以在平地上或活动室中，或用小椅子、小桌子或大的积木围起来设置小舞台，或用标记分出"台上"和"台下"，或有一个固定的表演区如活动室的一角即可。在场地安排上，要因地制宜，让幼儿自主选择、自由使用、自由布置。如在幼儿和教师共同布置下，走廊可以变成“化妆间”，楼梯拐角处成了“售票处”。木偶台用一块幕布将操纵者遮住即可，有条件时，可以给幼儿搭建一个木偶、皮影的小舞台，则更能增加游戏表演的情趣。

（2）布景。表演用的布景应简单、大方、经济实用，避免过大、过重、过繁，更不能妨碍表演，只要能起到烘托情境、渲染气氛的作用就可以了。制作布景造型宜夸张，颜色要鲜明，可以结合美工活动，让幼儿一起来设计和制造。例如，布景中金色的小房子，可用大型积木搭建，在积木上挂上或粘上金色的纸屋顶和门窗。

2. 服装与道具

表演游戏的道具、服饰和角色造型是很重要的，它们不仅能激起幼儿进行表演游戏的愿望，而且还直接影响到游戏的趣味性、戏剧性和象征性。随着幼儿游戏主题的不断增多，表演游戏对道具、服饰的需求也越来越大，教师可以启发和引导幼儿以物代物。平时让幼儿多收集各种废旧材料——蛋糕盘、饮料罐、纸盒、泡沫板、牛奶盒、旧挂历……然后引导幼儿学会根据作品内容的需要，动手设计制作各种各样的道具，并学会根据游戏的需要寻找替代物，一物多用，从而使幼儿的发散思维更活跃，获得更多的乐趣。如，饮料瓶即可当“话筒”，又可当房屋的“门柱”，还可当“电吹风”。

幼儿表演游戏用的服装与道具，可以象征性地表现角色所具有的显著特征。一般而言，各种动物、人物角色只需一个头饰即可。少数民族的角色，除头饰外还可以有一些突出民族特征的服装，如新疆人的马甲背心等。为了更好地表现角色的外形特征和个性特点，教师还要引导幼儿根据作品的角色要求进行适当的角色造型和化妆。例如：幼儿在进行《小兔乖乖》的表演游戏前，先商议怎样化妆，就是在给角色造型和进行服饰准备，最后幼儿达成一致，按角色的最突出特点各自挑选头饰、造型化妆。教师帮助他们在服饰上作了简要的点缀性装饰，如为“兔妈妈”腰上扎一条围裙，给“大灰狼”的臀部安上一条毛茸茸的大尾巴，在道具上给“兔妈妈”准备一只小篮子和一块头巾等。这样简单的服饰造型与道具设计，对幼儿参加表演游戏的激励作用很大，能使游戏顺利开展下去。

虽然道具和服装是表演游戏十分必要的物质条件，但幼儿的表演游戏应体现自由行和灵活性，可随时随地进行表演，不受道具的限制。要求过多或过于真实的道具，不但幼儿的能力和体力达不到，反而会限制幼儿表演的积极性和创造性。当道具不足时，教师可在实践中引导和启发幼儿用自己的动作、表情或配以自然材料来创造性扮演道具，不仅增添了游戏的趣味性和生动性，也调动了更多幼儿参与游戏的积极性。

（三）指导幼儿分配游戏角色

幼儿在表演游戏中和玩角色游戏一样，都非常关心自己所扮演的角色，都以扮演自己所喜欢的角色为满足。幼儿们都喜爱文学作品中的主人公，往往都想扮

演故事主角和正面角色，这时教师就要引导幼儿认识到，每个角色都是表演游戏中不可缺少的，只有主角、配角，正面角色、反面角色协调配合，游戏才能顺利进行，从而使幼儿满腔热情地对待自己所担当的角色。

从心理学的角度看，幼儿选择某个角色，潜意识里期望通过角色扮演表达某种情感，从而获得情绪的发泄和心理的满足。若教师凭主观意愿指定幼儿扮演角色，则剥夺了幼儿自主选择的权利，并可能妨碍幼儿情绪的正常宣泄。因此，教师要尊重幼儿的愿望，为幼儿提供一个自主协商、自主分配角色的平台。在此基础上，让幼儿理解轮换担当角色的必要。新游戏时，可先让能力强的幼儿担任主角以使游戏顺利进行；待幼儿们对游戏熟悉后，可鼓励和帮助能力弱的幼儿主动扮演主角。

不同年龄段有色分配的方法也不一样，小班可由教师指定角色，也可由幼儿自报。在中、大班则应逐渐由幼儿自己协商分配角色，因为他们已能照顾到同伴的兴趣和愿望，能够用猜拳、轮流等方式解决矛盾。而对个别只想当主角的幼儿，需说服教育，使其愿意担任配角。

（四）提高幼儿的游戏表演技能

游戏表演技能，是指表演中必须运用的语言表达、歌唱表演、形体与表情动作及木偶和皮影的操作技能等。幼儿在表演游戏中，即使并不在乎有无观众来欣赏，也依然能从全身心的投入中感到满足和愉悦，但是并不是说幼儿的表演技能就不重要。因为文学作品中的内容和情节需要借助一定的表现技能才能得以再现和展示，所以培养和提高幼儿的表演技能是完成表演游戏的一个重要保障。幼儿在表演游戏中最基本的表演技能有如下几种。

1. 幼儿口头语言的表达技能

幼儿表演游戏中大部分角色的形象主要是通过对话与独白等口头语言的形式来表现的。口头语言的表达技巧表现在对语调、音色的处理上，即通过声音的轻重、快慢、高低和停顿等变化去表现人物角色的思想感情、情绪情感，如，同一句话“我回来了！”用较高的音高、较快的语速及向上的语调说出来，能表达一种快乐、欣喜的情绪；而用较低的音高、较慢的语速及向下的语调说出来，表达的是一种沮丧、失望的情绪。同时，通过音色的变化还能代表不同角色的形象特征。如大灰狼声音嘶哑、低沉，透着凶狠；狐狸的声音又尖又细，带着狡猾的色彩；小熊的声音笨重而缓慢，透出老实憨厚的特点；小兔子的声音又脆又甜，带着活泼可爱的色彩；小猴的声音轻快而响亮，透出机灵、淘气的特点等。

教师要分步骤要求与指导：首先让幼儿能大胆地把角色的语言表达出来；其次要让幼儿能较清晰、流畅地用普通话表演；最后要让幼儿知道运用自己的语调来表达思想感情。让幼儿在理解、领会作品的前提下，通过具体的练习和实际的操作，逐步提高口头语言的表达技能。

2. 幼儿的歌唱表演技能

唱歌是幼儿喜爱的表演活动，也是在各类表演游戏中运用较多的基本技能之一。歌唱表演技能包括用自然好听的声音歌唱，不大声叫喊，音调准确，吐字清晰，能根据乐曲的快慢、强弱等变化有表情地演唱。在表演游戏中，教师应帮助幼儿理解歌词、乐曲的内容及情感，指导幼儿唱歌吐字清楚，旋律曲调要准确，快慢音量要适度，表情要符合角色的要求。例如，《小兔乖乖》中的兔妈妈唱的歌与大灰狼唱的歌虽然内容一样，但他们的语气、声调、表演是绝对不同的。只有具备较好的歌唱表演技能，才能将文学作品的内容生动、形象地展现出来。

3. 幼儿的形体表演技能

形体动作是表演游戏中不可缺少的基本形式，除了人们的日常生活动作（主要包括步态、手势、动作等）外，还包括一些小动物的典型动作。在表演时，首先要让幼儿理解，不同的形体动作可以表现角色不同的情绪情感和形象特征。例如：表现高兴时，双手可以做成鼓掌状，且面带笑容；表现胆怯时，双手则可紧握胸前，面部紧张。由于表演游戏的需要，幼儿的步态、手势、动作应比日常生活中的表现要夸张一些，幅度要大一些，才能使表演具有一定的舞台效果。各个角色因其角色特点不同，还要求幼儿在表演游戏中能恰当而准确地把握。例如，《下雨的时候》中有三个角色：小白兔上场用“兔跳”；小鸡上场用“点头踏点步”；小猫上场用“交替步”和双手“捋胡子”的动作。

以上这些表演技能，可以让幼儿在日积月累的活动中逐步学习掌握，也可通过一些专门的、具有针对性的游戏训练让幼儿来习得。例如，可以教小班幼儿做木偶操，用儿歌或者音乐伴奏，让他们练习立正、侧转身、弯腰、拍手、点头、思考等木偶动作。用“小猫和小老鼠”的游戏，对幼儿进行形体与表情动作技能的专门训练：玩具猫坐在小椅子上，小老鼠出来玩，发现了玩具猫。开始，它们怕极了，逃走了，后来发现是假猫，便又无法无天了。教师让幼儿练习轻轻跑和害怕的表情，以及无法无天的自由动作。这样，幼儿的表演技能在游戏活动中就自然而然地得到了训练。

此外，教师有意识地指导幼儿提高表演技能是幼儿园较为常见的一种方式。一方面，教师经常把故事、童话、诗歌、歌舞等作品，以戏剧、歌舞、木偶、皮影戏等形式向幼儿做示范性表演，不仅可以激发孩子们表演的欲望，还可以帮助他们积累丰富的表演素材，学习各种表演技巧。另一方面，教师还应常常加入幼儿的表演游戏，在游戏中担任某一角色，和幼儿们一起演出。不仅可以给幼儿示范表演，还便于及时用提问、建议的方法，启发和帮助幼儿理解作品内容，激发他们用自己创造出来的、生动形象的语言和动作来表现作品内容。在小班最初进行表演游戏时，教师要做具体的示范表演，也可以请大班幼儿进行示范表演，然后让幼儿跟着学习，还可在教师边提示内容、边指导的帮助下，由幼儿试着表演逐步过渡到自己进行表演，教师只给予适当的指点和帮助。而对中、大班幼儿的指导，则应以充分发挥幼儿的主动性为主，鼓励幼儿按照自己的意愿进行表演。表演时，当幼儿出现遗忘某些情节和对话，以及动作表情与内容或角色特征不符等情况时，教师可悄悄地用语言或模仿动作给予提示和帮助，切忌在表演过程中对幼儿的表演横加干涉，随意打断或在旁不停地叫喊指挥，使幼儿的表演完全处于被动的状态，以致失去了游戏本来的意义。

（五）促进幼儿提高表演游戏水平

1. 不断丰富幼儿的生活经验

幼儿对周围社会的认知程度、生活经验的丰富程度会直接影响幼儿表演游戏水平的高低。倘若缺乏丰富的感性经验，在表演中常常不能很好地表现人物的主要特征。因此，教师应在幼儿的日常生活中、教育活动以及游戏活动中积极引导幼儿进行观察、交流，丰富和积累幼儿的生活经验，不断提升幼儿表演游戏的水平。如，在表演《三只蝴蝶》的过程中，刚开始时扮演蝴蝶的幼儿一落在花儿上翅膀就放下不动了，老师发现后并没有马上纠正，而是带着幼儿来到花园观察蝴蝶落下时翅膀的姿态。通过观察幼儿发现，原来蝴蝶停下时翅膀是合拢的。在后来的表演中，扮演蝴蝶的幼儿中就有的将两只胳膊背在身后做出了合拢的动作，表演能力较之以前有所提升。

2. 引导幼儿深入理解文学作品

要想使游戏活动顺利开展，必须引导幼儿深入理解文学作品。教师可以通过讲故事、放幻灯片、听录音、看电视等多种方式，帮助幼儿熟悉文学作品，掌握作品的主题及情节的发展，了解角色的语言与动作特点，体验角色的内心活动，激发幼儿对作品中人物形象的感情，引起表演的欲望。

3. 引导幼儿创造性地表演

幼儿表演创造性的发挥往往建立在对作品理解的基础上。幼儿只有充分理解了作品，才有可能去表现去创造。例如，在玩“拔萝卜”的表演游戏时，有的幼儿扮演小姑娘就一边用清脆的声音回应着“来了！来了！”，一边急匆匆地进场；而有的幼儿扮演的老婆婆则是一个老态龙钟的老妇人，当听到老公公的呼唤时，一边用缓慢、有气无力的声音回应着“来——了！来——了！”，一边慢吞吞地进场。孩子们的创造表演往往使艺术作品具有了新的亮色。

在表演游戏中充分发挥幼儿的主体性，还需要教师的调动与挖掘。有时，教师也可以专门组织创作活动。例如，给全班孩子2~3个小动物，要求他们编一个小故事，并将故事表演出来。于是，孩子们分组设计、表演，然后相互观摩；最后，教师将各组孩子编的作品综合在一起，加工成一个较完整的作品。这种创作游戏活动，以平时的看图说话、看图编故事为基础，一般在大班进行。此外，在大班幼儿中还可以进行双簧表演。双簧表演即每一个角色都由两个人共同表演，其中一人只管在台前表演，嘴不出声，而另一人则只需在后台为角色配音，往往适用于角色少、动作少而对话较多的文学作品，如寓言故事《乌鸦与狐狸》等。在各司其职的基础上，两名演员必须步调一致，配合默契，共同完成对角色的创造。双簧表演能培养幼儿的集体观念，发展幼儿间相互协作的能力。

（六）不同年龄班幼儿的组织与指导

各年龄班幼儿由于身心发展水平、生活经验的不同，在表演游戏中可能会出现语言表达能力、合作游戏能力、角色扮演能力的差异，因此教师应针对幼儿的年龄特点与游戏发展的不同阶段来组织与指导幼儿的表演游戏。

1. 小班幼儿表演游戏的组织与指导

小班幼儿（3～4岁）表演游戏的年龄特点是：游戏目的尚不明确，往往只注意某一角色的动作、语言、表情等；角色意识不强、交往欲望较低，不会主动开展游戏活动，一般只是被动听从安排；表演游戏水平较低，往往只是表演自己感兴趣的某个动作或重复某一句有趣的语句，不会自主性、创造性地延伸表演内容。严格地说，小班幼儿不会玩表演游戏。

所以小班幼儿表演游戏的组织与指导应注意多鼓励和支持，并给予适当的引导，帮助幼儿认清游戏目的，提高游戏水平。具体而言包括以下几点。

（1）教师应尊重幼儿的意愿，帮助幼儿选择主题明确、内容简单、活泼有趣的作品。

（2）教师应帮助幼儿或带领幼儿准备游戏的道具和材料，但不要包办代替。

（3）教师可以指定或参与角色分配。教师应常常参加小班幼儿的表演游戏，在游戏中担任某一角色，开始可以担任主角，帮助幼儿解决角色分配中的困难，以后可担任一般角色，甚至不担任角色，逐步引导幼儿自主选择并扮演角色。

（4）教师要帮助幼儿做足经验准备，如学习和理解文学作品的主题、内容，理解人物关系和故事发展情节，提高游戏的质量。

（5）游戏开始前教师应作示范。因为小班幼儿处于独自游戏、平行游戏的高峰时期，还不会玩表演游戏，但他们对模仿成人动作感兴趣，所以教师生动热情的示范会直接影响到幼儿对于表演游戏的喜欢程度与表演意愿。

（6）指导幼儿遵守简单的游戏规则。

2. 中班幼儿表演游戏的组织与指导

中班（4～5岁）幼儿表演游戏的年龄特点是：游戏的目的性有了一定提高，但也常常因准备道具、材料、服装等而忘了游戏，仍需要教师一定的提示才能坚持游戏主题；可以自行分配角色，但角色更换的意识不强；游戏水平有所提高，能独立进行角色分配，但进入游戏过程较慢；由于语言表达能力的制约，游戏表演形式以动作为主。

因此，中班幼儿表演游戏的组织与指导应注意要给予幼儿更多的耐心，不要过多地干预游戏，也不要急于提醒与示范，而要让幼儿在自主与自由中提高游戏能力，具体包括以下几点。

（1）教师要给幼儿适宜的游戏时间、空间。幼儿表演游戏的时间应该保证不少于30分钟，并且要有在一定时间内是固定的、封闭或半封闭的空间，以给幼儿游戏的安全感。

（2）教师要注意游戏材料的结构化程度。要为幼儿提供简单易搭的游戏材料，减少幼儿花在准备道具、服装上的时间，以便尽早明确游戏目的，快速进入游戏状态。

（3）在游戏开展阶段，教师不要过多干预幼儿的游戏，要耐心等待幼儿协商、讨论，提醒幼儿坚持游戏主题。

（4）加深幼儿对作品中人物角色的理解，发展幼儿的语言表达能力，使其不再单纯依靠动作进行表演，提高表演的能力和质量。

（5）引导幼儿建立游戏规则，并督促幼儿学会遵守。

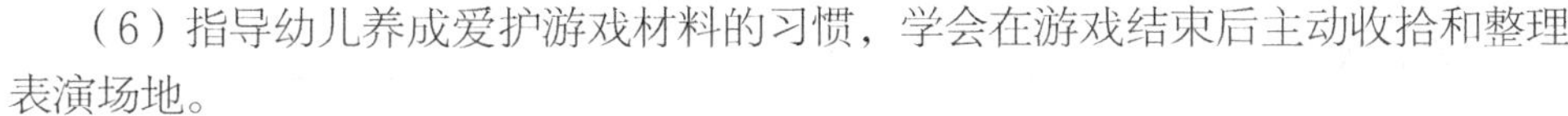

（6）指导幼儿养成爱护游戏材料的习惯，学会在游戏结束后主动收拾和整理表演场地。

3. 大班幼儿表演游戏的组织与指导

大班（5 ~ 6岁）幼儿表演游戏的年龄特点是：能独立完成角色分配任务，并有很强的角色更换意识；游戏的目的性、计划性较强，能自觉表现故事内容；能够灵活运用多种表现手法进行表演，不再局限于动作和语言；表演能力显著提升，能够根据实际情况灵活地、创造性地重新塑造角色，调整对话和动作，但仍有待进一步提升。

因此，大班幼儿表演游戏的组织与指导应注意要及时通过反馈，帮助幼儿更好地塑造角色，进而提高表演水平，具体有如下几点。

（1）教师要尝试着放手让幼儿自主开展表演游戏。大班幼儿已经具备独立开展表演游戏的能力，如果教师过多干预往往会限制幼儿主体性的发挥。因而教师可以让幼儿自主布置游戏场地、制作游戏材料、分配表演角色等，以使幼儿自主创造性得到充分发挥。

（2）教师应及时给幼儿提供反馈，以提高幼儿表现故事、塑造角色的能力。教师反馈的重点应该在如何塑造角色上，最好用讨论的方式帮助幼儿注意运用语气、语调、夸张的动作、生动的表情来塑造角色。

（3）在充分理解文学作品的基础上，引导幼儿大胆想象，富有创造性地表现角色的性格特征，提高表演能力。

（4）引导幼儿与同伴融洽相处、合作游戏，正确处理游戏中的矛盾和纠纷。

（5）游戏结束后，有意识培养幼儿独立、自觉地收拾场地、整理玩具材料的习惯。

●【项目实施】

任务一：表演游戏基本技能训练

（一）任务目标

1. 手影表演：培养学生用手影来表现常见动物造型的能力。

2. 木偶表演：培养学生操纵布袋木偶或手指木偶进行故事表演、并用生动的语言、表情、动作讲故事的能力。

3. 歌唱表演：培养学生准确、有表情地试唱幼儿歌曲。

4. 综合表演：培养学生运用绘画和手工的技法制作表演服装、道具的能力以及综合运用语言、表情、动作、歌曲、舞蹈、琴法等多种技能进行表演的能力。

（二）完成任务形式

小组合作完成。

（三）任务指导书

班级________　　组号________

组员姓名________________________________

项目	表演游戏	
任务	表演游戏基本技能训练	
任务内容	任务条件	任务要求
手影表演	幕布	练习并掌握各种手影动物造型
木偶表演	各种造型的手偶、指偶	操纵布袋木偶或手指木偶进行故事表演，并能准确把握人物性格特点，处理好各个角色的语气、声调和情感
歌唱表演	儿童歌舞剧《小熊请客》的全部歌曲曲谱	视唱学习并掌握儿童歌舞剧《小熊请客》的全部歌曲，并能准确把握歌曲的旋律和节奏，处理好歌曲所表达的情感
综合表演	儿童歌舞剧《小熊请客》的剧本	分组排练儿童舞台剧《小熊请客》，每6～7人一组，各组自行确定个人表演的角色，其中一人为钢琴伴奏；各组自行确定表演的形式，并自行设计、制作全部场景道具，可以在原剧本的基础上发挥自己的想象进行适当的创作，但表演必须能刻画出每个角色鲜明的性格特征

（四）任务评价

教师与学生共同商议项目任务“表演游戏基本技能训练”完成标准，评价体系由学生自我评价、小组评价、教师评价三部分构成，按学生自我评价30%、小组评价20%、教师评价50%的比例确定最终成绩。

任务评价表如下。

姓名________　班级________　学号________　组号________

评价主体 / 评价内容	学生自评	小组评价	教师评价	评分理由	总分
手影动物造型能力					
语言表达能力					
表情动作表现能力					
操纵手指偶表演能力					
幼儿歌曲演唱能力					
服装、道具制作能力					

续表

评价内容＼评价主体	学生自评	小组评价	教师评价	评分理由	总分
综合表演能力					
团队协作能力					
创造创新能力					
参与评析能力					

附训练素材如下。

训练素材一　手影表演

训练素材二　木偶表演

1．森林音乐会

森林里要开音乐会啦！时间就定在1月1日新年这天。大会主席老虎先生刚张贴出布告，这个消息就像长了翅膀一样传遍了整座森林。爱好音乐的动物们都开始积极地准备，他们都想上台去作最好的表演。

等呀盼呀，第一场雪下过以后，新年终于来了。老虎主席把舞台搭在森林中最宽敞的地方，连小草都从地底下探出了脑袋。天一黑，满天的星星，闪闪烁烁，可漂亮啦。

青蛙背着荷叶鼓第一个到。他想：我要占最好的位置，让所有动物都知道我的鼓敲得有多响亮！于是，他把椅子抬到舞台正中央。可是，他还没坐下就听见“嗨哟嗨哟”的吆喝声，一看，原来是小猴和他的伙伴们抬着一架树根钢琴来到舞台前。小猴看见青蛙占了正中的位置，气呼呼地说：“让开！中间是留给我的钢琴的。”青蛙一听不服气了，鼓着肚皮就和小猴吵起来。正吵着，熊猫拿着翠竹长笛，小兔提着萝卜短笛也来了，他俩一齐说：“让开让开！大鼓和钢琴不能占中间的位置，那时要留给我们的。”不一会儿，松鼠扛着梨子提琴，大灰狼提着牵牛花喇叭也来了，连草原上的大狮子也来凑热闹（他可什么都没带，因为他会吹口哨）。动物们都想占舞台正中的位置，小猴子刚把青蛙挤走，熊猫、小兔就把小猴推到边上去了……小动物们谁也不服谁，都自顾自地吹拉弹唱起来。一时间，舞台上根本听不清楚什么乐器在响，观众们被吵得捂住了耳朵，连来凑热闹的月亮婆婆也吓得躲进了云层。

只见老虎主席急得大吼一声：“啊——呜，全部给我停下来！”老虎主席说，“你们这样互不相让，各顾各的，这是音乐吗？简直是噪声，好听吗？”大家你看看我，我看看你，都惭愧地低下了头。大狮子问：“那你说我们该怎么办？”老虎说：“我们可以互相配合，共同演奏一首好听的乐曲来庆祝新年！”大伙儿齐声回答：“好。”于是老虎主席从后台请来了百灵鸟做乐队指挥。小动物们跟着百灵鸟的指挥演奏起来，有钢琴声，也有笛子声，还有喇叭和口哨声，最热闹的是青蛙的鼓声，乐曲最后结束在松鼠的梨子提琴声中。观众们都被这美妙的音乐打动了，连月亮婆婆也露出了笑脸。

2. 鸭妈妈找蛋

鸭妈妈，生鸭蛋，那鸭蛋像姑娘的脸蛋，谁见了都说：“啊，多么可爱的鸭蛋！”鸭妈妈听了，乐得呷呷呷地叫：“嗯，这是我生的蛋啊！”可是，鸭妈妈有个毛病：不在窝里生蛋，她走到哪里，要生蛋了，就生在哪里，所以她常常找不到自己生的蛋。

有一天傍晚，鸭妈妈又忘了在哪儿生的蛋了。她在院子里跑来跑去，怎么也找不着，就问母鸡：“鸡大姐，您看见我的蛋吗？您拾过我的蛋吗？”母鸡说：“我没看见呀！”鸭妈妈赶紧跑出院子去，正碰上老山羊带着小山羊回家来。鸭妈妈忙问老山羊：“羊大叔，您看见我的蛋吗？您拾过我的蛋吗？”老山羊说：“我没拾过你的蛋呀！你到池塘边去找找看。”鸭妈妈奔到池塘边，找了好一阵子，还是没找着，只好回到院子里。她看见黄牛回家来，就问：“牛大伯，您看见我的蛋吗？您拾过我的蛋吗？”黄牛说：“我可没见过你的蛋，也没拾过你的蛋。你老是丢三落四的，这可不好啊！”鸭妈妈叹了一口气说：“唉！我忙得很呐，要游水，要捉小鱼小虾，还要下蛋……一忙，就记不清蛋生在哪儿了。”黄牛说：“你说你忙，我呢？耕地，拉车，磨面，可不像你那样丢三落四的。”母鸡说：“我也生蛋呀，我都生在窝里，可不像你天天要找蛋。”山羊说：“你呀，做事不用脑子！”鸭妈妈拍了拍脑袋，说：“啊，啊，不是我不用脑子，一定是我的脑子有毛病！”山羊、黄牛和母鸡一起劝鸭妈妈：“你别着急，好好儿想一想：你今天到过哪些地方？到底在哪里生了蛋？”鸭妈妈低下头，从大清早出窝想起——池塘边吗？没生过蛋。草地上吗？也没生过蛋。小树林里吗？根本没去玩过。

“啊，啊！”鸭妈妈想起来了，她可难为情了，低着头说，“今天，今天，我还没生过蛋……”

训练素材三 歌唱表演技能

音乐

狐狸的自白（数板）

1= F 2/4 3/4

(5 2 2 0 | 56 71 5 2 | 1 5 3 5 | 1 55 5 5 | 1 5 3 5 | 1 55 5 5) |

我的名字 | 叫狐狸，| 没有朋友 | 没亲戚，| 人人见我 | 都讨厌，|

3/4
说我好吃懒做 | 没出息。| (1 5 5 0) | 太阳升得 | 高又高，|

肚子里还没 | 吃东西! | (5 6 7 1 2 0) ‖

到小熊家去

（第一曲）

1= F 2/4

（愉快、活泼地）

（前奏）

(5 6 5 6 5 6 5 6 | 5 55 55 | 5 3 | 2 – |

5 6 5 3 | 2 – | 5 22 52 | 5 22 52 | 1235 2) |

5 3 | 2 – | 5,6 5 3 | 2 – | 2 2 2 3 | 2 3 61 | 2 – |

（小猫）喵 喵 喵，
（小狗）汪 汪 汪，真呀真快活，今天过节 小熊请 客。
（小鸡）叽 叽 叽，

2 2 2 3 | 2 1 6 | 61 62 | 1 6 | 5 – | 5 3 2 | 5 3 2 |

我们到他 家里去，又吃又玩 又 唱 歌。喵喵喵，喵喵喵，
汪汪汪，汪汪汪，
叽叽叽，叽叽叽，

5.653 | 2 – | (5 22 52 | 5 22 52 | 1235 2 | 5671 2) ‖

真呀真快 活！（尾声音乐）

我才不带你

（第二曲）

1= F 2/4

（轻快地）

5 5 3 | 1 0 1 | 5 3 | 1 0 1 | 2 2 3 | 2 1 2 |

狐狸，狐 狸！ 你 没 出 息. 你 自 己 不 做 工。

6 5 6 1 | 2 3 2 | 0 0 | 3, 6 5 3 | 2 0 | (1 2 3 5 2 |

还 想 白 白 吃 东 西，（白）我 呀，哼！我 才 不 带 你！ （渐弱）……

1 2 3 5 2 | 0 2 2 0 | 5 2 2 5 2 | 5 2 2 5 2 | 5 2 2 5 2 | 0 2 2 0) |

朋友来了多高兴

（第三曲）

1= C 2/4

（轻快地）

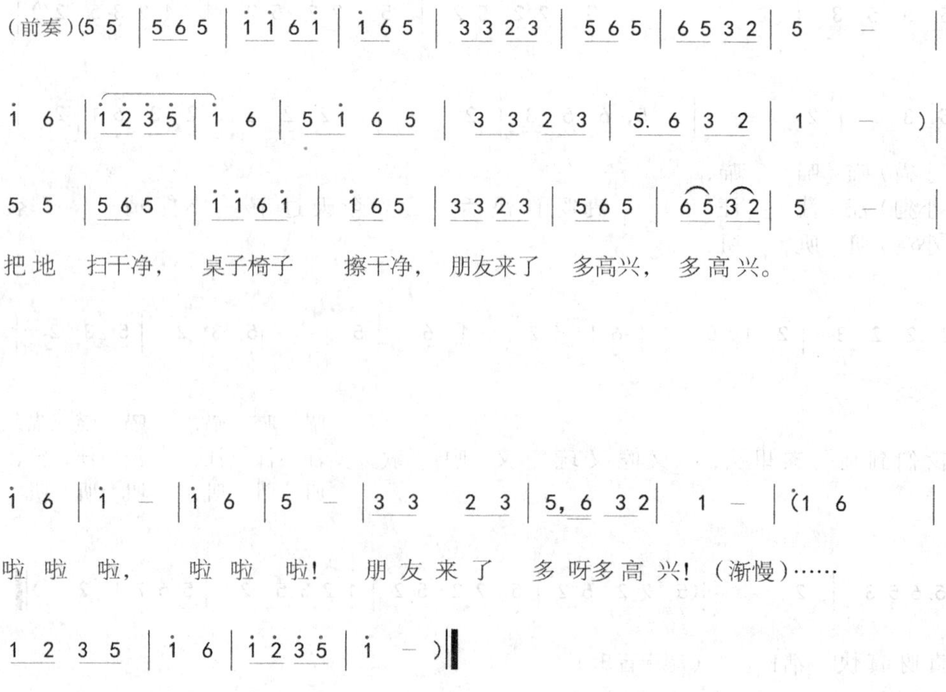

（前奏）(5 5 | 5 6 5 | i i 6 i | i 6 5 | 3 3 2 3 | 5 6 5 | 6 5 3 2 | 5 – |

i 6 | i 2 3 5 | i 6 | 5 i 6 5 | 3 3 2 3 | 5. 6 3 2 | 1 –) |

5 5 | 5 6 5 | i i 6 i | i 6 5 | 3 3 2 3 | 5 6 5 | 6 5 3 2 | 5 |

把 地 扫 干 净， 桌 子 椅 子 擦 干 净， 朋 友 来 了 多 高 兴， 多 高 兴。

i 6 | i – | i 6 | 5 – | 3 3 2 3 | 5, 6 3 2 | 1 – | (1 6 |

啦 啦 啦， 啦 啦 啦！ 朋 友 来 了 多 呀 多 高 兴！（渐慢）……

1 2 3 5 | i 6 | i 2 3 5 | i –) ‖

欢迎曲

（第四曲）

1= C 2/4

（亲切、热情地）

5 5 5 | 5 6 5 | 1 1 6 1 1 | 1 6 5 | 3 3 2 3 | 5 6 5 |

（小熊） 欢迎你，欢迎你，好朋友我 欢迎你！（猫）看见你 真高兴，

（熊、猫） 欢迎你，欢迎你，好朋友我们 欢迎你！（狗）看见你们 真高兴，

（熊、猫、狗）欢迎你，欢迎你，好朋友我们 欢迎你！（鸡）看见你们 真高兴，

（5 6 5）

0 0 | 3 3 3 2 3 | 5 6 3 2 | 1 — | 1 2 | 3 — |

（白）小熊！ 这一包点心 送 给 你！（熊）谢 谢 你，

（白）小熊！ 这一包点心 送 给 你！（熊）谢 谢 你，

（白）小熊！ 这一包点心 送 给 你！（熊）谢 谢 你，

3 5 3 2 | 3 3 3 | 6 6 5 6 | 3 5 3 2 | 3 — | 1 1 6 5 |

我也请你 吃东西， 这是骨头、 小虫和小 鱼， 随便吃点

我也请你 吃东西， 这是骨头、 小虫和小 鱼， 随便吃点

我也请你 吃东西， 这是骨头、 小虫和小 鱼， 随便吃点

（3567 5）

6 3 | 5 — | 0 0 | 6 6 5 6 | 3 2 3 | 3 5 6 6 5 |

别 客 气。（猫）骨头、小虫 我不爱， 小小鱼儿我

别 客 气。（狗）小虫、小鱼 我不爱， 肉骨头儿我

别 客 气。（鸡）骨头、小鱼 我不爱， 小小虫儿我

6 2 | 1 — | (1 2 3 5 | 3 2 | 1 —):‖ 1 2 | 3 .5 |

最 欢 喜！

最 欢 喜！

最 欢 喜！（注意：小鸡唱完欢迎曲后，用下面的尾声音乐）

3 5 3 2 | 3 .5 | 6 1 | 2 .3 | 2 3 6 1 | 2 .3 | 3 5 |

6 .1 | 2 3 2 1 | 6 .1 | 5 6 1 5 | 3 2 | 1 — | 1 0 |

赶走大狐狸

（第五曲）

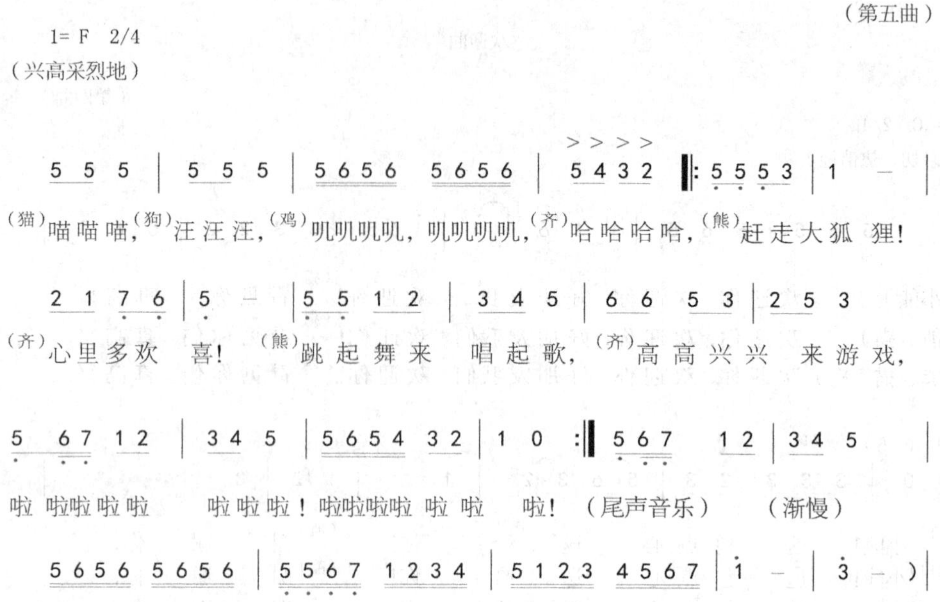

1= F 2/4

（兴高采烈地）

5 5 5 | 5 5 5 | 5656 5656 | 5432 |: 5553 | 1 – |

（猫）喵喵喵，（狗）汪汪汪，（鸡）叽叽叽叽，叽叽叽叽，（齐）哈哈哈哈，（熊）赶走大狐狸！

2 1 7 6 | 5 – | 5 5 1 2 | 3 4 5 | 6 6 5 3 | 2 5 3

（齐）心里多欢喜！（熊）跳起舞来唱起歌，（齐）高高兴兴来游戏，

5 67 12 | 34 5 | 5654 32 | 1 0 :|| 567 12 | 34 5 |

啦 啦啦 啦啦 啦啦 啦！啦啦啦啦 啦 啦 啦！（尾声音乐）（渐慢）

5656 5656 | 5567 1234 | 5123 4567 | 1 – | 3 – ）|

训练素材四

儿童歌舞剧《小熊请客》

第一场　在树林中

（太阳透过树丛，照射着绿油油的草地，各种颜色的小野花，开得可好看啦！树上的小鸟快活地叫着。）

（旁白：在一阵怪里怪气的音乐声中，狐狸顺着林中小路一颠一拐地走了过来。）

狐　狸：(数板) 我的名字叫狐狸，没有朋友没亲戚，人人见我都讨厌，说我好吃懒做没出息。（它抬头看了看太阳）太阳升得高又高，肚子里还没吃东西！

（白）唉！真倒霉！到现在连一点吃的都没弄到手，饿得我两条腿一点劲儿都没有了，我还是在大树背后躺着歇一会儿吧！

（狐狸靠着大树懒洋洋地眯上了眼睛。）

（一阵轻快的音乐由远而近，小猫咪提着一包点心连唱带跳地跑了过来。）

小　猫：（唱第一曲："到小熊家里去"）

（狐狸听见小猫欢快的歌声，就从树后跳了出来。）

狐　狸：喂！小猫咪！到小熊家里去吗？带我一块儿去吧！

小　猫：你？（唱第二曲"我才不带你"）

（小猫咪头也不回，连蹦带跳地渐渐走远了，狐狸看见小猫咪的背影气呼呼地骂了起来。）

狐　狸：哼！真气死我了，小猫咪真是个坏东西！（他伸了伸懒腰，打了个哈欠）唉！我还是在这躺一会儿吧！

（狐狸靠着树，两眼刚刚眯起来，远远地又传来一阵愉快的音乐，小花狗带着给小熊的礼物，蹦蹦跳跳地跑来了。）

小花狗：（唱一曲："到小熊家里去"）

（狐狸等小花狗走近了，又从树后跳了出来。）

狐　狸：小花狗，你今天打扮得真好看，上哪儿去呀？

小花狗：今天过节我们到小熊家里去玩儿！

狐　狸：小花狗，你带我一块去吧！

小花狗：你？（唱第二曲"我才不带你"）

（小花狗瞪了狐狸一眼，蹦蹦跳跳地走远了。）

狐　狸：哼！小花狗也是个坏东西！我还是在这儿再歇会儿吧！

（狐狸又伸了个懒腰，垂头丧气地靠在大树背后，远远地传来了小鸡的歌声。）

小　鸡：（唱第一曲"到小熊家里去"）

（狐狸又跳了出来，满脸含笑地迎着小鸡走过来。）

狐　狸：哎呀呀，亲爱的小鸡呀，我简直都不敢认你啦！你今天打扮得多漂亮呀！你这是要到哪儿去呀？

小　鸡：今天小熊请客，我要到他家里去玩！

狐　狸：这可真太好啦！咱们可以在一块儿好好地玩玩啦！我跳舞给你看，小鸡，（狐狸把两眼眯成一条缝，声音特别柔和地说道）你带我一块儿去吧！

小　鸡：（上下看了狐狸一眼）你？

（小鸡也是连头都没有回一下，就一跳一跳地走远了。狐狸可真气死了，他看着小鸡的背影，恨恨地骂起来。）

狐　狸：哼！又是一个坏东西！（想了想）好哇，你们不带我去，我自己去。到了小熊家，我就把好吃的东西，一口气都吞进肚子里，你们等着吧！

（狐狸眨了眨眼睛，舔了舔舌头，一颠一拐地朝小熊家里走去了。）

（音乐也随着渐隐下去。）

第二场　在小熊家里

（旁白：在一间用石头堆起来的屋子中间放着一张木桌，四个小凳子，桌上摆着小熊给朋友们准备好的小鱼、肉骨头和小虫子。一盆开得非常好看的红花放在桌子中央。）

（小熊正在一边唱着歌一边收拾屋子。）

小　熊：（唱第三曲"朋友来了多高兴"）

（嘭嘭嘭，响起了敲门声。）

小　熊：谁呀？

小　猫：我是小猫咪。

（小熊高兴地把门打开，亲切地把小猫让进来，又把门关好。）

小　熊：（唱第四曲“欢迎曲”）

（小猫把点心递给小熊。）

（小猫正在高兴地吃着，又响起一阵敲门声。）

小　熊：谁呀？

小花狗：我是小花狗。

（小熊扭着胖胖的身子要去开门，小猫已经跑到前面把门打开，让小花狗进来，又把门关好。）

小熊、小猫：（唱第四曲“欢迎曲”）

（小花狗把带来的点心交给小熊。）

（小花狗、小花猫正在高兴地吃着，嘭嘭嘭，门又响了。）

小　熊：谁呀？

小　鸡：我是小鸡。

（小花狗第一个跑过去把门打开，把小鸡让进来，又把门关好。）

小熊、小猫、小花狗：（唱第四曲“欢迎曲”）

（在欢快的音乐声中，大家正吃得高兴，忽然响起了几下重重的敲门声。）

小　熊：谁呀？

狐　狸：快开门，我是大狐狸！

小　熊：（惊讶地）哎呀！原来是这个坏东西来了！

（门敲得更厉害了。）

狐　狸：快开门！把好吃的东西都拿出来！

（大伙很快地凑在一块，小鸡、小猫不停地问：“怎么办？怎么办？”）

小　熊：（低声地）别急！我有办法啦！

小花狗、小猫：什么办法？快说！

小　鸡：快说呀！

小　熊：我在盖房子的时候，还剩下好多石头块儿，我把它分给你们。等下开门，咱们就一块儿拿石头打他！

大　伙：好！快点！

（小熊这时好像一点也不笨了！很快就把石头分完啦。）

小　熊：（轻声地）好了吗？……我去开门。

（门“吱呀”一声开了，狐狸一步就跨进了门。）

狐　狸：快把好吃的东西拿来，别惹我生气！

大　伙：好吧！给你！给你！给你！

（大伙一面喊着，一面把石头狠狠地朝狐狸扔过去。狐狸抱起头，狼狈地叫起来。）

狐　狸：哎哟、哎哟…… 痛死我咯！…… 痛死我咯！……

（狐狸夹起尾巴，想夺门逃走。它猛一转头，一下子碰在石头墙上，痛得他倒退两步，才看准门口，一溜烟跑了出去。）

（紧接着响起一阵欢乐的笑声。）

小　熊：现在咱们大家可以好好地玩啦！

（大家唱第五曲“赶走大狐狸”,边唱边舞。）
（欢腾的尾声音乐清脆地响了起来，帷幕慢慢落下。）

任务二：表演游戏设计与指导

游戏名称	班级	指导教师
活动目标		
活动内容		
活动准备		
活动过程		
指导记录		

（一）任务目标

根据幼儿的特点设计表演游戏活动方案。

（二）完成任务形式

小组合作完成。

（三）任务指导书

班级________　　　　组号________

组员姓名和学号________________________________

（四）任务评价

教师与学生共同商议项目任务“表演游戏活动方案”完成标准，评价体系由学生自我评价、小组评价、教师评价三部分构成；按学生自我评价30%、小组评价20%、教师评价50%的比例确定最终成绩。

任务评价表如下。

评价主体／评价内容	学生自评	小组评价	教师评价	评分理由	总分
活动目标					
活动内容					
游戏准备					
组织能力					
知识运用能力					

续表

评价内容 \ 评价主体	学生自评	小组评价	教师评价	评分理由	总分
语言表达能力					
遵守纪律					
团队合作					
幼儿的积极性					
幼儿参与性					
幼儿趣味性					

●【项目知识拓展】

皮影戏

皮影戏，旧称“影子戏”或“灯影戏”，是一种用蜡烛或燃烧的酒精等光源照射兽皮或纸板做成的人物剪影表演故事的民间戏剧。表演时，艺人们在白色幕布后面，一边操纵戏曲人物，一边用当地流行的曲调唱述故事（有时用方言），同时配以打击乐器和弦乐，有浓厚的乡土气息。在我国的河南、山西、陕西、甘肃天水等地农村，这种拙朴的汉族民间艺术形式很受人们的欢迎。

“皮影”是对皮影戏和皮影戏人物（包括场面道具景物）制品的通用称谓。中国皮影艺术，是我国民间工艺美术与戏曲巧妙结合而成的独特艺术品种，是中华民族艺术殿堂里不可或缺的一颗精巧的明珠。皮影戏是让观众通过白色幕布，观看一种平面人偶表演的灯影来达到艺术效果的戏剧形式；而皮影戏中的平面人偶以及场面景物，通常是民间艺人用手工、刀雕彩绘而成的皮制品，故称之为皮影。在过去还没有电影、电视的年代，皮影戏曾是十分受欢迎的民间娱乐活动之一。

●【活动拓展】

小班表演游戏教案：《拔萝卜》

一、游戏目的

通过玩“拔萝卜”游戏，让孩子们懂得有些事情光一个人努力是不行的，要靠大家配合，才能做成一个人不能做成的事情。一个人是要努力锻炼自己的生活本领，像老公公那样，种的萝卜比别人的个儿大，但还要与其他人友好相处，在遇到困难的时候，像“拔萝卜”那样一个帮一个，劲往一处使，克服困难，走向成功。

二、教学要求

（1）通过游戏使幼儿懂得人多力量大的道理并体验获得成功的欢快情感。

（2）要掌握的语言表现手段及非语言表现手段。

①咬准字音：长、拔萝卜、婆婆、快来帮忙、妹妹。

②不同的角色用不同的语调、音色讲话。

③动作：

a.老公公种萝卜的过程中的动作；

b.拔萝卜的动作，拔不动、发愁的动作，拔出来萝卜高兴的动作；

c.抬萝卜的动作；

d.萝卜长大的动作。

④表情：

a.掌握面部表情变化，拔不动（发愁）→拔动了（有点高兴）→萝卜拔出来了（拍手、跳跃、欢呼）；

b.团结起来一起抬大萝卜欢快的心情。

三、游戏准备

1.角色的分配和装扮

老公公一般由男孩装扮，在鼻子下面贴上白胡子，老婆婆由女孩系上一条围裙装扮，小弟弟、小妹妹没有什么特殊的装扮要求，由儿童随意处理。小花狗、小花猫这两个角色可由儿童戴上头饰或面具装扮。

2.道具

表演用的大萝卜，可用竹条编成半圆形萝卜状，围上红布，上面装几片大叶子，也可请穿红衣的小朋友，头戴绿叶头饰蹲着代替。

四、教学指导

1.让孩子们熟悉故事

一听：听家长和老师讲，也可以听录音带，有些地方可反复讲、放。

二讲：让孩子们复述故事。

三熟悉：先让孩子们一起一段一段地把故事讲完整，然后以个人或角色小组为单位，配合讲出完整的故事。

2.示范表演

老师先扮老公公，然后再扮老婆婆，这样一一地把角色的动作和语言给孩子们示范一遍，示范时要注意紧紧抓住各角色的典型特征，如老公公走路和小弟弟、小花狗走路就不一样，但动作应宁简勿繁，以利孩子模仿。

3.自由试演

让小朋友们自由搭配成小组，自由尝试表演各种角色，家长或老师在鼓励的同时作适当的指点。

表演的要点：各角色动作的典型特征；说话的声音特征；想拔出萝卜的渴望；拔不出萝卜的焦急；盼望帮助的急切和帮忙者的热情，拔出萝卜后的高兴等。

4.观摩表演

即正式装扮好分组表演，家长或老师以及不上场的小朋友一起观看。在观摩中可对出场次序、对话、表演等方面进行一定的提示，但应充分鼓励孩子的自由发挥。另外，在表演中加入音乐或音响效果，更能增加游戏气氛。

5.游戏评价

评价孩子的动作表现力。拔萝卜游戏中各角色的不同走路动作和用力拔萝卜的动作的表演，是主要的评价内容。

（案例选自：http://web.preschool.net.cn/html/2011-01-26/n-40750.html）

中班表演游戏教案：《三只蝴蝶》

一、活动目标

1.喜欢欣赏故事“三只蝴蝶”，会认真观看同伴的配乐故事表演。

2.知道“三只蝴蝶”故事的主要角色对话，懂得团结友爱、互助。

3.喜欢参加“三只蝴蝶”的表演游戏活动，能用不同的语气、动作和外形特征来表现红、白、黄蝴蝶与红、白、黄花朵之间的角色对话。

二、活动准备

1.知识准备：已熟悉故事《三只蝴蝶》。

2.物质准备：红、白、黄蝴蝶，花朵、太阳公公、乌云、雨等，头饰、指偶及有关的道具，故事光盘。

三、活动过程

（一）教师出示指偶激发孩子们活动的兴趣

教师：“今天阮老师请来了几位动物朋友，你们大家想认识他们吗？”

教师：“瞧！它们都是谁啊！红、白、黄蝴蝶，花朵、太阳公公、乌云、雨。现在我们以热烈的掌声欢迎它们的到来，好吗？”

1.师：小朋友们好，很高兴来到中A班做客，今天我们给大家带来了一个故

事表演《三只蝴蝶》，请欣赏。

2.教师交代看表演时的注意事项：认真看表演、保持安静不说话、做个文明礼貌的小观众。

（二）教师引导孩子们观看表演，逐步帮助孩子们掌握表演的内容

多次观看示范表演，帮助孩子们掌握表演的内容。

1.师：小朋友看看表演里有谁？

教师用指偶表演后提问。师幼一起小结：表演里有红、白、黄蝴蝶，花朵、太阳公公、乌云、雨。

2.示范表演第二遍，掌握角色出场顺序。

师：小动物们表演得真好，我们再请他们为我们表演一遍好吗？小朋友一边看时一边要想想：

（1）下雨时，三只蝴蝶一起飞去找谁？对她说什么？红花是怎么回答的？

（2）三只蝴蝶又飞到谁那里？说了什么？黄花是怎么回答的？

（3）它们最后飞到哪儿？说了什么？白花又是怎么回答的？

重点指导孩子们明确三朵花出场的先后顺序。

3.第三遍表演。

提问：为什么红、白、黄花朵分别有躲雨的地方却不去躲雨呢？

小结：三只蝴蝶相亲相爱不分开，要来一起来，要走一起走，引导孩子们懂得团结友爱、互助。

师：今天，我们又看了一个表演游戏《三只蝴蝶》，小朋友看得都很认真，观看表演后你们还热烈鼓掌，真有礼貌。而且知道了要懂得团结友爱、互助。现在我们也和他们一起来表演，好吗？

（三）孩子们跟着故事录音，进行同步自由表演，尝试表演故事中各个角色的口气

如：三只蝴蝶被雨淋湿时，对红花、黄花、白花说话时，用可怜与请求的口气；三只蝴蝶齐声拒绝三朵花时，用坚定的口气；三朵花回答三只蝴蝶时，用傲慢的口气。

请孩子们分别练习各个角色对话。

（四）教师简单讲评孩子们的表演情况（孩子们的情绪，表演投入情况）

（五）活动结束

大班表演游戏教案：《金鸡冠的公鸡》

一、活动目标

1.理解作品中的重复式结构情节，学习故事描述性语言和人物的主要对话，并通过语言、动物、表情等表达对作品的理解。

2.懂得公鸡贪吃、又爱听恭维话是上当受骗的主要原因。

3.丰富词汇：探、叮嘱、严厉、黑油油、急腾腾、高耸耸。

4.培养幼儿热爱文学活动及对表演活动的参与热情。

二、活动准备

1.材料准备：与故事情节相应的画面，与作品人物有关的头饰、桌面教具一套。

2.知识经验准备：让幼儿熟悉故事的情节、人物的对话及角色的性格特点，并会复述故事。

三、活动过程

（一）第一次游戏

1.教师边演示边讲述故事《金鸡冠的公鸡》。

2.提问，引导幼儿逐一理解故事的主要内容和公鸡一次次被狐狸抓住的原因。（引导幼儿理解角色的特点：公鸡的贪吃、爱听奉承话；狐狸的狡猾；猫和画眉鸟的机智、勇敢。）

3.幼儿再次欣赏故事，侧重让幼儿学习人物之间的对话；帮助幼儿理解“探”、“黑幽幽”、“急腾腾”、“高耸耸”等。

4.延伸活动：教师和幼儿共同讨论准备家、森林、河流、山。公鸡、画眉鸟和猫的头饰，琴、篮子等简单道具，为表演做准备。

（二）第二次游戏

添置材料：卡纸、糨糊、水彩笔、透明胶等，篮子、粉笔等。

活动指导的内容如下。

1.欣赏故事录音，引导幼儿回忆故事内容。

2.引导幼儿分角色讲述故事，重点练习狐狸、公鸡等的角色对话，并尝试运用不同的语气、表情表现角色的性格特征、动作。

3.出示一部分物品，幼儿观察后分组讨论有关人物、道具，一人记录，鼓励幼儿大胆想象，积极寻找代替品或自制道具。

4.幼儿分组表演（强调幼儿注意遵守游戏规则），一组幼儿持纸偶在老师的指导下分段表演故事；其他幼儿自由表演《狼和小羊》、《小熊请客》等。

（三）第三次游戏

添置材料：自制的小道具、家、森林等的环境创设等。

指导要点如下。

1.帮助幼儿学习一些有难度的对话，鼓励幼儿大胆地表现表情和动作。

2.引导幼儿分组表演故事，提醒幼儿在指定地方游戏。重点帮助幼儿掌握角色出场的顺序。（提出表演规则：轮到谁表演谁出场，其他人要注意观看，不吵闹，不乱跑。）

3.启发幼儿协商、轮流扮演各种角色。

（1）重点引导幼儿选择角色、物品、场地进行表演。

（2）鼓励幼儿以强带弱，协商、轮流扮演各种角色，培养规则意识及合作游戏的意识。

（四）第四次游戏

指导要点如下。

1.教师出示个别孩子的作品或教师自制道具，激发幼儿的制作兴趣和创造性。

2.引导幼儿分组（强弱搭配）、自己创设环境，自由选择道具（桌面、纸偶、服装）表演。

3.鼓励能力强的幼儿发挥想象，不离主题变换一些动作、语句，使用道具替代情节中的物品创造性表演。

●【思考题】

1.什么是表演游戏?

2.表演游戏的特点是什么?

3.列表比较幼儿表演游戏与文艺演出、成人表演的区别。

4.表演游戏对幼儿的发展有什么作用?

5.常见的幼儿表演游戏有哪些?

6.哪些主题的作品适合幼儿进行表演游戏?

7.如何对不同年龄班幼儿的表演游戏进行指导?

8.开展游戏时，需要训练幼儿的哪些表演技能?

项目四 学前儿童结构游戏设计与指导

● 【项目目标】

1. 理解结构游戏的特点和教育作用。
2. 掌握结构游戏的分类及各种结构玩具的主要特征。
3. 掌握幼儿结构游戏设计与指导要点。
4. 能用各种结构材料构建一定的结构物。
5. 能制订各年龄班幼儿结构游戏指导计划。

● 【项目预备知识】

一、什么是结构游戏

结构游戏，也称建构游戏,是幼儿利用各种不同的结构玩具或结构材料（如积木、积塑、金属片、泥、沙、雪等），通过与结构活动有关的各种动作构造物体形象，反映现实活动的一种创造性游戏。结构游戏始于幼儿3岁左右，一般从简单的积木游戏开始，如建造房子、桥、汽车等。随着幼儿年龄的增长和认知水平、动作技能的发展，结构游戏也日趋复杂化、多样化，并常常出现在角色扮演的游戏中。

在幼儿园，结构游戏不单是一种构造活动，而是一种包含着多种技能的创造性组合活动和全面培育心理素质的综合活动，它对幼儿全面发展有着广泛的教育意义。

二、结构游戏的特征

1. 结构游戏是幼儿的一种创造性活动

结构玩具是一种素材玩具，单独一个结构元件并无意义，只是组成各种物体形象的素材；而当这些素材被组合成某一结构物时，才有意义。例如，孩子用积木元件搭建了一架飞机，这充分体现了他们丰富的想象力和创造力，是他们对生活的一种创造性反映。结构玩具作为一种素材玩具，为幼儿的结构活动提供了想象创造的广阔天地。

2. 结构游戏是幼儿的一种操作活动

结构玩具作为素材，只有在幼儿的实际操作中，即构造活动中，才具有可玩性。例如，雪花片只有通过孩子们扦插构建，才构成一种物体。没有扦插构建，就成为一堆废塑料。孩子们只有在拼搭活动中才能得到愉快和满足，离开构造活动，也就无所谓结构游戏。

3. 结构游戏是幼儿的一种造型艺术活动

结构游戏与绘画一样，不仅反映了幼儿的美术欣赏能力，同时也需要掌握艺术造型的简单知识与技能。绘画是平面的，结构造型则如雕塑，是立体的艺术。幼儿的结构造型生动、形象，反映了他们对生活中美的感受和对创造美的追求，具有审美意义。

三、结构游戏的种类

1. 积木游戏

积木游戏是用各种积木或其他代用品作为游戏材料进行的结构游戏。这种结构游戏在幼儿园开展较早，也较为普遍。

积木是一种素材玩具，它是结构游戏的重要材料，是孩子游戏的亲密伴侣，是幼儿教师的重要教具。

积木种类繁多，式样各异，有大、中、小型积木，有空心或实心积木，有动物拼图积木等。这些不同颜色，不同形状的几何图形积木进行排列和组合，建造出各种房屋、桥梁等建筑物，各种交通工具和各种动物等。

不同年龄段幼儿玩的积木不同。在小班，适合提供体积中等，颜色鲜艳，分量较轻，以三角形、长方形、圆形等为主的形状简单的空心积木。中班则可以丰富积木的种类、形状，增加积木的重量。到了大班，木制的本色实心积木就可以成为积木区的主角了。它的形状可以达到30余种，数量可以达到100多块，能充分地满足大班幼儿构造的需求。

（1）小型、中型、大型的普通积木，是以各种颜色的几何图形组成的积木，即积砖，如图4-1 ~图4-4所示。

图4-1　普通积木（1）

图4-2　普通积木（2）

图4-3　反斗城大粒积木

图4-4　彩虹积木

（2）特殊积木。儿童积木从结构上分为两种形式：有平面的,也有三维的。常见的都是木头或塑料制作的立体的实心玩具,为了提高孩子视觉能力,积木的表面多刻有数字或图画一类的，利用不同的形状和颜色差别可以组装成现实生活中的很多物体，如火车、飞机、大炮、房子、汽车、公路、动物等（图4-5 ~图4-8）。

图4-5　字母数字积木

图4-6　带图案的积木

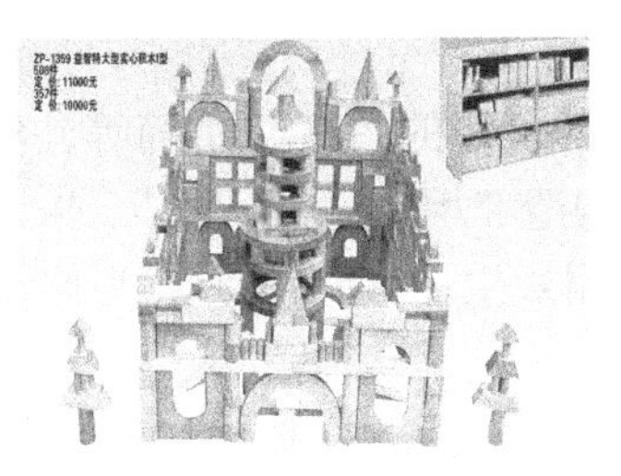

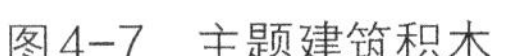
图4-7　主题建筑积木

图4-8　拆装敲打积木

2. 积塑游戏

积塑游戏是用塑料制作的各种形状的片、块、粒、棒等部件，通过接插、镶嵌组成各种物体或建筑物模型的活动。积塑玩具有胶粒、齿形积塑、花片、趣味插子等（图4-9 ~图4-14）。这类材料的结构元件上都有凸出的“头”和凹进的“孔”，或者有槽，可以相互接插、镶嵌组合成一个结构件。积塑轻便耐用，便于清洁，很适合孩子在家里与家人一起玩，最能促进幼儿认识、操作、美感等多方面的发展，充分发挥幼儿的主动性和创造性。

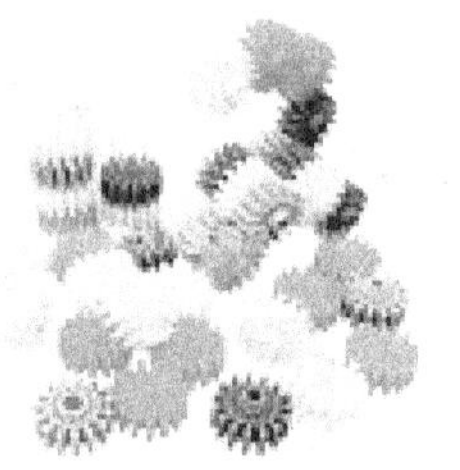

图4-9　齿轮拼插塑料

图4-10　雪花片

图4-11　凸点型积塑材料

图4-12　蛋配对积塑玩具

图4-13　软体塑料拼插

图4-14　凸点型积塑

3. 积竹游戏

积竹游戏是指将竹子制成各种大小、长短的竹片、竹筒等，然后用它们进行构造物体的游戏（图4-15）。积竹可构造“坦克”、“火车”、“飞机”，还可建“桥梁”、“公园”，构造出的物体同样栩栩如生，富有情趣。我国南方盛产竹子，积竹游戏前景广阔，大有可为。

图4-15 积竹构造物

4. 拼图游戏

拼图游戏是结构游戏中的一种，用木板、纸板、塑料或其他材料制成不同形状的薄片并按规定方法进行拼摆的一种游戏，如可拼摆动物的房屋、故事情节等画面（图4-16 ~图4-20）。

图4-16 图像图形拼图

图4-17 几何图形材料拼图

图4-18 自然物材料拼图

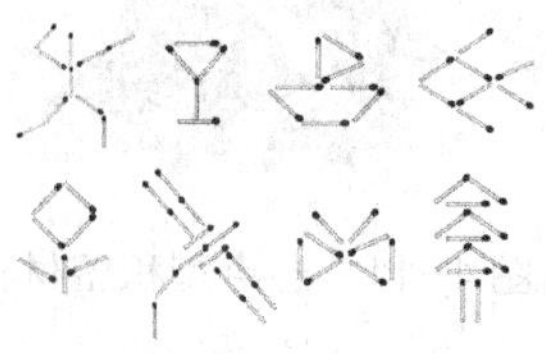

图4-19 棍状材料拼图

（1）七巧板

（2）帆船

（3）乌鸦

（4）骑士

图4-20 七巧板拼图

拼图游戏是幼儿喜爱的游戏，可以激发孩子推理思考能力并增进手眼协调能力，提高孩子的挫折忍受度，增加观察力，培养耐心、专注力，了解“部分”与“全部”的关系，初步理解平面组合的概念，让孩子更聪明。

拼图材料种类较多，按照图像组合拼图、拼版、拼棒、几何图形拼图、自然物拼图和美术拼图，传统的七巧板就属于这类游戏。

七巧板也称“七巧图”、“智慧板”，是汉族民间流传的智力玩具。它是由宋代的宴几演变而来的，原为文人的一种室内游戏，后在民间演变为拼图板玩具。据清代陆以湉在《冷庐杂识》中说：“宋黄伯思宴几图，以方几七，长段相参，衍为二十五体，变为六十八名。明严瀓蝶几图，则又变通其制，以勾股之形，作三角相错形，如蝶翅。其式三，其制六，其数十有三，其变化之式，凡一百有余。近又有七巧图，其式五，其数七，其变化之式多至千余。体物肖形，随手变幻，盖游戏之具，足以排闷破寂，故世俗皆喜为之。”现七巧板系由一块正方形切割为五个小勾股形，将其拼凑成各种事物图形，如人物、动植物、房亭楼阁、车轿船桥等，可一人玩，也可多人进行比赛。利用七巧板可以阐明若干重要几何关系，其原理便是古算术中的“出入相补原理”。

无论在现代或古代，七巧板都是用以启发幼儿智力的良好伙伴；能够把幼儿对实物与形态之间的桥梁连接起来，掌握形状概念、视觉分辨、认知技巧，培养幼儿的观察力、想象力，手眼协调能力和视觉记忆能力，鼓励幼儿开放、扩散思考。

5. 玩沙、玩水、玩雪游戏

幼儿非常喜欢用沙、水、雪等自然物做游戏，是结构游戏的有一种类型。沙、水、雪都是一种不定型的结构材料，它们具有简便易行、变化灵活的特点，幼儿可以随意操作，幼儿可利用水、雪玩划船、堆雪人、打雪仗等游戏，在城市、农村都可以广泛开展。

四、结构游戏的教育作用

1. 培养幼儿的基本动作

结构游戏操作多，使幼儿手指、手腕、手臂肌肉的力度和灵活性得到锻炼，手的控制力得到加强，从而培养了幼儿的基本动作。

结构游戏是手眼协调、手脑并用的结果，会使幼儿的感觉器官变得更加灵敏、清晰，为他们的学习活动打下良好的基础，为发展感知运动技能提供了充分机会。

2. 促进幼儿创造性思维的发展

在结构游戏中，一切的结构活动都以丰富的想象和创造性思维为基础。幼儿为了表现自己想象中的形体，要考虑选择什么样的材料、用多少、按怎样的顺序、用什么样的排列和组合的方法等，从而锻炼了他们的感知觉观察力，形象记忆力、想象力和思维，以及设计、构思能力和布局能力，培养了他们工作的目的性、计划性和创造性。

3. 丰富幼儿的知识、经验

结构游戏以幼儿的知识、经验为基础，反映幼儿对生活的认识。幼儿通过结构活动也能获得：关于结构材料的性质、用途的知识；关于物体结构特征，各部分大小、长短、轻重、高矮比例关系和空间方位概念；简单的数理知识等概念；简单的造型知识等；通过自由地建造各种物体，取得组合、堆积、排列各种形体材料的经验。

4. 培养幼儿优良的个性品质

结构游戏可以自然地培养幼儿注意力集中、沉着、失败不气馁、坚持到底的良好习惯。结构游戏为幼儿提供了更多合作游戏的机会，既增强了幼儿的信心，又有助于幼儿养成团结友爱、友好协作的好习惯和集体观。

5. 提高幼儿的审美能力

结构游戏既是幼儿感受美→欣赏美→表现美的过程，也是幼儿艺术感受力、表现力不断提高的过程。幼儿在欣赏建构作品中感受美，在评价作品中提高欣赏美的能力。

结构游戏激发了幼儿自由表现美的欲望，在这种内动力驱使下，幼儿再构建出更美的、更能体现出自己愿望和情感的作品，从而表现美的能力也得到了提高。幼儿的结构造型生动、形象，反映了他们对生活中美的感受和对创造美的追求，具有审美意义。

五、学前儿童结构游戏的设计

（一）结构游戏设计格式

1. 结构游戏名称
2. 年龄班
3. 结构游戏活动目标
4. 结构游戏准备（知识准备和材料准备）
5. 结构游戏玩法

（二）结构游戏设计要点

结构游戏是一种创造性游戏，教师规范的设计固然重要，但是更重要的是设计中如何给幼儿创造条件，给幼儿提供足够的创造空间，提供尝试操作结构材料的机会，孩子们搭一搭，插一插，拼一拼。为此，结构游戏设计要把握以下几点。

1. 目标——解决结构游戏活动的方向问题

活动目标是幼儿园活动的指南针，它既是活动设计的起点，也是活动设计的终点；既是选择活动内容、活动组织方式和教学策略的依据，也是活动评价的标准。显然，在游戏活动过程中游戏活动目标的确定是一个非常重要的环节，以幼儿发展为本，从幼儿的兴趣出发，突出结构游戏的特点，更多发挥幼儿的创新能力和自主能力。

游戏活动目标要具体、明确，有较强的针对性，本次活动要传授、激发幼儿那些基本的技能、技巧，培养幼儿的哪一种情感都要有较明确的说明，否则游戏活动目标表就失去了其指导作用，使得活动组织起来比较困难。例如，只是使用“了解”、“学会”、“掌握”等词，缺乏质和量的具体规定性，可测性和可比性很差，很难达到活动的效果。

目标表述要清楚，不能过于宽泛，活动的落脚点要明确，价值定位要准确，要对目标有一个整体思考，既要关注幼儿游戏知识的获得，又要关注幼儿游戏技能的掌握，还要关注幼儿游戏兴趣的培养。

2. 材料——解决用什么来游戏的问题

《幼儿园教育指导纲要（试行）》指出：“指导幼儿利用身边的物品或废旧材料制作玩具、手工艺品等来美化自己的生活或开展其他活动。”玩具材料是幼儿游戏的物质支柱，是幼儿游戏的工具，幼儿在是通过使用玩具材料来摸索、学习的。教育家乌申斯基曾说过：最好的玩具是那些他们能够随意地用以变更的玩具。玩具材料的选择和运用在游戏中特别重要。

（1）幼儿教师应该根据幼儿年龄特点，有目的、有计划、有针对性地投放、变更和调整结构游戏材料，科学地指导幼儿使用和操作。如：为小班幼儿提供体积较大、形状单一、色彩鲜艳的玩具材料；到中班时，随着幼儿游戏能力的增强，可以将体积较大的积木更换下来，同时增加一些木板儿、废旧瓶罐、玩具小动物、小木偶等辅助材料。

在材料的提供上，还应注意幼儿的能力差异。对能力强的幼儿，可引导他们用辅助材料建构，对能力弱的幼儿可提供结构简单、易于操作的材料。

（2）教师应深入探究已有材料的玩法，使物尽其用。仅仅为幼儿提供配置材料，并不能保证良好的活动效果，要使这些玩具材料切实发挥应有作用的关键在于教师。正如研究游戏的专家苏塔玛指出的：“游戏材料只是游戏的一个必要条件，在没有与游戏有关的直接和间接指导的情况下，游戏材料本身不会有教育意义和可解释性。”

3. 兴趣——解决为什么要游戏的问题

兴趣是人们从事任何活动的强有力的动力之一，尤其是幼儿，幼儿参加结构游戏，往往是从感兴趣开始的。兴趣可以吸引幼儿去参加各种活动，思考各种问题，从而发展各种能力。

结构游戏中的雪花能变换出“花篮”、“秋千”、“电视塔”等许多有趣的造型，一堆不起眼的积木能搭出各种各样的房子。这一切在孩子们的眼中多么新鲜、有趣和不可思议，他们对拼、插、搭产生了强烈的好奇，个个跃跃欲试。因此，教师设计结构游戏方案时应该把握幼儿兴趣点，激发幼儿结构游戏的兴趣，维持幼儿结构游戏兴趣，利用多种方法吸引幼儿的好奇心，激发幼儿对构造活动的浓厚兴趣和创作的欲望，突破幼儿结构游戏中的难点。

（1）用优美的结构作品吸引幼儿。教师可事先构造出各种各样的结构艺术造型展示给幼儿，充分调动幼儿的感官去感受欣赏这些作品，去了解结构材料和结构技能的丰富多样性，体验艺术美。面对羡慕之情溢于言表，尝试之情油然而生，产生了"我也想做"的愿望。

（2）给幼儿提供动手操作的机会，让幼儿试一试。结构游戏设计过程中，一定要考虑结构游戏的特点是创造性、操作性、艺术性，一定要给幼儿操作和创造的实践和机会。在幼儿想动手做的基础上，可为幼儿创造条件，提供尝试操作结构材料的机会。孩子们搭一搭，插一插，左看看，右瞧瞧，无意之中搭的东西好像一辆小汽车，加上两块积木又好像是小房子，兴奋之中，构造兴趣愈加浓厚。当幼儿对构造活动产生了兴趣后，他们已不满足于停留在简单、随便地拼拼、搭搭、拆拆的玩材料的水平上，而力图运用加宽或插接等技能，使建筑物更稳固或造型更完美、漂亮，这时，教师要做的是帮助幼儿掌握必要的结构技能。

另外，结构游戏设计方案中语言表述要清楚，流畅，层次结构清楚，时间安排要合理，要充分体现科学性原则、活动性原则、循序渐进性原则。

六、学前儿童结构游戏的组织与指导

结构游戏的教育作用是在教师正确的指导下实现的。由于幼儿年龄特点的局限，他们在游戏中反映出来的各种要求、思想、能力、行为、认知水平等问题，都离不开教师的合理帮助和正确指导，老师的指导是发挥结构游戏对教育作用的关键。这里，教师的指导是全面的、系统的，既要主动地为结构游戏的顺利开展创设条件，又要把握游戏中主体与主导的位置，顺应结构游戏本身的发展趋势进行指导。

（一）结构游戏环境的创设和材料的投放

1. 营造平等、宽松、自主的心理环境，激发幼儿参与结构游戏的兴趣

伟大的科学家爱因斯坦说过："兴趣是最好的老师。"这就是说一个人一旦对某事物有了浓厚的兴趣，就会主动去求知、去探索、去实践，并在求知、探索、实践中产生愉快的情绪和体验。幼儿参与结构游戏往往是从感兴趣结构物或感兴趣的结构活动开始的。因此教师要利用多种方法激发幼儿好奇心，用构造物品吸引幼儿兴趣，关注幼儿兴趣点，帮助幼儿维持构建兴趣。

结构游戏是创造性的活动，教师应以一颗童心来接纳每一个孩子，以与孩子平等的心态和孩子沟通，尊重幼儿的年龄特点和个性特点，让幼儿自主选择结构材料，自主选择操作方式，自主选择场地，自主选择玩伴，自主选择游戏主题。孩子们能做的、能想的，让他们自己去做、去想；孩子们能计划、安排的，让他们自己去计划、安排；孩子们能选择、判断的让他们自己去选择、判断；孩子们能获取的，让他们自己去获取，成为游戏的主人。

2. 创造开放、丰富的物质环境

拓展幼儿的活动空间。室内、（活动室、寝室）室外、走廊都可以成为幼儿游戏的空间。保证充足的游戏时间，提供符合幼儿年龄特点的丰富的结构材料。

小班：色彩鲜艳、大小适中并便于操作的材料。中班：种类各异的有一定难

度需一定力度操作的材料。大班：精细的、有难度的，创作余地更大的结合结构的材料。

另外，广泛搜集废旧物品作为辅助材料，自然物和无毒无害的废旧物品，例如纸箱、纸盒、挂历纸、冰糕盒、贝壳、鹅卵石、可乐瓶、吸管等，都是未定型的建构材料，能够一物多用，它们与定型的材料相比，不仅经济实惠，价廉物美，而且还更有利于幼儿新思维和能力的培养。

3. 及时更换、补充结构材料

随着幼儿的发展和幼儿多次摆弄同样的材料，幼儿也会玩腻，如果很少有幼儿去玩或很少幼儿专注地去玩某些结构材料，老师就要及时地更换这些材料，但是更换的频率也不能太快，以免幼儿的注意力过多地被材料的色彩和外形所吸引。

（二）丰富和加深幼儿对物体和建筑物的印象

结构游戏通过造型反映物体的外形特征，这就要求幼儿对周围生活环境中的物体和建筑物有细致的了解和深刻印象，在此基础上引导幼儿根据需要选择合适的材料，创造性地表现自己对事物的认识。

首先，要积极培养幼儿仔细观察周围事物的习惯。从日常生活中经常接触的、熟悉的物品入手，如幼儿的座椅、吃饭的桌子、睡觉的小床以及操场上造型简易的跷跷板、滑滑梯、独木桥、爬杆、转椅、风轮等，逐渐发展到观察生活中常见或少见的物品（体），如电视机、电风扇、各类家具、小动物、汽车、飞机、轮船等。教师不但要引导幼儿掌握物体的主要特征，还要幼儿能区分同类物体的明显甚至是细微的区别。如椅子和凳子都是四条腿，一个有靠背，一个没有靠背；四条腿的凳子，有的是长的，有的是方的，还有的是圆的；汽车都有轮子，有三轮，有四轮，甚至有六轮的；公共汽车的车身长而高，小卧车的车身矮而低……如此等等。这些大概的掌握和细致的区分，不仅有利于幼儿通过构造，真实地再现周围生活的物体，而且能促使幼儿举一反三，在构造物体时进行加工和发明。

其次，教师应该通过上课、观赏、散步、图片、幻灯、模型教具等，指导幼儿认真细致地观察建筑工人的劳动，观察周围的各种生活建筑物，观察喜闻乐见的风景建筑，观察祖国的名胜建筑等。从单一的围墙、花坛、亭子、曲桥、长廊，到组合的公园、综合的乐园；从家乡的公路、鼓楼、码头、沿江路、招宝山，到祖国的万里长城、北京天安门。既要让幼儿经常直接观察实物，又可利用图书、画报、照片、电影、电视的介绍让幼儿间接观察物体；同时，还应该经常用谈话、绘画等方式巩固幼儿对各种劳动、建筑物和物体的印象。总之，幼儿脑海中积累的感性物象越多，他们构造时的表示力、发明性也就越强。

（三）引导幼儿掌握结构造型的基本知识和技能

1. 识别与使用材料的技能

引导幼儿认识结构玩具，识别结构元件的形状、颜色、大小等特征，会选用结构元件去构造物体，会灵活使用材料。

2. 结构操作技能

引导幼儿学会积木的排列组合（平铺、延长、对称、加宽、加长、加高围合、盖顶、搭台阶等），积塑的插接、镶嵌（整体连接、交叉连接、端点连接、围合连接等），以及穿套编织、黏合造型等技能。这是幼儿构造物体的基础。

3. 设计构思能力

引导幼儿整体构思构造计划，使幼儿能有目的、有计划、有步骤地进行构造活动。在构造实践中能根据需要修改、补充，以取得结构成功。

4. 结构分析技能

引导幼儿学会看平面图纸，能把平面结构变为立体结构，会评议结构物。

5. 集体构造的技能

引导幼儿在集体构造中学会分工和合作，共同完成任务。

（四）针对幼儿不同年龄的特点，具体指导

建构游戏是幼儿利用积木、纸盒等各种不同的建构材料构造一定的物体形象来反映周围生活的一种游戏。由于年龄段的不同，幼儿的建构游戏各有特点，这就需要教师有针对性地进行指导。

1. 小班建构游戏特点及指导要点

特点：小班幼儿的建构活动往往是无意识、无目的的，建构的特点是独自游戏和平行游戏，只对搭的动作感兴趣，而不在乎搭出什么。小班幼儿在建构中常常更换建构作品的名称，或是等建构完成后再根据建构物的某一外部特征来给作品命名，但他们一般不能明确解释作品的细节。因此，小班幼儿的建构游戏嬉戏性较强，作品结构较为简单。小班幼儿对结构的动作感兴趣，常常把结构材料堆起垒高，然后推倒，不断重复，从中得到快乐和满足。他们没有明确的目的，只是无目的地摆弄结构材料，只有当有人问他（她）“你搭的是什么”时，他（她）才会注意自己的结构物，思考“这是什么”的问题，然后根据自己的想象对结构的物体加以命名。因此，小班应侧重认识结构材料，学习初步的结构技能，稳定结构主题并建立结构游戏的规则，学会整理和保管玩具材料的最简单方法，养成爱护玩具材料的好习惯。

指导要点：①教师先引导幼儿认识积木、纸盒等材料，引起幼儿运用材料进行建构游戏的兴趣；②教师积极鼓励幼儿在自己的操作中探索学习建构技法，鼓励幼儿独立地建构形状简单的物体，并能表现其主要特征，例如搭建门、桌子、床等；③教师引导幼儿学习连接、延长、围合、加宽、垒高等主要构造技能，搭建简单的三维物体，例如，让小班幼儿在建构区搭建马路、围墙等简单物体；④教师引导幼儿建立建构游戏的规则，例如轻拿轻放、不乱扔、玩后要收拾整理等，并学习收拾整理材料的方法。

2. 中班建构游戏特点及指导要点

特点：中班幼儿已具有一定的建构水平，手部小肌肉动作逐渐发展，思维、想象、生活经验等更加丰富，建构的目的性增强，建构的坚持性也在增加，建构

水平由单一的延展向整体布局过渡。例如，搭建楼房和小区。中班幼儿已能运用已有经验对物体进行再现和创作，但是建构作品大部分不讲究对称和平衡。中班幼儿不但对动作过程感兴趣，同时也关心结构的成果，目的比较明确，主题比较鲜明。因此应在进一步掌握结构技能的同时，鼓励幼儿大胆想象，共同构造，并能相互评议结构成果。

指导要点：①增加中班幼儿造型方面的知识和训练，例如，引导幼儿学会认识高低、宽窄、厚薄、轻重、长短、前后等空间方位，会选择和利用建造材料，能较正确地建造物体；②在小班搭建经验的基础上，引导幼儿学习架空、覆盖、桥式和塔式等建构技能，形成里外空间的概念，例如，中班幼儿可以学习搭高楼、架大桥等；③教师可尝试提供作品构造图，引导幼儿学习看图纸搭建；④教师可要求中班幼儿有目的、有计划、有顺序地搭建，学习与同伴合作，共同完成一个物体的搭建，例如，三名幼儿合作搭建公园、停车场等。

3. 大班建构游戏特点及指导要点

特点：大班幼儿已经具有一定的独立建造能力，掌握了一定的搭建技巧，会使用辅助材料，事先能进行一定的设想和规划，并能通过分工、合作完成一件较为复杂的工程。大班幼儿能够搭建出有场景、有情节的较高水平的建筑群且其建构作品多为立体结构，讲究对称和平衡，比较形象。大班幼儿已有了较强的结构技能，目的明确、计划性较强，能围绕一个主题进行长时间的结构活动，合作意识增强。因此，大班应侧重引导幼儿开展参加人数多，持续时间长的大型结构游戏，并引导幼儿进一步美化自己的结构物。

指导要点：①在中班搭建的基础上，教师引导幼儿学习转向、穿过、平式联结和交叉联结等建构技能，搭建复杂的三维物体，例如，搭建立交桥、拱形门等；②教师引导幼儿掌握整齐对称、平衡的构造，尝试整体布局，学习选择使用辅助材料，例如，在公园里搭建相呼应的前门和后门，在住宅区里搭建左右对称的凉亭、路边的花草等；③教师引导大班幼儿在搭建前学习商讨、分工，进行一定的设想和规划，通过分工、合作完成一件较为复杂的工程，例如，经过商讨后大家分工，有的搭建楼房，有的搭建停车场，有的搭建花园，有的搭建游泳池，有的搭建围墙，形成一个完整的住宅区；④引导幼儿建造有一定主题和情节发展的、结构复杂、装饰精巧的建筑群，例如，让幼儿根据绘本《母鸡萝丝去散步》主题情节的发展，搭建池塘、磨坊、鸡舍、篱笆以及蜜蜂房等，有了生动的故事作为依托，幼儿的兴趣往往会更加浓厚，有助于幼儿搭建出结构更为复杂的建筑群。

●【项目实施】

任务一：构造技能训练

（一）任务目标

1. 知道各种构造材料的名称、玩法、玩具的兴趣点和难点。

2.掌握各种构造的基本技能。

3.能够比较熟练地将各种构造材料组合搭建物体形象。

4.获得丰富的想象能力，创造能力和动手操作能力。

（二）完成任务形式

小组合作完成。

（三）任务指导书

班级 ________　　　　组号 ________

组员姓名和学号 ________________

项目		学前儿童结构游戏
任务		构造技能训练
任务内容	任务条件	任务要求
积木建构	大、中、小型积木	① 知道积木的名称、玩法、玩具的兴趣点和难点 ② 掌握积木构造技能，能够比较熟练地将积木和其他材料组合搭建物体形象 ③ 获得丰富的想象能力、创造能力和动手操作能力
积塑建构	投放各种塑料制作的各种形状的片、块、粒、棒等部件	① 知道积塑的名称、玩法、玩具的兴趣点和难点 ② 掌握积塑构造技能，能够比较熟练地将各种积塑材料组合搭建物体形象 ③ 获得丰富的想象能力、创造能力和动手操作能力
穿、编建构	提供各种小环、细管、珠子、有空的纸板、绳子、带子等材料	① 知道穿、编材料的名称玩法、穿、编的兴趣点和难点 ② 掌握穿、编构造的基本技能，能够比较熟练地穿、编物体形象 ③ 获得丰富的想象能力、创造能力和动手操作能力
接插、镶嵌建构	提供各种齿型积塑、花片	① 知道接插、镶嵌材料的名称、玩法，接插、镶嵌活动的兴趣点和难点 ② 掌握接插、镶嵌构造的基本技能，能够比较熟练地接插、镶嵌出物体形象 ③ 获得丰富的想象能力、创造能力和动手操作能力
分割拼图设计制作	剪刀，各种动物景物图案，各种拼图材料	① 掌握分割的方法和技巧 ② 能针对幼儿的特点设计分割线的能力 ③ 利用废旧物品制作玩教具的能力
七巧板建构	各种大小的七巧板	① 学生掌握七巧板的各种玩法，并且能独立操作七巧板，拼装多种物体形象 ② 学生熟练掌握七巧板的分图法，能自制七巧板 ③ 学生获得丰富的想象力和动手操作能力

（四）任务活动开展

活动一：积木构造技能

积木建构技能包含积木构造的基本技能、分析图纸按图建构和使用积木与其他材料组合构造三方面技能。

1. 积木构造的基本技能

结构的基本技能是排列、对称、盖顶、加高等，材料以各种长方形积砖为主，还有“弓形”积砖、三角形积砖等。

（1）排列

① 延长、铺平。这是一种积砖之间横向连接的方式；将积木顺次连接延伸，连接时要求两块积木的连接面要对齐、放平，积木的左右两头都可与另一块积木连接，可一块块地连下去。

② 围合排列。围合是将积木排列封闭成弧形或方形或其他形状，可以是密集连接的围合，也可以是空隙或间隔式的围合；可以用相同的积木连接围合，也可以用不同的积木相间连接围合。如搭“围墙”、“亭子”等。

③ 间隔排列。指积砖之间有规则的间隔排列。

④ 拼图排列。指用积砖排列成一种平面图形。

⑤ 对称排列。指物体或图形的左右或前后两边的积木大小、颜色、形状和排列方向都是一样的，是一一对应的排列。

（2）堆积

① 加高、加厚。加高是指积木或积砖向上连接；加厚是指积木向左右、前后连接的技能。加高、加厚时要注意保持物体的平衡和重心。加高时要放正底层积木，重叠的积木要上下左右对齐。如搭“电线杆”、“楼房”、“塔”等。

② 盖顶。盖顶指用积砖（或板），将平面排列的积砖由上而下地遮掩，形成一个“门”形的技能，如搭“门”、“桌子”、“桥”、“房子”等。

③ 台阶。此指搭台阶时用相同大小的积木，采用延长与重叠的技能，从建筑物处开始搭出台阶的最高层，然后再依次逐渐减少积木按4，3，2，1逐级减矮呈阶梯状的积砖堆积。

④ 砌墙。砌墙是用厚度、宽度相同的长方形积砖（长度可不同）进行交叉连接和加高，使之成为砖墙形。

⑤ 间隔堆积。指积木之间有规律的间隔堆积。

（3）车轮。用积木搭建车轮有三种方法：①用圆形积木紧贴在搭好的物体外面表示车轮；②用圆形或半圆形积木放在车身下面；③用圆形积木镶在“弓形积木”的半圆槽处表示车轮，为使物体平衡稳定，用与半圆形一样厚的积木支撑在“弓形积木”底部。

2. 分析图纸，按图建构技能

（1）分析图纸。要学会看平面和立体的建造图纸，分析图中物体的结构特点，即物体由哪几部分组成，各部分的形状，各部分之间如何连接等。

（2）根据平面图计划结构的步骤和选用材料。当材料不够用时，可灵活合理使用材料，如，两个三角形积木拼成一个正方形。

（3）分析图纸时要能注意到物体的细微部分和装饰物。

例如，北京天安门由左右观礼台、城门、城堡、屋顶、金水桥等几个部分组成。

3. 使用积木与其他材料组合构造技能

积木能与其他多种材料进行组合，其中以橡皮泥为首。积木和橡皮泥相结合，能表现出更多的各种生动形象的动物。如，在一块半圆形积木上用橡皮泥做上头、尾、脚，即成为一只逼真的乌龟；再如，老虎，头部用圆形积木，用橡皮泥做上眼睛、耳朵、嘴和胡子，贴上“王”字，身体用“弓形积木”并在上面用橡皮泥做上虎纹，尾部用细长的圆柱体积木，也做上花纹。将这三部分用少量橡皮泥连接在一起，一只栩栩如生的老虎就做好了。

活动二：凸点型积塑构造技能

凸点型积塑玩具中具有代表性是用软塑料制成的胶粒。胶粒一端有凸出的“点”，另一端有凹进的“孔”，按照点的多少分为1点胶粒、2点胶粒、4点胶粒、6点胶粒和多点胶粒，可随意连接成直线和曲线形状的各种图形，能较逼真地反映物体的特征。胶粒游戏构造的基本技能有连接和组合。

1. 连接

连接是将甲胶粒的“点”嵌入乙胶粒的“孔”中的技法。共有以下7种连接法。

（1）整体连接，是将甲胶粒的“点”全部嵌入乙胶粒的“孔”中的连接法。整体连接可使胶粒加高，加宽，结构密集，牢固，如连接成梯子、梯房等。

（2）端点连接，是将甲胶粒一端的“点”嵌入乙胶粒一端的“孔”中的连接法。端点连接构成的结构具有不稳定性，胶粒能转动而组成不同的物体。端点连接可构成台阶、围墙、五角星等。

（3）交叉连接，是将一组纵向胶粒依次嵌入另一组横向胶粒的连接法。交叉连接构成的结构物很稳定，可做成桌子、床等。

（4）间隔连接，是指两胶粒连接时留有空余的“点”和“孔”的连接法。间隔可以是有规律的，也可以是无规律的。间隔连接可形成门窗、桥孔等。

（5）直接围合连接，是将用整体连接、端点连接法连接好的胶粒围合成封闭形状的连接法。

（6）增加胶粒的围合连接，是用两个胶粒将弯曲的长胶粒固定围合成封闭形状的连接法。有“点”朝外弯曲的围合（如齿轮），有“点”朝内弯曲的围合（如车轮）。

（7）填平，是嵌入胶粒使原来连接的胶粒面成为平面的连接法。

2. 组合

组合是将胶粒连接的各部分组合成一个物体的技法。组合的方法有以下两种。

（1）直接组合，是将胶粒连接成的各部分直接组合成一体。如将坐车的座椅两边的“点”直接嵌入两个车轮的“孔”中形成坐车。

（2）增加胶粒组合，是胶粒结构连接好的各部分，要靠增加胶粒来组合成一体。如用一个多点胶粒将连接好的马和坐车进行端点连接，组成马车。

凸点型积塑中另一种典型玩具是用硬塑料，其基本技能和胶粒大体相似，只是不能弯曲，而更多综合了各种主题因素。

活动三：穿、编建构技能

（1）穿珠。运用单线连续穿法，单线交叉穿法，单线循环穿法，双线（或多线）分合穿法自由建构各种物体形象。如图4-21、图4-22所示。

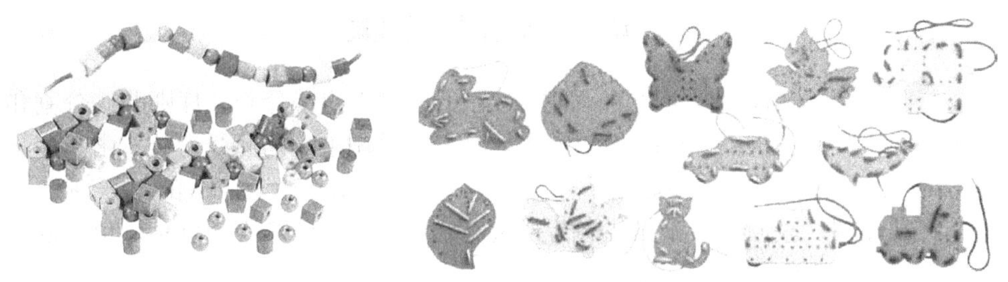

图4-21　串珠　　图4-22　穿编

（2）编织。运用辫子编织法、穿插编织法、圆心编织法、打结编织法编织出各种物体形象。如图4-23所示。

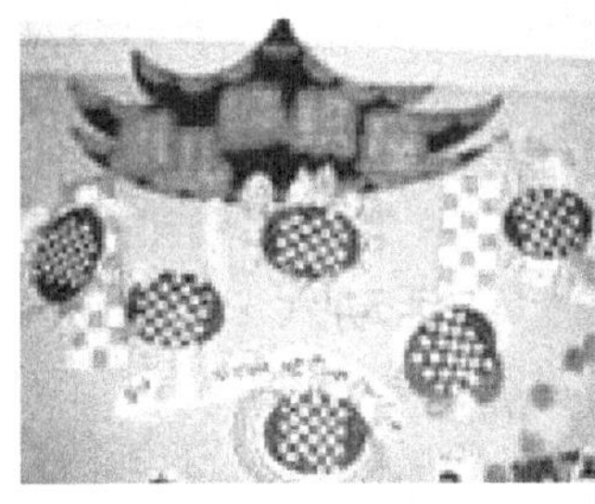

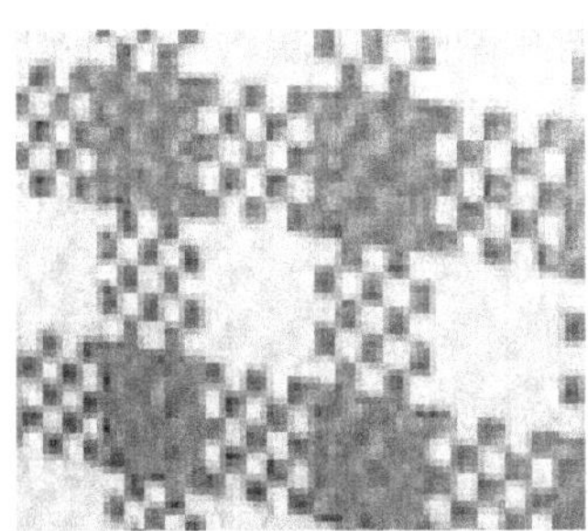

图4-23　编织

活动四：接插、镶嵌技能

利用接插、镶嵌方式进行结构活动的玩具有齿型积塑、花片等。这类玩具的结构元件上都有凸出的“头”和凹进的“孔”，或者开有“槽”（缺口）。“头”与“孔”，“槽”与“ 槽”之间的大小、深浅一致。所以可互相接插、镶嵌组合成一个结构体。

（1）连接。指两个结构元件互相接插，形成一整体。

（2）填平。即用结构元件插入一结构物的空缺部分，使之形成平面。它是一种辅助性的技能。

（3）组合。一个物体由很多部分组成，因此往往需要各部分分别解构，然后将各部分连成整体，这就是组合。

活动五：分割拼图技能

分割拼图是图像组合拼图的一种。分割的方法有直线分割、规则曲线分割和不规则曲线分割三种。市售的分割拼图玩具一般采用不规则曲线设计，由多少不等的散块数决定拼图的难易程度。

在幼儿园，教师可根据幼儿的智力水平为幼儿制作分割拼图玩具，也可以指导大班幼儿自制分割拼图进行游戏。

自制分割拼图玩具的方法如下。

（1）选图与硬化处理。找一张自己喜欢的画，在画的背面粘贴上硬纸板，干后压平。

（2）设计分割线。自制分割拼图多采用直线分割法，设计分割线时要巧妙地利用画面来安排拼图的难度，分割的散块要有大有小，不能太碎。用铅笔轻画出设计的分割线。

（3）分割。用剪刀仔细沿线剪开，或用刀按线划开。

活动六：七巧板

1. 七巧板的玩法

七巧板的玩法可以有以下三种。

（1）根据已有的拼排图谱照样拼摆，适合小班幼儿。

（2）根据已有的图形轮廓寻求拼摆方法，适合大班幼儿。

（3）根据游戏者的自我想象模拟客观事物的形态，拼摆出各种图案。创造性要求较高。

2. 七巧板游戏的规则

（1）拼摆任何图形都必须把七块组件全部用上。

（2）各组件拼摆时不能重叠放置。

3. 七巧板的拼图技巧

（1）技巧一：先确定出两个大三角形的位置。

（2）技巧二：熟悉梯形的几种组合。

4. 幼儿七巧板游戏的指导方法

（1）根据幼儿的智力情况选择图形的难易。

（2）对所拼图形进行提示和针对性指导。

① 第一种提示法：关键线逐步提示法，即逐步提示关键线以帮助确定大三角形的位置。

② 第二种提示法：面向对象提示法，即根据幼儿的具体情况进行针对性的提示和指导，给幼儿以最佳的拼图难度。

（3）通过拼故事、小比赛等形式增加拼图的趣味性。

（4）运用多套七巧板进行组合拼图，拓展七巧板游戏。

（五）任务评价

教师与学生共同商议项目任务"构造技能训练"完成标准，评价元素可以按照遵守纪律、构造想象能力、创造能力、团队合作精神、知识运用能力、评析能力等几方面评价；评价主体由学生自我评价、小组评价、教师评价三部分构成，并按学生自我评价30%、小组评价20%、教师评价50%的比例确定最终成绩。

任务评价表如下。

姓名________ 班级________ 学号________ 组号________

评价主体 评价内容	学生自评	小组评价	教师评价	评分理由	总分
积木构造技能					
积塑构造技能					
穿、编构造技能					
接插、镶嵌构造技能					
平面图形线设计能力					
拼图构造技能					
七巧板构造技能					

任务二：结构游戏设计与指导

（一）任务目标

1.能够设计各年龄段结构游戏方案。

2.能够根据幼儿园结构游戏工作流程，开展结构游戏。

3.能够做好指导记录。

4.培养创造性设计水平和团结合作的能力。

（二）完成任务形式

小组合作完成。

（三）任务指导书

班级__________ 组号__________

组员姓名和学号____________________

游戏名称	班级	指导教师
活动目标		
活动内容		
活动准备		
活动过程		
指导记录		

注意：活动目标要具体、明确，表达清楚，有较强的针对性；材料准备要根据幼儿年龄特点，有目的、有计划、有针对性地投放、变更和调整结构游戏材料，科学地指导幼儿使用和操作；活动过程要体现结构游戏的特点，层次清楚，充分体现幼儿主动性，教师的主导性，师幼互动。

（四）任务评价

教师与学生共同商议项目任务“结构游戏设计与指导”完成标准，评价体系由学生自我评价、小组评价、教师评价三部分构成，并按学生自我评价30%、小组评价20%、教师评价50%的比例确定最终成绩。

任务评价表如下。

评价主体 评价内容	学生自评	小组评价	教师评价	评分理由	总分
活动目标					
活动内容					
游戏准备					
组织能力					
知识运用能力					
语言表达能力					
遵守纪律					

续表

评价内容＼评价主体	学生自评	小组评价	教师评价	评分理由	总分
团队合作					
幼儿的积极性					
幼儿参与性					
幼儿趣味性					

●【项目知识拓展】

结构游戏与区域活动的整合

结构游戏是幼儿喜爱的游戏，是培养幼儿良好道德行为，发展幼儿动手操作能力和思维、想象、创造能力的好途径。

一、利用结构区引导幼儿掌握结构造型游戏的基本技能

结构区是幼儿学习掌握结构造型基本技能的最佳场所。它可随时为不同发展水平的幼儿提供操作、构造的机会。结构区是幼儿最喜欢的区域之一。我们为幼儿创设了舒适、温馨的结构区环境，给小、中、大不同年龄班的结构区提供了许多可操作的结构材料，便于幼儿动手操作，让幼儿在结构区里充分发挥想象力和创造力。

为了更好地引导、训练幼儿掌握结构造型的基本技能，我们对各年龄幼儿的结构水平进行了分析。小班幼儿对结构的动作感兴趣，常常把结构材料堆起垒高，然后推倒，不断重复，从中得到快乐和满足。他们没有明确的目的，只是无目的地摆弄结构材料，只有当有人问他“你搭的是什么”时，他才会注意自己的结构物，思考“这是什么”的问题，然后才根据自己的想象对结构的物体加以命名。中班幼儿不但对动作过程感兴趣，同时也关心结构的成果，目的比较明确，主题比较鲜明。大班幼儿已有了较强的结构技能，目的明确、计划性较强，能围绕一个主题进行长时间的结构活动，合作意识强。针对不同年龄班幼儿的基本技能，我们通过集体指导后，在结构区投放相应的材料，为不同发展水平的幼儿提供结构区继续训练的机会。这样幼儿的结构造型技能就能得到巩固和加强。

二、利用美工区、图书角加深幼儿对结构造型的印象

为了丰富和加深幼儿对物体和建筑物的印象，我们在日常活动中引导幼儿注意观察周围生活中的多种建筑，感知各部位的名称、形状、结构特征、组合关系与色泽特点。譬如：楼房是有层次的，房顶有尖的、平的，也有圆的；桥梁是由

桥面和桥墩组成的，等等。在此基础上，我们将结构游戏与图书角、美工区进行整合，让部分幼儿自由地在图书角查找相关的建筑物图片资料，在美工区当设计师，把看到的建筑物画在纸上，让幼儿根据需要选择合适的材料，创造性地表现自己对事物的认识。

三、利用手工操作区等制作幼儿结构游戏的材料

在以“美丽的大街”为主题的建构活动中，我们同时开放了许多区角：①美工区：幼儿设计图纸、制作街上的宣传广告；②手工操作区：幼儿利用各种废旧材料，如纸盒、可乐罐制作各种各样马路上的汽车，用酸奶瓶、乒乓球做人，用一次性杯子做花，用酸奶瓶、纸盒、吸管等做栏杆等；③结构区：幼儿用结构材料搭马路旁边的树、栏杆、路灯、楼房、桥等。各个区的材料制作好以后，大家商量如何整合，在老师的参与指导下，幼儿按照设计图进行组合“美丽的大街”。经过区域活动与游戏活动有机地整合后，一座“美丽的大街”形象便展现在大家眼前了。

●【活动拓展】

案例1：建构游戏——幼儿园的房子（小班）

（一）活动目标

1.幼儿知道游戏的名称,激发幼儿的兴趣,在教师的鼓励下能参与建构游戏活动。

2.幼儿对建构材料感兴趣，感知特征，熟悉材料操作方法。

3.初步学习插、搭高、拼的技能。

（二）活动准备

积塑、插塑，带幼儿熟悉幼儿园的环境以及房子图片。

（三）活动过程

1.导入

小朋友们,今天老师要请大家来当小小建筑师,帮幼儿园盖房子。

2.观察示意图，引导幼儿说出外型特征

（1）幼儿园有哪些房子？它们是什么形状的?

（2）围墙是什么样的?高不高?

（3）幼儿园的楼房是几层的?宽吗?

（4）我们要建幼儿园的哪几个部分?

3.教师示范搭建房子的技能和方法

老师按顺序搭出房子的形状，墙可以用正方形、长方形搭建，屋顶可以用三角形盖顶。

4.提出建构要求

（1）要搭出房子的主要结构,可以自由选择材料按意愿自由建构。

（2）游戏时要爱护玩具，掉到地上要及时捡起来，不要把别人搭建的房子碰倒。

（3）要正确收放材料（轻拿轻放、按标记归类摆放）。

5.幼儿活动，教师指导

（1）对搭建能力低的幼儿，可引导其模仿教师或看房子图片进行建构。

（2）引导他们从搭平面房子过渡到搭立体房子。

6.欣赏作品

你们觉得哪个房子搭得最漂亮？为什么觉得它漂亮？

7.评价总结

我们今天搭了什么？你是用什么材料来搭的？你还会搭哪些和老师不一样的房子？表扬能大胆建构、大胆创造的幼儿。

8.自然结束

案例2：积塑游戏——拼飞机（中班）

（一）活动目标

1.学会拼飞机，增强动手动脑能力。

2.体验结构游戏的乐趣，愿意与同伴一起分享玩具。

3.发展幼儿的小手肌肉动作和手眼协调能力，培养幼儿爱护建构材料和建构成果的意识，培养幼儿合作能力，学会自己收玩具。

（二）活动准备

雪花片若干筐，教师构造的作品。

（三）活动过程

1.教师出示拼好的范例飞机，激发幼儿兴趣

师：小朋友看，老师手上拿的这是什么？飞机你们见过吗？有谁坐过飞机？那你们说说看飞机是什么样子的？今天我们就来拼一架小飞机吧！

2.教师讲解拼插过程

3.教师提出活动要求

（1）不能和小伙伴抢花片，并保持地面的整洁。

（2）可以用你自己喜欢的颜色来拼。

（3）也可以和小伙伴一起完成作品。

4.幼儿拼插，教师在旁指导

重点指导幼儿配色的能力

5.教师小结；活动结束

案例3：主题建构——公路上（大班）

（一）活动目标

1.幼儿学会合作，能通过合作共同建构完成主题。

2.幼儿掌握合理布局的方法，并尝试使用多种材料进行建构。

（二）活动准备

1.建构草图,各种建构材料如雪花片、多孔插塑等；及一些辅助材料，如花、树、牛奶盒等。

2.已经尝试合作建构“十字路口”。

（三）活动过程

1.师提出问题，引起幼儿回忆,引出建构主题。

师:小朋友，我们上次尝试建过了十字路口，今天我们再来建构一次有关路的主题：马路上。

2.请幼儿讨论说说马路上都有什么？马路旁边又有什么建筑物？师根据幼儿回答的情况设计出马路上的草图。

师:（1）马路上都有什么呢？（各种车辆,及红绿灯等）

（2）马路旁边有什么？（超市、房子、幼儿园、游乐场、公园等）

3.出示一些辅助材料，让幼儿说说这些辅助材料可以用来做什么。

案例4：编织活动——我们的祖国真大（大班）

（一）活动目标

1.综合运用彩带、皱纹纸、彩色纸等多种材料进行编织组合活动。

2.巩固左右交替编、上下间隔穿插编、转弯编等编织技能。

3.能积极参加编织活动，体验用双手编织、打扮祖国的成功感。

（二）活动准备

1.中国地图轮廓图一幅。

2.编织的材料（彩带、皱纹纸、彩色纸、卡纸）。

3.双面胶、剪刀、《大中国》音乐磁带、录音机。

4.已学会诗歌《我们的祖国真大》。

（三）活动过程

1.观看中国地图的轮廓图，激发幼儿编织的兴趣。

（1）教师出示中国地图轮廓图：有谁知道这是什么？看一看，这张中国地图的轮廓图外形看起来像什么？（一只大公鸡）大公鸡头部这个位置是我国的什么地方？（北方）我国的南方在哪个位置？（鸡肚子上）北方的气候怎样？（寒冷，十月就飘起了大雪花）南方呢？（温暖，一年四季盛开鲜花）我们的祖国大吗？

（2）朗诵诗歌《我们的祖国真大》。

提问：诗歌里说的围着火炉吃西瓜是哪里？（是我国的西端新疆）

教师：新疆这地方日夜温差大，白天气温很高，到了晚上气温很低，所以人们要一边烤火，一边吃西瓜。新疆有我们小朋友最爱吃的水果，哈密瓜和葡萄。

（3）师：现在，你们想不想用你们灵巧的小手来把这幅中国地图轮廓图打扮一下，使它变得更漂亮？

2.出示各种编织材料，请幼儿说一说它们的名称和用途。

3.幼儿动手操作

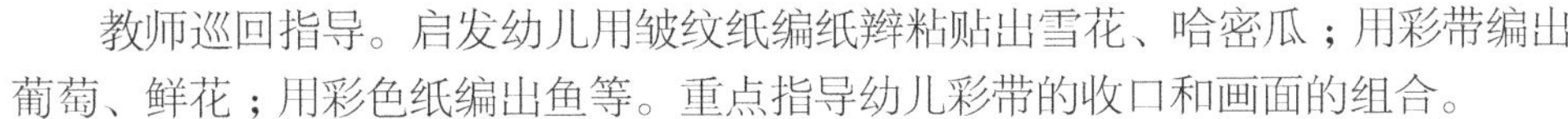

教师巡回指导。启发幼儿用皱纹纸编纸辫粘贴出雪花、哈密瓜；用彩带编出葡萄、鲜花；用彩色纸编出鱼等。重点指导幼儿彩带的收口和画面的组合。

4.音乐活动《大中国》

（1）请幼儿说一说自己的作品，用什么材料来打扮祖国的西、北、南方的。

（2）师：刚才，小朋友们用自己灵巧的小手打扮了我们伟大的祖国，接下来，我们用歌声来祝福祖国。

●【思考题】

1.什么是结构游戏，它具有什么特征？

2.结构游戏有什么教育作用？

3.结构游戏有哪些种类？

4.如何设计学前儿童结构游戏？

5.在组织指导幼儿结构游戏中，如何丰富和加深幼儿对物体和建筑物的印象？

6.如何针对幼儿不同年龄的特点，开展结构游戏的组织指导？

学前儿童体育游戏设计与指导

【项目目标】

1. 理解体育游戏的特点和教育作用。
2. 掌握体育游戏的分类。
3. 掌握幼儿体育游戏设计与指导要点。
4. 能制订各年龄班幼儿体育游戏指导计划。

【项目预备知识】

一、什么是体育游戏

幼儿体育游戏是幼儿体育活动中最重要的内容，它是以基本动作为主要内容，以游戏活动的形式，以增强幼儿体质为主要目的的一种活动。

二、体育游戏的特点

1.具有锻炼身体的价值

这是体育游戏不同于智力游戏的地方。体育游戏本来就是通过身体运动的方式进行的，具有某种锻炼价值。体育游戏不同于智力游戏，身体要参与活动，才是体育游戏。锻炼身体的价值也是体育游戏的本质特点之一。

2.具有趣味性特点

《辞源》中说：游戏乃“玩物适情之事也”。游戏是有趣的玩耍一类的事情，它能使人在精神上得到某种欢娱，能满足人们对于娱乐的需求，趣味性也是体育游戏的本质特点之一。

3.具有一定的规则

体育游戏是在一定规则约束下的玩。游戏的规则在游戏的发展中起着非常重要的作用。

4.具有综合性特点

体育游戏的综合性特点主要特现在：①几乎任何体育项目的练习都可作为体育游戏的素材；②几乎任何体育项目都可以将体育游戏作为教学与训练的手段；③体育游戏既能培养与提高身体的基本活动能力，又能运用它学习与提高运动技能、技术及战术。体育游戏是综合性最强的一种特殊的体育手段。

5.具有教育特点

体育游戏在未成年人全面发展的教育中具有积极的作用和重要的意义。在游戏中，游戏者必须遵守游戏规则，控制、约束自己的行为，这种体验有助于游戏者形成行为的社会定势，内化社会行为规范。体育游戏中的群体活动、角色的扮演、转换与互动，也满足了少年儿童社会归属或团队意识的欲望，对他们掌握人际交往技能，形成健康的人格，发展社会适应能力等具有独特的功效。体育游戏本身具有的竞赛性和结果的不确定性的特征，可以激发游戏者的进取心和自尊心，培养他们的道德感和责任感，促进他们健康个性的形成与发展。体育游戏总能为少年儿童创造一种合作、竞争，同时又相互鼓励、彼此理解的环境，在这种生动活泼、和谐友好的气氛中，少年儿童的个性与社会性得到高度发展。

6.可采用情景人物等虚构的方法

“游戏是真实生活的反映，却又不是真实的生活，它是在假象的情景下反映真实生活的活动”。在幼儿角色游戏中，经常运用假设与虚构的方法，赋予游戏以某种故事情节，幼儿在游戏中模仿大人的活动，或者扮演某种动物或其他角色，因而在游戏中尝到解脱自我、变成“别人”的欣喜。另外，幼儿通过模仿各种社会角色，学会处理人际关系，适应社会生活，对儿童的个体社会化有重要的作用。

在体育游戏中运用假设与虚构的方法一般有如下几种。

（1）人物假设 参与游戏的学生假扮成其他的任务、动物及器物。

（2）器物假设 将体育器材或其他游戏教具假设成其他的器物、人物及动物。

（3）动作假设 将人的动作或手势假设成其他动作、器物或情况。

（4）信号假设 用光或声的信号表示各种假设的情况。

（5）符号虚构 将用石灰及粉笔在地上画的线条及几何符号，表示各种不存在的地形地貌、器物及人物。

（6）语言虚构 用语言虚构各种的游戏场地上并不存在的东西，如“左边是高山”、“右边是悬崖”。

三、体育游戏的分类

1. 按运动项目进行分类

篮球游戏、排球游戏、足球游戏、田径游戏、体操游戏、武术游戏等。

2. 按游戏进行形式分类

有接力游戏、追逐游戏、角斗游戏、攻防争夺游戏、传递抛接游戏、集体比快游戏等。

3. 按身体素质进行分类

有速度游戏、力量游戏、灵敏游戏、耐力游戏等。

4. 按基本活动技能进行分类

有奔跑游戏、跳跃游戏、投掷游戏、攀爬游戏等。

5. 按游戏参与者的年龄分类

有幼儿游戏、儿童少年游戏、青年游戏、中老年游戏等。

四、体育游戏的作用

（1）通过体育游戏练习，提高幼儿认知水平。体育游戏是通过幼儿对一定事物的认识后，才能模拟游戏情景或角色进行练习。如：小蝌蚪找妈妈，教师事先让幼儿知道小蝌蚪是这样演变成青蛙的生物学过程，让幼儿认识小蝌蚪的妈妈就是青蛙，清楚蝌蚪演变过程，告诉幼儿青蛙是捉害虫的益虫，我们要保护她。因此通过游戏的练习，不仅提高幼儿腿部力量，而且让幼儿知道小蝌蚪的演变过程，知道青蛙是益虫等知识。

（2）发展幼儿基本活动能力，提高身体素质，增强体质。体育游戏是通过身体参与活动，有一定的运动量，因此，它必须包含走、跑跳、投等基本活动。通过游戏练习，能有效提高幼儿基本活动能力，提高身体素质，增强对疾病的抵抗能力。

（3）培养幼儿遵守规则，团结协作、集体主义精神，具有良好社会适应能力。在体育游戏中，必须遵守规则才能顺利完成游戏，因此，培养幼儿守规则的习惯，同时体育游戏必须要团结协作才能完成，培养幼儿集体主义精神。

五、学前儿童体育游戏的设计与指导

体育游戏的教育作用是在教师正确的指导下实现的。由于幼儿年龄特点的局限，他们在游戏中反映出来的各种要求、思想、能力、行为以及认知水平等问题，都有待于教师的正确指导，老师的正确指导是发挥体育游戏对教育作用的关键。这里，教师的指导是全面的、系统的，既要主动地为体育游戏的顺利开展创设条件，又要把握游戏中主体与主导的位置，顺应体育游戏本身的发展趋势进行指导。

（一）幼儿体育游戏创编的原则和方法

1. 幼儿体育游戏创编的原则

（1）锻炼性原则　体育游戏不同于一般性游戏（如角色游戏、娱乐游戏等等），它应该是姓“体”，即是要以增强幼儿体质为主要目标。因此。创编幼儿体育游戏时，应考虑以下几点。

① 必须要有某些基本动作。将1~2个基本动作渗透到游戏的情节中，如“小蚂蚁运粮”，让“小蚂蚁”（幼儿）背驮沙袋从场地的一端爬到另一端。

② 要有一定的运动负荷量。游戏活动中，要充分利用面积宽大的场地，数量充分的运动器械，尽可能采用共同活动的方式、鱼贯活动方式联系，保证幼儿实际活动的时间。

③ 充分利用运动器械以及草地、树林等自然环境。体育游戏一般可选用1~2件运动器材，使幼儿活动更有兴趣，也可提高幼儿使用器械的能力。体育游戏还可以与自然环境中的草地、树林及大型运动器械等有机结合，使幼儿的活动充满生机，并将大自然与体育游戏融为一体。

（2）趣味性原则　体育游戏的趣味性，是体育游戏具有生命力的重要因素。因此，应选择幼儿熟悉和喜爱的角色，安排简单、有趣的情节，使幼儿对体育游戏感到十分有趣。老师要不断地收集体育游戏素材，积累创编和运用体育游戏的经验，通过各种角色的吸引、运动器械的创新和多变，以及游戏方法和规则的推陈出新，创编出丰富多彩、新颖有趣的体育游戏。

（3）教育性原则　体育游戏的内容及开展体育游戏的过程，应该渗透各方面的教育。要使孩子的认知能力得到发展，并要不断培养幼儿服从集体、遵守规则、团结合作的意识和行为，以及勇敢、大胆、诚实等优良品质。

（4）安全性原则　由于幼儿控制自己行为的能力较弱，容易受无关刺激的影响而发生事故。因此，创编幼儿体育游戏内容时，要考虑各种安全因素。如：活动的范围要适当，既不能太大、太分散，又不能太集中；内容的安排上，不要出现跑步后立即做爬或平衡动作；往返的路线、投放的器械不能太拥挤，要避免造成碰撞等。

（5）发展性原则　由于3~6岁的幼儿在身体、心理等方面的发展具有明显的差异性，他们在体育游戏活动中表现出来的行为也不同，因此在创编体育游戏时可参考表5-1中的内容。

表5-1　不同年龄幼儿体育游戏的基本要求

项目	小班	中班	大班
内容动作	内容简单，动作简单	内容开始复杂，喜欢有情节的游戏和追逐性的游戏	喜欢竞赛性的游戏以及内容丰富、将体力与智力相配合的游戏，动作增多，难度也增大
情节	简单	复杂性增加	较复杂
角色	少，多为幼儿熟悉的角色	增多	较多，与情节的关系更复杂
规则和要求	简单，不带限制性	较复杂，带有一定的限制性	较复杂，限制性较强
结果	幼儿不太注意	幼儿有所注意	喜欢有胜负结果
活动方式	集体做一种动作，共同完成一项任务	出现合作性的游戏	合作性游戏增多，增加了组与组的合作

2. 幼儿体育游戏创编的方法

（1）设定目标　设定游戏目标，是幼儿体育游戏创编最重要的一环。长期以来，在幼儿园体育游戏创编和指导中，存在着只重视内容、形式，而忽略目标，或先选内容再定目标的现象，从而使幼儿体育游戏活动产生了极大的盲目性。

设定目标：首先必须从幼儿已有的水平出发，最终促进幼儿达到新的发展水平；其次，目标内容应从幼儿的活动参与（态度）、身体发展（技能）、心理健康（情感）和社会适应四方面来选择确定，避免单纯以身体发展为唯一目标，以及太抽象、太笼统、不具体、不切实际的要求；再次，应尽量运用幼儿体育活动时的行为来表述目标。如，中班“拍球比多”游戏的目标是：体验和感受球性，尝试单手连续拍球的方法，感受“拍球比多”的快乐，培养幼儿玩球的兴趣。又如，大班“舞龙”游戏的目标是：学会一个跟着一个各种姿势走和跑；提高与同伴合作游戏的能力，感受“舞龙”民间体育游戏的乐趣。

（2）选择内容，确定设计方法

① 幼儿体育游戏，主要是以身体活动为主要内容。它包括：

a.走、跑、跳、投、钻、爬、攀登、各种滚动等基本动作；

b.利用各种球、绳、圈、棍、沙包、钻架等大、中、小型运动器械的体育游戏活动；

c.利用水、土、沙子、石头、冰雪、山坡、田野等大自然环境的各种体育游戏活动；

d.各种舞龙、斗鸡、跳竹竿、荡秋千等民族、民间地域性体育游戏活动。

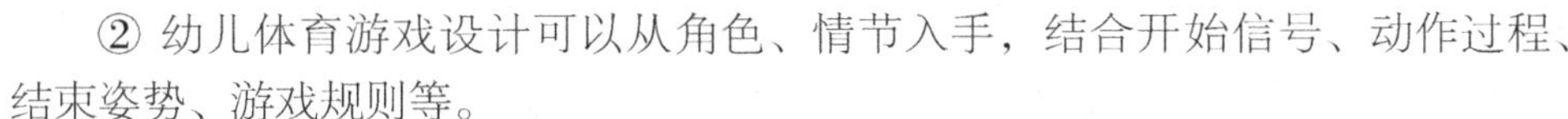

② 幼儿体育游戏设计可以从角色、情节入手，结合开始信号、动作过程、结束姿势、游戏规则等。

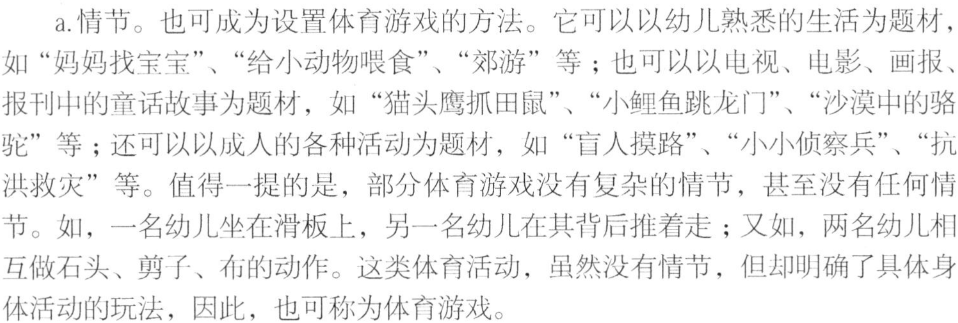

a.情节。也可成为设置体育游戏的方法。它可以以幼儿熟悉的生活为题材，如“妈妈找宝宝”、“给小动物喂食”、“郊游”等；也可以以电视、电影、画报、报刊中的童话故事为题材，如“猫头鹰抓田鼠”、“小鲤鱼跳龙门”、“沙漠中的骆驼”等；还可以以成人的各种活动为题材，如“盲人摸路”、“小小侦察兵”、“抗洪救灾”等。值得一提的是，部分体育游戏没有复杂的情节，甚至没有任何情节。如，一名幼儿坐在滑板上，另一名幼儿在其背后推着走；又如，两名幼儿相互做石头、剪子、布的动作。这类体育活动，虽然没有情节，但却明确了具体身体活动的玩法，因此，也可称为体育游戏。

b.角色。这是幼儿在体育游戏中不可缺少的重要部分。在比较简单的幼儿体育游戏中，可以只设计一个角色，在较复杂的体育游戏中，可选择多个角色。角色选择可以让幼儿自己承担，既可以以小朋友为游戏角色，也可以冠以各种小动物名称，如小白兔、大象、大灰狼等；各种人物名称，如爸爸、妈妈、运动员、侦察兵、机器人等；各种物体名称，如树叶、雪花、小汽艇、卡车等。角色安排方面，可以设计同一个角色或不同角色共同完成一个任务，如“小小送货员”——全体幼儿都扮送货员，拖着车把“货”（水果、蔬菜）送到各个商店、学校、医院等；也可以选择不同角色相互对抗，如“坦克兵与投弹手”、“小猫抓鱼”等。

c.规则。具有组织教育及保证游戏合理、公正开展的作用。它从属于游戏的内容、情节和角色等。幼儿体育游戏规则，随着年龄及动作要求的变化而变化，具有很大的可变性和灵活性。小班幼儿不注意、不重视规则，常常以游戏方法及活动内容代替游戏，如，拖、推着各种玩具走各种弯弯曲曲的路，拖着玩具走路，既有方法又有规则。而中、大班可以逐渐增加规则数量和难度要求，如，走过平衡木时必须两臂侧平举、头顶沙袋，如沙袋掉地，必须原地捡起，放回头顶，才能继续走平衡木，否则暂停走平衡木一次。

d.环境。这是重要的教育资源，应通过环境的创设和利用，有效地促进幼儿身心发展。幼儿园内的户外草地、塑胶地、土坡、沙池、水池、投掷墙、攀岩墙、室内大教室等各种场地的空间和设施，各种购置和自制的大、中、小型运动器械等，都是幼儿体育游戏环境创设的资源。这些资源通过教师的设计和动手布置，就构成了体育游戏环境，而环境创设“应有利于引发、支持幼儿的游戏和各种探索活动，应有利于引发、支持幼儿与周围环境之间积极的相互作用，有效地促进幼儿发展”（引自《幼儿园教育指导纲要（试行）》第三部分第八条）。在环境创设中，应充分利用场地和运动器材使幼儿体能得到发展，使锻炼身体的积极性、主动性得到激发；环境创设应有利于贴近幼儿的生活，被幼儿所理解和接受。

（3）撰写文字和画场地示意图　幼儿体育游戏构思后，就要动手撰写文字和画场地示意图了。幼儿体育游戏一般应从以下几个方面着手撰写。

① 游戏名称：是指幼儿体育游戏的名称。应该生动、直观、形象，符合幼儿认知水平，并具有体育特征。如“小马运粮”这一游戏中，小马是幼儿所熟悉的角色，“运”是所要做的动作，“粮”是小马所要做的事。又如“车轮滚滚”、“勇敢者道路”、“小动物救灾”等。

② 游戏目标：根据游戏方法和内容，指出重点发展的某项身体动作，提高某项运动技能或身体素质，培养某种个性和品质等。

③ 游戏准备：指游戏前的准备工作，它包括器材名称、数量及安排，场地布置、划分，辅助器材的布置等。游戏准备要写得具体和全面。

④ 游戏方法：这是游戏过程中的主要部分，游戏应该集合成什么队形、分成多少人一队、开展游戏的具体方法和结果以及游戏的开始到结束的顺序等，都要表述完整。

⑤ 游戏规则：规则应力求简单、具体、明确，有利于游戏的开展与进行。如，跳跃时进入小河，则要回到起点重新出发；又如，被“猫头鹰”抓到，只能走到“猫头鹰”的家里蹲下，不能再跑了；再如，红灯亮时，汽车还在开时，只能让这辆车回到“修理厂”“修理”（停止游戏一次），“修”好了下次再玩。

⑥ 注意事项：主要表述教师组织指导时的要点和要求；游戏中必须注意的安全措施；游戏变化的方法等。如“跳树枝”游戏的注意事项：a.可在空罐外包一层（涂层）木纹纸，以增加真实感和游戏趣味性；b.在幼儿自由排列树桩时，教师可参与或提建议，以帮助幼儿将树桩排列得更合理、更稳妥；c.体弱、胆小的幼儿在跳树桩时，教师要加强鼓励和指导，随时注意幼儿的安全。又如“打泡泡”游戏的注意事项：a.在游戏中，纸棒只能打泡泡，不能打在同伴身上；b.马夹带数量准备多一些，如破损可以调换；c. 在追逐游戏中，教师要控制好时间，调节好幼儿的运动负荷量。

⑦ 画场地示意图：主要是表述活动场地的形状、大小、器材的内容及摆放位置与方法；幼儿游戏队形及路线以及教师站的位置等。如图5-1所示。

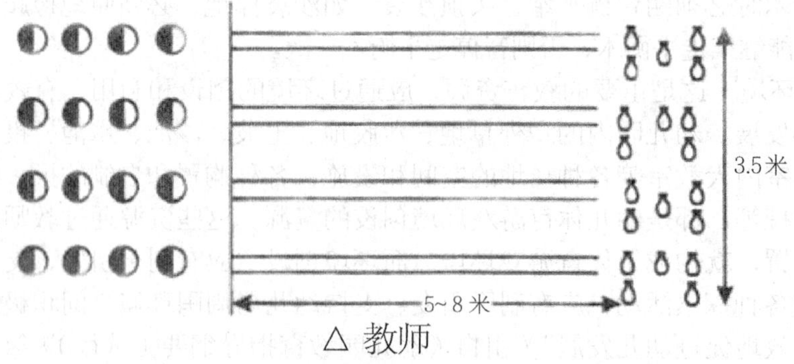

图5-1　游戏场地示意图

（二）幼儿体育游戏的指导原则与方法

1. 幼儿体育游戏的指导原则

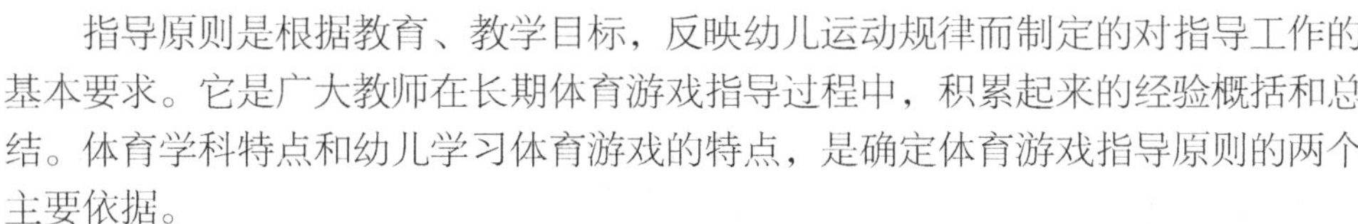

指导原则是根据教育、教学目标，反映幼儿运动规律而制定的对指导工作的基本要求。它是广大教师在长期体育游戏指导过程中，积累起来的经验概括和总结。体育学科特点和幼儿学习体育游戏的特点，是确定体育游戏指导原则的两个主要依据。

（1）教师为主导，幼儿为主体的原则　代表现代儿童观的《全球幼儿教育大纲》指出："幼儿园的一切教育活动应当是教师指引下的幼儿自主学习的活动，这就确立了幼儿在体育游戏中的主体地位，而教师应成为幼儿游戏的支持者、合作者、引导者。"（引自《2001年幼儿教育指导纲要》第三部分第十条）教师主导作用，如环境布置、语言讲解、讲评、发布口令、示范等方面的应用，能有效地激发幼儿参与体育游戏的兴趣，使之积极、主动、愉快地参与体育游戏。在体育游戏的过程中，教师应理解幼儿的各种想法、玩法与感受，支持、鼓励他们大胆探索，充分发挥他们在体育游戏中的主动性、积极性和创造性，使幼儿真正成为体育活动的主体。

（2）直观模仿与启发思维的原则　幼儿心理学研究表明，幼儿思维特点主要依靠具体的形象和表象的联想。因此，在幼儿体育游戏指导中，教师要运用形象、生动的语言描述，结合动作示范，引导幼儿积极思维，同时积极地参与动作模仿，使幼儿视觉和肌肉本体感觉同时"工作"，从而使幼儿尽快地熟悉体育游戏内容，掌握体育游戏方法和规则，积极投身于体育游戏中。

（3）面向全体、重视个别差异的原则　在幼儿体育游戏中，幼儿既是具有一般共性的群体，又是各具特性的个体，因此，教师在指导游戏中，既要照顾全体幼儿的兴趣、爱好和现有的发展水平，体现面向全体，又要照顾对一般活动感到困难或者不能得到满足的幼儿，加强个别指导。让每个幼儿在不同水平上都得到发展。如，在"小白兔跳小沟"的游戏中，教师将小沟的宽度分成宽、较宽、较窄，让幼儿自由选择跳跃的宽度。对能力差的幼儿，教师应积极鼓励并同他们一起跳过较窄的小沟。

（4）适宜的运动负荷原则　该原则是指幼儿在体育游戏中，应该保证身体承受适宜的运动负荷量。运动负荷是指人体运动时，身体所承受的生理负荷量和心理负荷量的总和。

教师要选用适合不同年龄幼儿的教材，难易程度要适中，并要运用引导、启发、鼓励的方式，使幼儿对体育游戏活动产生并保持兴趣。在幼儿参加体育游戏过程中，要保证幼儿有充足的活动时间。教师要做到精讲多练，减少不必要的过渡环节，消除不合理的等待现象，尽可能运用共同活动、鱼贯活动等形式，增加幼儿实际活动的时间。在体育游戏过程中，教师还要密切观察幼儿的生理和心理现象，如脸色、汗量、呼吸频率、动作协调性等，及时运用增减练习时间和次数，改变集中或分散练习等方式，使幼儿所承受的运动负荷始终处于适宜的状态。

（5）加强卫生和安全教育的原则　为了使幼儿体育游戏更具有增强体质的实效性。教师在组织、指导体育游戏中，要特别注意加强卫生和安全教育。

3～6岁的幼儿，特别喜爱体育游戏，但他们缺乏运动经验，特别是缺乏运动中卫生和安全的经验，这就特别需要教师在指导中加以重视，以确保他们在安全的环境中进行游戏活动。因此，教师首先要了解每个幼儿当日的健康状况，如有不适，应采用暂停游戏或减少游戏时间等措施；要对游戏的场地、器材及时进行检查，排除不安全因素；要做到规范、有序地开展体育游戏。如：取放、交换运动器材要有序，不争抢、不乱丢；教师集合信号发出后，幼儿能很快地排成一个较固定的队形（围在教师周围或围成圆形等）；能注意力集中地听教师讲解、看教师示范；在游戏中能遵守规则，不做危险动作，如违反了规则，能主动、自觉地按违规“处罚”去做等。

幼儿游戏时，教师还应密切观察幼儿游戏时的运动状态，要特别注意那些自我控制能力较差或经常容易冲动的幼儿，以及运动能力不灵敏、不协调的幼儿。如发现危险动作，则要及时运用柔和的语言提示和保护帮助的方法，防止事故发生，绝不能采用吼叫、恐吓或放任的方法。

（6）符合人体生理机能活动能力变化规律的原则　人体在运动过程中，生理机能活动能力会发生变化，这种变化有一定的规律性。一般是在身体运动开始时，机能活动能力逐渐上升，然后达到并在一定时间内保持最高水平，最后又逐渐下降。从而形成逐步上升→相对稳定→逐步下降的规律。

① 上升阶段。幼儿参加体育活动的开始阶段，教师可以通过形象生动而带有启发性的语言，激发幼儿参加体育活动的愿望，使之逐步产生兴奋、高涨的情绪，从而使其心率和呼吸率逐渐加快，产生积极的心理和生理准备。教师还可以通过身体活动，帮助幼儿克服身体各器官的惰性，使机体的活动能力较快地上升，以适应负荷量较大的身体运动。对3～6岁的幼儿来说，他们的身体正处在新陈代谢的旺盛时期，其身体各器官的惰性相对较小，机体的活动能力上升较快，因此他们的准备活动时间可以相对短些，运动负荷量可以稍快地增长。

② 平稳阶段。在这一阶段，由于幼儿身体各器官的活动能力已经逐渐达到较高的水平，因此，教师可以指导幼儿开展一些运动负荷量较大的游戏活动，学习新动作，或创新各种玩法等。然而，由于幼儿神经系统和运动系统较容易疲劳，能量储备也较少，他们这一阶段所能持续的时间也比成年人短，保持最高水平的时间也短。因此，教师在指导中，要注意活动内容与方式的多样性和变化性，以激发和保持幼儿积极高昂的情绪。同时应采用动静交替、激缓结合的手段，不断调节运动负荷。

③ 下降阶段。幼儿经过了一段时间游戏后，体内能量消耗较多，体力恢复和供应不足，身体机能、活动能力逐渐下降，出现各种疲劳的现象。此时教师在指导中，应安排一些放松身体的活动，使孩子的情绪逐渐平稳、体力和心率逐渐恢复，疲劳逐渐消除。如此才能有利于幼儿身心健康，并有利于开展其他活动。

（7）负荷运动技能形成规律的原则　运动技能是指人体在运动中掌握和有效地完成专门动作的能力。运动技能的形成，是通过相应的神经支配下的骨骼肌运动来实现的一系列外显动作所构成，它是神经系统和运动系统建立条件联系和不断巩固的过程。运动技能形成，一般要经历相互联系的三个阶段。

① 粗略掌握动作阶段。这一阶段是运动技能学习的起始阶段。在这一阶段

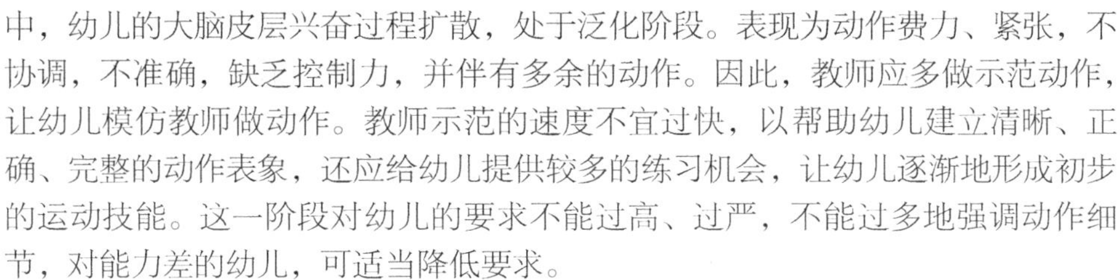

中，幼儿的大脑皮层兴奋过程扩散，处于泛化阶段。表现为动作费力、紧张，不协调，不准确，缺乏控制力，并伴有多余的动作。因此，教师应多做示范动作，让幼儿模仿教师做动作。教师示范的速度不宜过快，以帮助幼儿建立清晰、正确、完整的动作表象，还应给幼儿提供较多的练习机会，让幼儿逐渐地形成初步的运动技能。这一阶段对幼儿的要求不能过高、过严，不能过多地强调动作细节，对能力差的幼儿，可适当降低要求。

② 改进提高动作阶段。这是有意识地改进技能，使动作各个组成部分建立固定联系的阶段。在初步形成动作的基础上，幼儿通过经常、不断的练习，使大脑皮层兴奋与抑制过程处于分化阶段，兴奋相对集中，抑制逐步发展和巩固，初步建立动力定型，并能较精确地完成动作。其表现为幼儿紧张现象和多余动作明显减少，大多数错误动作得到纠正，使动作变得准确、协调和轻松起来，但还不够熟练和巩固。在一些复杂、变化的情况下，仍较容易出现动作变形，或有多余动作及错误动作出现。

在这一阶段，教师应让幼儿进行更多的练习，加强对错误动作的纠正，帮助幼儿逐步掌握动作的细节，加强抑制与兴奋过程分化，不断提高幼儿完成动作的质量，促进动力定型。

③ 熟练掌握动作阶段。这是运动技能巩固、完善达到自动化的阶段。在这一阶段，幼儿大脑皮层兴奋过程高度集中，抑制相当牢固，形成了牢固的动力定型，表现在幼儿能准确、熟练、轻快地完成动作，并能灵活自如地运用，达到了动作自动化的程度。

在这一阶段，教师可以设置各种变化的环境和条件，使孩子在各种变化的条件下自如地运用运动技能，以提高幼儿动作的适应性。

运动技能形成的三个阶段是有机联系的，各个阶段之间并没有明显的界限，它们是一个逐步过渡、逐步发展的过程，每个阶段持续时间的长短，与幼儿体质基础、教师指导方法等有很大的关联。教师在指导中，应选用对幼儿动作发展和应用有积极作用的手段和方法（如，运用示范——模仿——游戏、纠正——练习——游戏的手段等），不断运用新的方法和形式吸引幼儿，尽量避免单调的重复练习。

2. 幼儿体育游戏的指导方法

（1）游戏前的准备

① 熟悉游戏的内容和目标。

② 考虑好开展游戏的具体步骤，包括怎样讲解（引导和示范）。

③ 选择和布置场地、运动器械（可以和能力强的幼儿共同布置）。

④ 督促、检查和帮助幼儿整理服装、鞋子（脱去多余衣、裤、手套、围巾等）。

⑤ 了解幼儿健康状况。

（2）游戏的进行

① 游戏开始。各步骤如下。

a. 组织带领幼儿进入游戏场地。

b.引出游戏内容、方法、结果和注意事项。用形象、生动的语言和好的方法吸引幼儿。语言简明扼要、幼儿化；声音洪亮；讲解可结合示范进行（教师自己示范或请幼儿示范）。

c.分配角色。主要角色由教师担任（大、中班也可由能力强的幼儿轮流担任）。

② 游戏过程中。各步骤如下。

a.幼儿游戏，教师观察指导。

b.选用教师带领幼儿游戏或幼儿自己游戏等具体手段。幼儿游戏时，教师要选择合理的位置，全面与个别相结合地观察幼儿；并运用鼓励、引导、参与、帮助、纠正、保护等具体手段指导幼儿。使幼儿主动、积极地开展游戏。

c.小结评价。对前段时间的游戏情况，教师可运用交流、演示、讲评（包括提出新的玩法和要求）等方法，对游戏进行阶段性小结讲评，鼓励幼儿继续游戏，进而达到调节运动负荷量或调整游戏的目的。

③ 游戏结束。各步骤如下。

a.组织带领幼儿放松身心，使幼儿身心逐步平静。

b.全面与重点相结合的讲评（以鼓励为主），激发幼儿下次游戏的愿望。

c.收拾、整理场地与器材（可让部分幼儿参与）。

（三）针对不同年龄的特点，具体地指导

体育游戏是幼儿利用周围环境进行的一种身体练习。由于年龄段的不同，幼儿身体发育的特点不同，需要教师有针对性地进行指导。

1. 小班体育游戏特点及指导要点

特点：小班幼儿身体发育不够完善，对事物认知水平较差，对基本动作不能很好完成，因此宜做一些简单的动作，角色较为简单的游戏。

指导要点：①教师事先引导幼儿学习一些基本动作；②教师积极鼓励幼儿根据自己的想象和了解去模仿一些简单的动作；③教师引导幼儿思考事物的变化和动物的动作，例如，小白兔跳，兔子怎样跳的？兔子吃啥食物？幼儿回答后，教师再引导幼儿学习兔子跳的动作；④教师教幼儿学习儿歌，小白兔，跳跳跳，跳到草地吃青草；⑤教师引导幼儿了解游戏的规则，例如只能轻轻地跳，不能跑。

2. 中班体育游戏特点及指导要点

特点：中班幼儿已具有一定的认知水平，手部、腿部小肌肉动作逐渐发展，思维、想象、生活经验等更加丰富，对事物有一定的了解，但不够全面，对基本动作有所掌握。

指导要点：①增加中班幼儿对基本动作的知识和训练，例如引导幼儿学会快跑、单双脚跳等，较正确地掌握基本动作；②在小班基本动作基础上增加难度，例如“小蝌蚪找妈妈”，小朋友们知道蝌蚪的演变过程，而且模仿蝌蚪一步一步长出前腿再长出后腿，再把尾巴摆掉，变成青蛙，学习青蛙跳的动作；③教师可用图片或电脑演示青蛙演变过程，并观察青蛙捉害虫和青蛙跳的动作；④教师让幼儿模仿蝌蚪演变成青蛙的动作及青蛙跳的动作。而且跳在荷叶上，跳到终点线

后返回，击下一个幼儿的手掌，下一个同学才开始。

认识规则：必须跳在荷叶上，跳到终点返回，必须站在起点线后，必须击掌后下一个幼儿才开始。

3．大班体育游戏特点及指导要点

特点：大班幼儿已经具有一定的独立思考的能力，掌握了一定的基本动作，会在意比赛结果胜负。

指导要点：①在中班体育游戏的基础上，基本动作难度应该有所加强，教师引导幼儿学习更加复杂和难度较大的基本动作；②教师引导幼儿掌握较为复杂的动作和有一定故事情节的游戏，例如“小红帽到外婆家”，先让幼儿了解这个故事，故事中的人物要经过一座小桥，到大山下面，打大灰狼，钻过一个山洞，才能到达外婆家，一些基本动作组合练习，如钻、投等；③引导幼儿思考，过小桥、钻山洞、遇着大灰狼时应该怎么办？幼儿回答后，教师带领幼儿学习后再比赛。注意强调规则和动作规范性。收拾、整理场地与器材（可让部分幼儿参与）。

●【项目实施】

任务一：基本动作训练

（一）任务目标

让学生学会基本动作技能，并掌握其组织教法。

（二）完成任务形式

个体或小组合作完成。

（三）任务指导书

班级__________　　　　组号__________

组员姓名和学号____________________________________

项目		学前儿童体育基本动作
任务		基本动作训练
任务内容	任务条件	任务要求
走、跑、跳、投、钻、爬、悬支撑、滚、滚翻、攀登等基本动作	空旷的场地、沙包障碍、垫子、支撑架等	走的动作要求：上体正直，自然挺胸，头位正，肩臂放松，两臂前后自然摆动，身体不要晃，两脚不擦地也不抬得过高，抬腿方向为正前方，落地时轻而柔，脚尖基本向前，双腿动作协调 跑的动作要求：幼儿跑步动作应逐步做到上体正直稍前倾；积极向前抬腿、用力后蹬，落地轻而稳；两手半握拳，两臂屈肘前后自然摆动；眼看前方，用鼻子或口鼻同时呼吸，自然而有节奏。集体跑步时，学会保持适宜的间隔距离 跳的动作要求：幼儿跳跃动作种类很多，形式丰富多

续表

项目		学前儿童体育基本动作
任务		基本动作训练
任务内容	任务条件	任务要求
走、跑、跳、投、钻、爬、悬支撑、滚、滚翻、攀登等基本动作	空旷的场地、沙包障碍、垫子、支撑架等	样，但无论哪种形式，都包括预备、起跳、腾空、落地四个阶段。预备阶段包括原地和助跑两种方式。原地预备动作是屈腿、体前屈、两臂后摆；助跑动作要求是轻松、自然、不减速。起跳有单脚和双脚：单脚起跳时，起跳腿用力蹬直，摆动腿快速向起跳腿方向摆起；双脚起跳时，两腿用力蹬地，摆臂跳起。腾空阶段要保持身体平衡、完成规定任务。落地也有两种形式：单脚落地要继续向前跑几步缓冲；双脚落地要屈腿缓冲，保持平衡。 投掷的动作要求：双手抛投要求：两手在体前拖住投掷物（或小球），用摆臂、抖腕的力量将物体（或小球）向前上方抛出，两臂用力要均匀。单手肩上挥臂投掷要求：正面投掷时，两脚前后开立，重心在后脚，上体稍后仰，肩上屈肘高举臂（肘关节向前），眼看前方，通过蹬腿、挥臂、甩腕将物体投出；侧面投掷时，身体侧对投掷方向，两脚左右开立，重心在一侧腿上，投掷臂远伸，通过蹬腿、转体、甩腕等协调用力动作，迅速将物体投出。 钻的动作要求：钻的方法一般有正面钻和侧面钻两种。正面钻的要求是：面向障碍物，屈膝下蹲，低头弯腰，缩紧身体，两脚交替向前移动，从障碍物下面钻过。侧面钻的要求是：身体侧向障碍物，屈膝下蹲，一侧腿从障碍物下伸过；然后低头、弯腰，同时，蹬腿移动重心从障碍物下钻过。 爬的动作要求：幼儿爬的动作种类很多，有手膝着地爬、手脚着地爬、肘膝着地爬以及俯卧在地上的匍匐前进等。在爬的过程中，如果遇到障碍物，又有爬越和钻爬的动作。爬越较小物体或者较低障碍物时，则要求身体任何部位都不能碰到障碍物；当越过较大物体或较高的障碍物时，身体各部位都可以碰到障碍物；当遇到障碍物中间或下方有较大空隙时，可以用钻爬动作完成。 攀登的动作要求：幼儿攀登动作可以由两手握上一格横木，然后两脚先后登上同一格横木练习开始，逐渐过渡到两手两脚交替向上攀登。 悬垂与支撑的动作要求：幼儿的悬垂和支撑动作，一般是由混合悬垂和支撑开始，如当幼儿在攀登架上玩时，常常用两手握横木、两脚蹬横木，身体呈蹲悬垂，或两手握横木，两脚穿过横木呈仰卧悬垂；有时两手握横木、两脚蹬木站立，呈混合支撑等。随着年龄增长和动作的发展，幼儿在攀登架上，常常只用两手握横木，全身悬空于器械轴下方，形成单纯悬垂动

续表

项目		学前儿童体育基本动作
任务		基本动作训练
任务内容	任务条件	任务要求
走、跑、跳、投、钻、爬、悬支撑、滚、滚翻、攀登等基本动作	空旷的场地、沙包障碍、垫子、支撑架等	作；有时坐在地上，两手撑地使身体腾空，形成短暂的支撑动作。有时两人合作，玩推小车游戏，形成俯撑行进。 滚动与滚翻的动作要求：翻身（俯卧——仰卧）是婴儿最早的滚动动作，6个多月的婴儿，已逐步学会翻身打滚，即滚动。随着年龄的增加和动作的发展，幼儿期已逐步掌握向一侧连续滚动，并能学会仰卧抱腿、团身前后滚动
球类基本技术，包括运球、抛接球、滚球等基本动作	篮球、足球、排球等	原地运球的动作要求：两脚自然开立，腿稍弯曲。手置于球的正上方，手臂随球自然上下移动。 抛接球的动作要求：一般两手持球，把球直接往上抛，然后用手把它接住。也有把球往前抛，然后向前跑几步接住球，这个动作难度有点大，一般不要求练习。 滚球的动作要求：一手或两手把球从一端滚向另一端，用手掌轻轻往需要滚动的方向推一下

（四）任务评价

教师与学生共同商议项目任务“学前儿童体育基本动作”完成标准，评价体系由学生自我评价、小组评价、教师评价三部分构成，按学生自我评价30%、小组评价20%、教师评价50%的比例确定最终成绩。

任务评价表如下。

姓名________ 班级________ 学号________ 组号________

评价主体 评价内容	学生自评	小组评价	教师评价	评分理由	总分
活动目标					
活动内容					
游戏准备					
组织能力					
知识运用能力					
语言表达能力					
遵守纪律					

续表

评价主体 评价内容	学生自评	小组评价	教师评价	评分理由	总分
团队合作					
幼儿的积极性					
幼儿参与性					
游戏趣味性					

任务二：学前儿童体育游戏设计与教学方案

（一）任务目标

让学生学会设计体育游戏，并分组进行模拟教学。

（二）完成任务形式

小组合作完成。

（三）任务指导书

班级________　　　　　　　　　　　　　　　　组号________

组员姓名和学号________________________________

项目		学前儿童体育游戏的设计与教学
任务		教学技能训练
任务内容	任务条件	任务要求
体育游戏设计	综合知识和技能（道具制作、教案设计技能）	① 设计幼儿体育游戏要符合幼儿身心发展的特点和要求 ② 所设计游戏包含一定的体育基本动作，有一定的运动负荷量 ③ 符合游戏的结构，有一定的新颖性和趣味性 ④ 体育游戏设计符合教案的要求，组织有序，教学手段新颖、有效
游戏组织教学	空旷的场地，石灰，游戏所需要的道具、口哨等	按照教案设计执行，导入形式和内容能深深吸引幼儿注意力，充分调动幼儿学习的积极性和主动性；讲解语言富有启发性且用儿化语；场地布置合理、有序且安全。热身活动既能充分活动身体，又能为游戏练习打下基础；游戏讲解要简明、扼要、清楚且富有启发性，规则要清楚、明确。示范要正确、优美；组织要严密，练习要规范、有序。课堂气氛活跃，课中体现幼儿团结友爱、互助合作的品质；引导幼儿做放松练习；对课堂教学进行简要小结，收拾场地器材；教学效果良好

（四）任务评价

教师与学生共同商议项目任务“学前儿童体育游戏的设计与教学”完成标准，评价体系由学生自我评价、小组评价、教师评价三部分构成，按学生自我评价30%、小组评价20%、教师评价50%的比例确定最终成绩。

任务评价表如下。

姓名________ 班级________ 学号________ 组号________

评价主体 / 评价内容	学生自评	小组评价	教师评价	评分理由	总分
活动目标					
活动内容					
游戏准备					
组织能力					
知识运用能力					
语言表达能力					
遵守纪律					
团队合作					
幼儿的积极性					
幼儿参与性					
游戏趣味性					

●【项目知识拓展】

活动一：创编幼儿民间体育游戏

以当地民间体育游戏为基础，选择创编适合幼儿身心的民间体育游戏。

活动名称：踢毽子。

活动目的：发展幼儿腿部力量及动作的灵敏性、协调性、准确性，提高平衡能力。

活动准备：踢绳键（毽子上拴一根绳子）、鸡毛毽。

活动方法如下。

（1）手持绳端，用脚的内侧、外侧或两脚交替踢毽。

（2）一踢、一接毽子。用手托毽子，轻轻上抛，用一脚内侧踢毽子，在用手接住，反复练习抛、踢、接的动作；还可以用手、脚面、抬平大腿等处接毽子。

（3）连续踢毽子。用左（右）脚内侧或外侧连续踢毽子，使毽子不落地；也可以用左、右脚交替连续踢毽子。

（4）集体踢毽子。两人、三人或多人围成圈，交替或轮流踢毽子，使毽子不落地。规则要求如下。

① 按照规定动作及要求踢毽子。

② 踢毽子过程中，如果未踢中或未接住毽子，使毽子落地，则为失败。

③ 记数比赛时，以踢中次数最多的一队为胜。

活动二：创编球类游戏设计

根据球类有弹性、是圆的、可以滚动的特性，可以通过把球进行传递、滚动、拍击、投准、投远等动作练习，发展幼儿目测力和投掷能力以及灵敏性和协调性。

活动名称：投篮。

活动目的：发展幼儿投掷能力和上肢力量。

活动准备：小篮球若干，四个小篮子。

活动方法：把全班幼儿分成人数相等的四个组，每组排头手持一个小篮球，站在起点线后，把球投进一定距离的小篮子里，看哪一组投进次数最多为胜。

规则要求：幼儿必须站在起点线后进行投掷。

活动三：创编混龄合作体育游戏设计

活动名称：抬花轿。

活动目的：培养大小班幼儿合作的能力，发展幼儿快速行走能力。

活动准备：废汽水瓶四个。

活动方法：把两个班幼儿平均分成8队，站在起点线后面，两组面对面站立，并相互介绍自己（姓名、几岁、来自哪个班、家住哪个小区等），并互相握手和拥抱问候。教师示范幼儿手臂相互抓握好，形成一个四边形，把汽水瓶放在两人手中间，从起点线开始，抬向对面，把汽水瓶交给下一个组，用同样方法把汽水瓶抬回，传给下一个组幼儿，依此类推，直到全部幼儿做完，看哪一个组最先抬着汽水瓶跑过重点。

规则要求：必须站在起点线后，必须到达对方线后才能交给下一组，中途汽水瓶掉地，自己拾起，幼儿们相互鼓励，不能相互抱怨。

●【活动拓展】

活动一：小青蛙找妈妈

活动名称：小青蛙找妈妈。

活动目的：练习幼儿双脚跳远的能力，发展腿部力量。

活动准备：场地上画两条线，一条为起点线，一条为终点线，中间画几朵荷叶（图5-2）。

活动方法：教师告诉幼儿小青蛙找妈妈的故事，让幼儿知道小青蛙的演变过程以及青蛙是益虫，我们要保护它。教师让幼儿模仿青蛙跳，教师再教幼儿学习青蛙跳的动作；教师再让幼儿学念儿歌，边念儿歌边做动作；把全体幼儿分成人数相等的两个组，站在起点线后，教师发令开始，第一位幼儿模仿青蛙跳动作跳过荷叶，不能掉进荷塘里，踏在终点线后，再跳回去，击第二位幼儿的手掌后开始，其他幼儿一起念儿歌。依此类推，直到最后一位幼儿跳完，最先跳完的一组幼儿为胜。

规则要求如下。

（1）必须站在起点线后开始跳，必须模仿青蛙跳。

（2）必须双脚跳落在荷叶上，若没有落在荷叶上，掉进荷塘里，返回重新开始跳。

（3）必须踏过终点线才能返回。

（4）第二位以后幼儿必须击掌后才能开始跳。

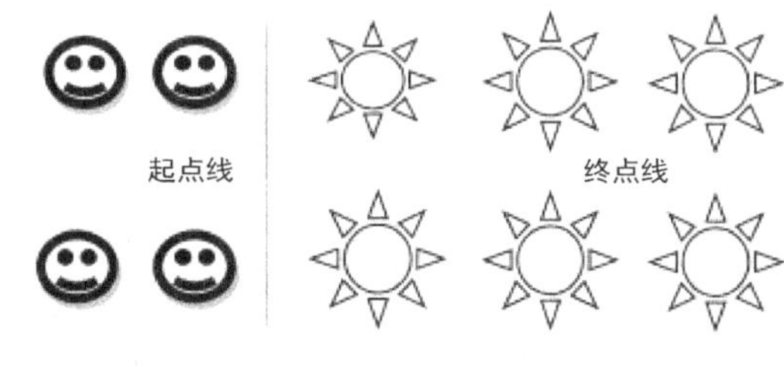

图 5-2

小青蛙找妈妈

小青蛙，呱呱呱，
跳过荷叶找妈妈，
专捉害虫，保庄稼。

活动二：玩球

活动名称：玩球。

活动目的：提高幼儿协调性和灵敏性。

活动准备：球若干个。

活动方法：几个幼儿在一起，相互用手把球滚到对方幼儿那里去；也可以用手拍球，从能拍一次到几次，拍的次数多的获胜；把全班幼儿分成人数相等的四个组，站成四路纵队，从排头开始往后传递篮球，幼儿可以从胯下、左侧、右侧、头上方式进行传递，看哪一组最先传完为胜。

规则要求：必须用规定的方式进行传递，如果球掉了，必须自己拾起，开始进行传递。

活动三：好玩的易拉罐

活动名称：好玩的易拉罐。

活动目的：

（1）喜欢玩易拉罐，愿意探索易拉罐的多种玩法；

（2）发展幼儿的走、跑、跳、投等多种技能；

（3）培养幼儿的想象力和创造力，体验与同伴合作的乐趣和集体主义精神。

活动准备：

（1）各种桶或箩筐、易拉罐若干（幼儿至少人手两个）；

（2）录音机、录音带。

活动过程如下。

1.开始部分

准备活动。大家一起来做操（自编）。

幼儿每人拿两个易拉罐，跟着老师一起做操。在做操的过程中教师带幼儿手握易拉罐随着音乐敲敲打打。

2.基本部分

（1）引导幼儿自己玩易拉罐。

① 激发幼儿玩易拉罐的兴趣。

教师："刚才我们拿着易拉罐做了一段操，老师觉得你们做得太棒了！你们喜欢玩易拉罐吗？请你们想一想、试一试，易拉罐可以怎样玩？"

② 幼儿自由探索易拉罐的多种玩法，教师巡回指导。

③ 教师请幼儿演示易拉罐的玩法并小结：头顶易拉罐走；跳过摆在地上一定间隔的易拉罐；打大灰狼（把易拉罐投到画有大灰狼头饰的地方）；摆成各种图形等。

（2）引导幼儿与同伴合作玩易拉罐。

① 提出要求："刚才小朋友玩易拉罐的时候都是自己玩的。我们能不能把更多的易拉罐和在一起玩呢？试一试，说不定我们还能玩出更多的花样。"

② 幼儿自由结合，合作玩易拉罐。教师巡回指导。

③ 演示多人合作玩易拉罐的方法并小结：把易拉罐摆在地上，间隔一定距离，绕八字跑或跳（单脚跳、开并腿跳、双脚跳）；把易拉罐垒成各种图形；把易拉罐摆成保龄球的形状，打保龄球；用圈套易拉罐（易拉罐摆成各种不同距离的地上，用圈套易拉罐）投准练习；抬花轿（两个幼儿手挽手，把易拉罐放在两个人的手中间，一起抬着易拉罐到达目的地）等。

3.结束部分

放松活动。把易拉罐摆成一排，听音乐走S形路线（做各种放松动作）。收拾好易拉罐。

活动延伸：户外活动时为幼儿提供易拉罐，引导幼儿继续探索易拉罐的多种玩法。

●【思考题】

1.什么是体育游戏，它具有什么特征？

2.体育游戏有什么教育作用？

3.体育游戏有哪些种类？

4.如何设计学前儿童体育游戏？

5.如何针对幼儿不同年龄的特点，开展幼儿体育游戏？

学前儿童智力游戏设计与指导

【项目目标】

1. 理解智力游戏的概念、结构、特点及教育作用。
2. 掌握智力游戏的分类及各种类型智力游戏的玩法。
3. 掌握幼儿智力游戏设计与指导要点。
4. 能制订各年龄班幼儿智力游戏指导计划。

【项目预备知识】

一、什么是智力游戏

（一）智力是什么

加德纳的多元智力理论认为智力是一种“处理某个文化环境中可以被激活的信息来解决问题，或者，创造一种有文化价值的生物心理学的潜力”（加德纳，1999）。智力包括两部分的内容：一是每个人多少都具有的类智力因素，包括观察力、注意力、记忆力、想象力、思维能力、操作能力和实践运用能力等；二是某个人可能有差异很大的个性智力因素，包括数学能力、文学修养、音乐美术等艺术创造和观赏力、社交能力、价值评判能力、组织领导能力等。

类智力因素在智力结构中是基础智力因素，以发展类智力因素为主旨的智力游戏，应是学前智力教育的主要内容。

（二）智力游戏是什么

智力游戏是根据一定的智育任务设计的一种有规则的游戏。它以生动、有趣的游戏形式，使幼儿在愉快的实际活动过程中完成增进知识、发展智力的学习任务。将学习的因素和游戏的形式紧密结合起来，是发展幼儿智力的有效手段。

二、智力游戏结构与特点

（一）智力游戏的结构

构成智力游戏一般包括游戏任务、游戏玩法、游戏规则和游戏结果四个部分。

1. 游戏的任务

旨在游戏中增进幼儿的知识和发展智力，各个智力游戏都有不同的智育任务，如训练感官、训练记忆力、练习分类与归类、练习语言描述等。

2. 游戏的玩法

是指在游戏中对幼儿动作与活动的要求，如“接龙”的玩法是将相同的物体相连接，但玩法要紧密围绕和服从游戏的任务，并且要具有一定的兴趣性和吸引力，以引起幼儿的兴趣，使他们愿意进行游戏。

3. 游戏的规则

是关于动作顺序以及在游戏中被允许的或被禁止的活动的规定，规则可提高游戏的趣味性，促使幼儿在游戏中要付出一定的努力。

4. 游戏的结果

是幼儿在游戏中要努力达到的目的，良好的游戏结果，使幼儿获得满足和快乐，并能激发幼儿继续玩游戏的积极性，游戏的结果也反映了幼儿掌握知识和智力发展的情况。

以上四个部分是互相联系、互相配合的，综合地体现在每一个智力游戏中，失去其中任何一个部分，便失去了智力游戏的特点。

（二）智力游戏特点

不同年龄班的智力游戏有着不同的特点。

（1）小班幼儿的智力游戏比较简单，游戏任务容易理解，容易完成，游戏方法明晰，游戏规则一般不复杂，开始时对全体游戏者几乎是统一规则要求。

（2）中班幼儿的游戏任务比小班要求高一些，游戏的动作逐渐多样化，游戏规则更多带有控制性，游戏中除运用具体实物和教具外，还增加了一些语言的智力游戏和竞赛的因素。

（3）大班幼儿智力游戏的任务和内容都较为复杂，要求幼儿在智力游戏中完成较多的活动，游戏动作难度较高，多为一些有互相联系的、迅速而连贯的动作，游戏规则的严格程度也提高了，幼儿不仅要控制自己遵守游戏规则，而且要迅速、准确地执行游戏指令。

三、智力游戏的教育作用

（1）智力游戏有助于幼儿知识的积累。通过各种听觉、视觉及触觉等智力游戏，可以帮助幼儿获得有关智力游戏材料的大小、颜色、性质、形状等方面的知识，并获得一些空间概念（上下、前后、左右），发展了幼儿的认识，积累了幼儿的知识。

（2）智力游戏有助于幼儿智力的发展。有趣的智力游戏能使幼儿产生愉快的情绪，提高学习的积极性和努力完成任务的坚持性，增强思维的敏和灵活性，能养成幼儿乐于动手动脑的习惯，这对于幼儿智力发展是大有裨益的。

（3）智力游戏有助于幼儿意志及品德的发展。智力游戏要求幼儿善于同别人合作，以及有效控制自己的行为，诚实地遵守游戏的规则，有利于品德的培养。

四、智力游戏的种类

1. 听觉游戏

听觉是幼儿的一项重要感觉，良好的听觉功能是幼儿智力开发的重要条件。而听觉并不是生来就很敏锐、杰出，需要通过听觉游戏加以培养。听觉游戏有两个方面的训练任务，一是分辨声音特征，二是判断声源声向。

2. 视觉游戏

视觉游戏不仅仅是对幼儿的视力有好处，也能开发幼儿的智力。幼儿看到并弄懂的东西越多，就会越聪明。视觉游戏一般有分辨颜色的游戏、分辨图形的游戏以及分辨空间的游戏。如图6-1 ~图6-6所示。

图6-1　分辨几何图形

图6-2　数美术图形

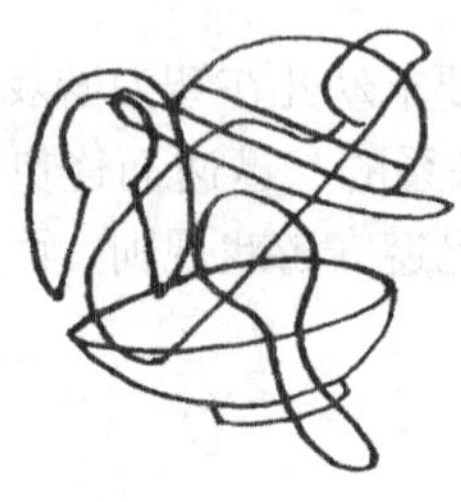

图6-3　重叠的图形

图6-4　隐藏的动物

图6-5　找相同的游戏

图6-6　找不同的游戏

3. 触觉游戏

所谓触觉是幼儿身体碰触的感觉刺激，对物体的软硬、冷热、光滑及粗糙等质地的认识，主要通过触觉完成。触觉训练主要是让幼儿经过手对物体的感觉来认识物体的性质。这种触觉刺激的认知必定让幼儿体验到不用双眼认识物体的喜悦。“百宝箱”和“百宝袋”是幼儿园常见的触觉游戏。

4. 嗅味觉游戏

通过闻闻，可使幼儿从各种不同物体所发出的特殊气味中来识别物体；通过尝尝，可使幼儿区别有味道的物质的酸、甜、咸、苦等。“尝一尝”和“闻一闻”这类构思的智力游戏都属于嗅味觉游戏。

5. 记忆力游戏

记忆力游戏是一种主要依赖于幼儿记忆力来完成，并能对幼儿的记忆进行锻炼，增强记忆力，促进幼儿智力发展的游戏。发展记忆力的游戏主要是让幼儿对实物、图片、图形、词汇、数字等内容识记后，进行诸如取物、发现、寻找等形式的再认和再现。

仔细看图6-7一分钟，然后盖上图回答三个问题。

① 天上共有几朵云？

② 画上共有几只羊？

③ 有几只羊在吃草地上的草？

图6-7　记忆再现游戏

6. 想象力游戏

想象力属于创造性智力。幼儿想象力的发展，在成长过程中尤为重要。想象力游戏是促进幼儿想象力发展的有效途径，如，猜谜、折纸、拼贴画、捏橡皮泥等常见的幼儿游戏都能有效促进幼儿想象力的发展。（图6-8、图6-9）

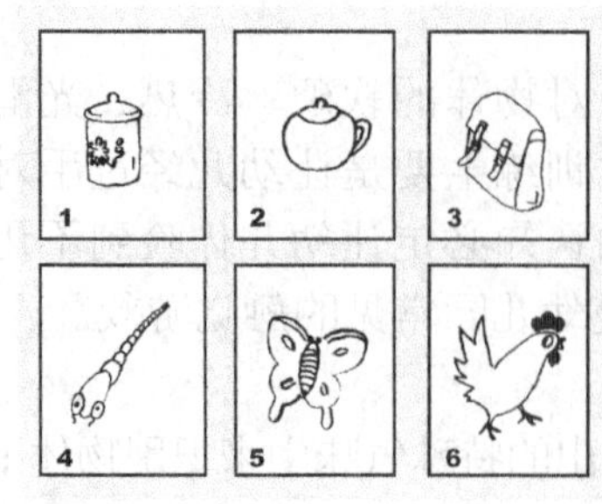

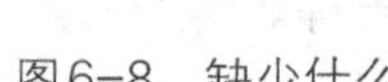
图6-8　缺少什么

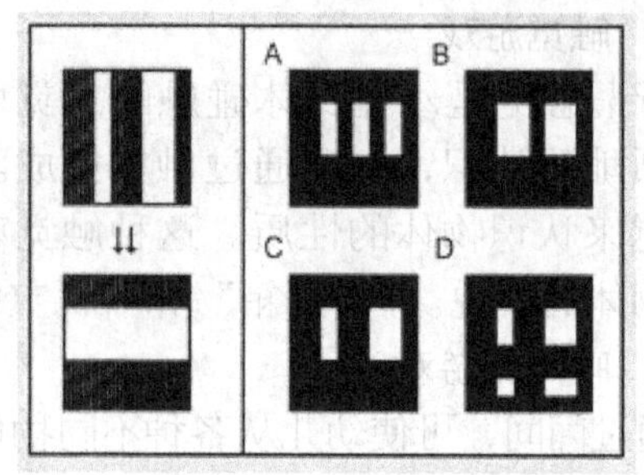

图6-9　图形重叠

7. 思维力游戏

思维力是智力的核心。幼儿期是培养和提高思维能力的关键期，在幼儿期加强思维训练，往往会收到事半功倍的效果。通过思维力游戏可以有效促进幼儿的思维力发展。发展思维力的游戏包括发展幼儿概念理解能力的游戏；发展分类、比较及序列化能力的游戏；发展逻辑判断和推理能力的游戏以及发展综合思维能力的游戏（图6-10 ~图6-12）。

图6-10　类比推理

图6-11　演绎推理（1）

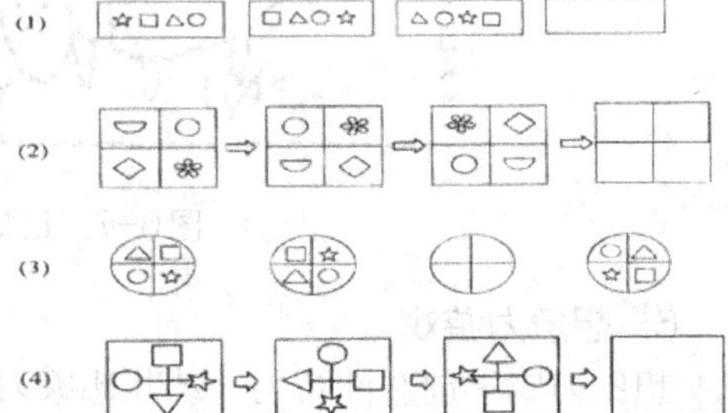

图6-12　演绎推理（2）

五、学前儿童智力游戏的设计与指导

（一）智力游戏的设计原则

在设计幼儿智力游戏时，教师应坚持以下几项原则。

1. 坚持趣味性原则

在设计智力游戏时，教师要尽可能提高游戏本身的趣味性和吸引力，使幼儿乐意参与游戏。比如在智力游戏“小动物找家”中，有的动物可以只出示半个头部，有的动物可以只出示一只脚印，让幼儿根据形状特征来辨别是哪种动物。这样的形式能增加游戏的趣味性，调动幼儿参与游戏的积极性。

2. 坚持挑战性原则

根据幼儿年龄的特点，智力游戏的内容应具有一定的挑战性。将智力游戏的难度控制在幼儿经过一定的努力能够达到成功的程度，即“跳起来能够到的”高度。当幼儿克服困难完成一定的游戏任务时,其自信心会受到鼓舞，游戏的积极性也会更加高涨。比如在智力游戏“你说我猜”中，教师可出示一些比较抽象的图片。如“地球”、“闪电”等，让幼儿竭尽所能想出合适的词语以完成游戏任务，满足幼儿求知的需求。

3. 坚持渐进性原则

智力游戏材料的投放，一定要遵循由浅入深、由易到难的顺序。比如，在投放拼图类智力游戏材料时，可先投放一些简单的镶嵌式拼图，然后逐渐增加难度，投放一些不同形状的几何体图形让幼儿拼摆图案，最后再投放小木棍或者火柴，让幼儿在一定数目下摆成正方形或者三角形。

4. 坚持针对性原则

智力游戏的种类繁多，在编选时切忌拿来就用，一定要根据训练的目的按类择取或设计。同时，智力游戏的针对性很强，适应面较窄，因而编选和设计智力游戏时，应充分考虑幼儿的生活经验与接受能力，既要符合幼儿智力发展的水平，又要照顾到幼儿智力发展的个体差异，使尽可能多的幼儿都能适应游戏，或有适合的游戏。

总之，一个好的智力游戏应该是：智力训练的目的任务明确，玩法新颖，内容多变并逐步复杂化，规则简单易行，能够激起幼儿积极的心理活动。

（二）智力游戏的指导

1. 教会幼儿正确地游戏

智力游戏是成人所编定的，有着既定的成分。因此要使幼儿掌握智力游戏，需要通过教与学的过程。一个新的智力游戏的出现，教师可用简明、生动的语言和适当的示范，将游戏的名称、玩法、规则和结果向幼儿逐一介绍清楚。对有操作练习的游戏，应事先教会幼儿必要的技能；可以小组教、全班教，有时还可个别地教，幼儿之间也可以互教互学。在游戏过程中督促幼儿遵守规则，要求幼儿按既定的玩法和步骤认真完成任务。

小班的智力游戏多是利用玩具材料进行的，要求玩具和材料形象准确、颜色鲜明、品种简单；在教游戏时，教师应以自己的兴趣影响幼儿，讲解力求生动、简单、形象，过多的解释会转移幼儿的注意力，使幼儿失去游戏的兴趣；有些讲解可与示范动作相结合。

对中班的幼儿，仍需要示范和讲解游戏的玩法和规则。在游戏进行中应注意检查他们对游戏玩法的掌握与执行规则的情况。对遵守规则的幼儿应给予鼓励，使幼儿明确只有严格遵守规则游戏才有趣味。要鼓励幼儿关心并努力争取好的游戏结果。中班幼儿应能独立地玩熟悉的游戏，教师只在必要时给予指导即可。

对于大班幼儿，教师主要通过语言来讲解游戏，要求他们能独立地进行游戏，严格遵守游戏规则，争取最好的游戏结果，并能对游戏的结果进行评价。

2. 鼓励每个幼儿积极参加各种智力游戏

智力游戏简便灵活，不局限于环境条件和时间长短，均可进行。智力游戏除采取集体、分组与个别游戏相结合的方式外，还应尽量设法使每一个幼儿都有游戏材料，都有参加游戏进行锻炼的机会。教师要鼓励儿童自动选择智力游戏玩，特别是那些能力较差的儿童，教师更要启发他们开动脑筋，可先从简易的游戏玩起，逐渐再玩复杂的游戏；对能力强的幼儿可适当增加游戏难度，提高要求以满足他们智力发展的需要。

●【项目实施】

任务一：发展观察力的智力游戏的设计与指导

（一）任务目标

1.掌握各种类型幼儿观察力游戏的玩法及基本任务。

2.掌握观察力游戏的主要设计思路，能根据幼儿特点设计发展观察力的智力游戏。

3.能够根据幼儿园智力游戏工作流程，开展智力游戏。

4.能够作好指导记录。

5.培养创造性设计水平和团结合作的能力。

（二）完成任务形式

小组合作完成。

（三）观察力游戏设计知识链接

观察力训练的主要途径是感官训练。准确而敏锐的感知能力是观察力的基础。感觉技能发展得越好，获得的信息就越多，感性经验也就越丰富，观察也就越精确和敏锐。因此，发展观察力的智力游戏是以幼儿的感知觉训练为基本内容的，包括听觉、视觉、嗅觉、味觉和触觉等多个感官的训练。

观察力游戏一般以“寻找”、“发现”、“比较”等为主要玩法，通过听听、看看、摸摸、尝尝等外感受器的反复活动，对事物典型的、细微的特征进行观察，从而帮助幼儿加强观察的目的性、计划性，扩大观察的范围、广度和深度。

（四）任务指导书

班级________ 组号 ________

组员姓名和学号 ________________________________

项目		学前儿童智力游戏
任务		观察力游戏设计与训练
任务内容	任务条件	任务要求
听觉游戏		① 知道分辨声音的特征和判定声源、声向两类游戏的玩法、兴趣点和难点 ② 掌握设计听觉游戏的基本技能和方法，能够设计多种听觉游戏
视觉游戏		① 知道分辨颜色、分辨图形、分辨空间三种游戏的玩法、兴趣点和难点 ② 掌握设计视觉游戏的基本技能和方法，能够设计多种视觉游戏
触摸觉游戏		① 知道触摸辨物、触摸分类、触摸造型和触摸动作四种游戏的玩法、兴趣点和难点 ② 掌握设计触摸觉游戏的基本技能和方法，能够设计多种触摸觉游戏
嗅味觉游戏		① 知道嗅味觉游戏的玩法、兴趣点和难点 ② 掌握设计嗅味觉游戏的基本技能和方法，能够设计多种嗅味觉游戏

（五）任务评价

教师与学生共同商议项目任务“观察力游戏设计与训练”完成标准，评价体系由学生自我评价、小组评价、教师评价三部分构成，按学生自我评价30%、小组评价20%、教师评价50%的比例确定最终成绩。

任务评价表如下。

评价主体 评价内容	学生自评	小组评价	教师评价	评分理由	总分
活动目标					
活动内容					
游戏准备					
组织能力					
知识运用能力					
语言表达能力					
遵守纪律					
团队合作					
幼儿的积极性					
幼儿参与性					
幼儿趣味性					

任务二：发展注意力和记忆力的智力游戏设计与指导

（一）任务目标

1.掌握各种类型幼儿注意力和记忆力游戏的玩法及基本任务。

2.掌握注意力和记忆力游戏的主要设计思路，能根据幼儿特点设计发展注意力和记忆力的智力游戏。

3.能够根据幼儿园智力游戏工作流程，开展智力游戏。

4.能够作好指导记录。

5.培养创造性设计水平和团结合作的能力。

（二）完成任务形式

小组合作完成。

（三）注意力和记忆力游戏设计知识链接

注意力游戏的任务主要是通过游戏训练幼儿注意的稳定性，扩大其注意的范围，发展有意注意，提高注意的分配和转移的能力。注意力游戏设计时可以从视觉、听觉、触觉等多个感觉渠道入手，以看、听、想作为游戏活动的方式。

记忆的过程包括识记、保持、再认和再现三个阶段，其中识记和保持是记忆的基本内容，再认和再现是记忆的表现形式，也即一切记忆活动都要通过再认和再现来检验。因此，发展记忆力的智力游戏主要构思为对实物、图片、图形、数字、词汇等内容识记后，进行诸如寻找、发现、传话、取物等形式的再认和再现。

（四）任务指导书

班级________　　　组号________　　　组员姓名和学号________

项目		学前儿童智力游戏
任务		注意力和记忆力游戏设计与训练
任务内容	任务条件	任务要求
注意力游戏		① 知道发展注意稳定性和注意的分配和转移能力两类游戏的玩法、兴趣点和难点 ② 掌握设计注意力游戏的基本技能和方法，能够设计多种注意力游戏
记忆力游戏		① 知道识记-再任，识记-再现两种游戏的玩法、兴趣点和难点 ② 掌握设计记忆力游戏的基本技能和方法，能够设计多种记忆力游戏

（五）任务评价

教师与学生共同商议项目任务“注意力和记忆力游戏设计与训练”完成标

准，评价体系由学生自我评价、小组评价、教师评价三部分构成，按学生自我评价30%、小组评价20%、教师评价50%的比例确定最终成绩。

任务评价表如下。

评价主体 评价内容	学生自评	小组评价	教师评价	评分理由	总分
活动目标					
活动内容					
游戏准备					
组织能力					
知识运用能力					
语言表达能力					
遵守纪律					
团队合作					
幼儿的积极性					
幼儿参与性					
幼儿趣味性					

任务三：发展想象力和创造力的智力游戏设计与指导

（一）任务目标

1.掌握各种类型幼儿想象力和创造力游戏的玩法及基本任务。

2.掌握想象力和创造力游戏的主要设计思路，能根据幼儿特点设计发展想象力和创造力的智力游戏。

3.能够根据幼儿园智力游戏的工作流程，开展智力游戏。

4.能够作好指导记录。

5.培养创造性设计水平和团结合作的能力。

（二）完成任务形式

小组合作完成。

（三）想象力和创造力游戏设计知识链接

想象再造游戏是以发展再造想象为主的游戏。再造想象是根据言语的描述或图样的示意，在人脑中形成相应的新形象的过程。再造想象也具有一定的创造性，只是再造的形象是否完善，有一定的检验标准。

（四）任务指导书

班级________ 组号________

组员姓名和学号________________

项目		学前儿童智力游戏
任务		想象力和创造力游戏设计与训练
任务内容	任务条件	任务要求
想象创造游戏		① 知道猜谜游戏、补缺游戏、拼图游戏、听描述做动作游戏、空间想象游戏的玩法、兴趣点和难点 ② 掌握设计想象创造游戏的基本技能和方法，能够设计多种想象再造游戏
想象、创造游戏		① 知道想象、创造游戏的设计思路 ② 掌握设计想象、创造游戏的基本技能和方法，能够设计多种想象、创造游戏

（五）任务评价

教师与学生共同商议项目任务"想象力和创造力游戏设计与训练"完成标准，评价体系由学生自我评价、小组评价、教师评价三部分构成，按学生自我评价30%、小组评价20%、教师评价50%的比例确定最终成绩。

任务评价表如下。

评价主体 评价内容	学生自评	小组评价	教师评价	评分理由	总分
活动目标					
活动内容					
游戏准备					
组织能力					
知识运用能力					
语言表达能力					
遵守纪律					
团队合作					
幼儿的积极性					
幼儿参与性					
幼儿趣味性					

任务四：发展思维能力和操作能力的智力游戏设计与指导

（一）任务目标

1.掌握各种类型幼儿思维能力和操作能力游戏的玩法及基本任务。

2.掌握思维能力和操作能力游戏的主要设计思路，能根据幼儿特点设计发展思维能力和操作能力的智力游戏。

3.能够根据幼儿园智力游戏工作流程，开展智力游戏。

4.能够作好指导记录。

5.培养创造性设计水平和团结合作的能力。

（二）完成任务形式

小组合作完成。

（三）思维能力和操作能力游戏设计知识链接

发展思维能力的游戏旨在培养幼儿的概念理解能力，发展幼儿分类、比较及序列化和一定的逻辑判断和推理能力，从而提高幼儿思维的独立性、敏捷性、广泛性、灵活性、逻辑性和创造性。

（四）任务指导书

班级________ 组号________ 组员姓名和学号________

项目		学前儿童智力游戏
任务		思维能力和操作能力游戏设计与训练
任务内容	任务条件	任务要求
发展思维能力的游戏		① 知道发展概念理解能力，发展分类、比较及序列化能力，发展逻辑判断和推理能力以及综合思维能力的游戏的玩法、兴趣点和难点 ② 掌握设计发展思维能力的基本技能和方法，能够设计多种发展思维能力游戏
发展操作能力的游戏		① 知道火柴棒游戏、一笔画游戏、图形剪拼游戏和迷宫的设计思路 ② 掌握设计发展操作能力游戏的基本技能和方法，能够设计多种发展操作能力的游戏

（五）任务评价

教师与学生共同商议项目任务“思维能力和操作能力游戏设计与训练”完成标准，评价体系由学生自我评价、小组评价、教师评价三部分构成，按学生自我评价30%、小组评价20%、教师评价50%的比例确定最终成绩。

任务评价表如下。

评价主体 评价内容	学生自评	小组评价	教师评价	评分理由	总分
活动目标					
活动内容					
游戏准备					
组织能力					
知识运用能力					
语言表达能力					
遵守纪律					
团队合作					
幼儿的积极性					
幼儿参与性					
幼儿趣味性					

●【项目知识拓展】

按照智力游戏活动形式和方法的不同，可以将益智类玩具分为种植养殖类材料、操作类玩具、规则类玩具、科学类玩具和阅读类玩具与材料等几个类别。科学类玩具覆盖的内容非常广泛，包括声、光、电、磁、热、力、空气、天文、化学等方面的游戏材料。生活中处处是科学，除了成品可购买的玩具之外，老师和家长应该尽量引导孩子运用简单的知识技能自制科学小玩具。因此，将智力游戏与益智区相结合十分必要。以下是山东青岛市一所幼儿园开展中班科学益智区活动材料投放的案例。

（一）中班科学益智区材料的投放

《幼儿园教育指导纲要（试行）》强调：“提供丰富的可操作的材料，为每个幼儿都能运用感官、多种方式进行探索提供活动的条件。”因此，在幼儿园区域活动特别是科学益智区活动中，教师越来越重视科学、有效地投放操作材料，满足幼儿的好奇心和探索欲望。在中班科学益智区材料投放的过程中；针对孩子年龄特点、主题活动目标，结合幼儿实际生活经验，适时适宜地投放材料，收到了良好的活动效果。

（二）提供难易适宜的材料

科学益智区材料投放前，教师要充分了解和掌握本班幼儿年龄特点与已有生活经验、活动兴趣与能力，这是因为材料投放得好、投放得巧，才能激发幼儿的参与兴趣和探索欲望。材料投放不适宜，幼儿就会有“被游戏”的感觉，就会把活动区当作打发时间的地方，有时甚至成了发泄不良情绪和破坏玩具的地方。如果所提供材料的难易程度过低，幼儿摆弄几下就没了兴趣，根本谈不上探索；材料的难易程度过高，幼儿不会玩，就容易放弃或用与探索活动无关的手法敲打、破坏材料，发泄自己的着急情绪。只有投放难易程度适宜的材料，幼儿才能很快进入探索过程，在做做玩玩中学到一些粗浅的科学知识，懂得一些简单的科学道理，逐步养成探索品质。

（三）提供与幼儿生活密切相关的材料

材料的提供最好与幼儿的生活密切相关，这样幼儿在玩的同时，不但开发了智力，还为自己的生活提供了便利。如我园幼儿大部分是幼儿园周边的孩子，为使幼儿尽快熟悉周边的路名和标志性建筑，我们就以幼儿园为中心，以路名和标志性建筑为点，设计了走迷宫的益智游戏。孩子们在玩的同时，记住了幼儿园的位置、周边的路名和标志性建筑，熟悉了周围环境以及从幼儿园到自己家的线路。这样，幼儿万一不慎走失，也能很快根据路名和标志性建筑，找到自己的家和幼儿园。再如“配对”游戏，我们将我市的名胜古迹和名牌产品的图片缩小到米粒大小，贴到纸板上，然后再提供大图片，让幼儿用放大镜进行细致观察后，进行大小图片配对。幼儿在仔细观察、配对操作的过程中，记住了我市的名胜古迹和名牌产品，为自己和家人的生活需要提供了便利。

（四）提供便于幼儿获得操作经验的材料

幼儿是在操作中感知、体验和发展的。科学益智区材料的投放应注重操作性是否强，是否便于幼儿开展自主性的探索活动，还要蕴涵要求幼儿探索解决的问题。如我们投放的“看谁滑得快”操作材料，不但为幼儿提供了同一性质不同形状的材料，而且设计了操作记录表，要求幼儿必须多次操作各种材料，经过观察、比较后才能得出结论，并在表格对应材料的地方作出记录。再如“有趣的磁铁”操作材料，我们在薯片桶上面架一块有机玻璃，在有机玻璃上贴上大马路的实线、虚线、斑马线，幼儿自主探索，把装有磁铁或铁制品的小汽车放到玻璃上，拿一块磁铁在玻璃下面带动玻璃上面的小汽车一起移动，玩起了在马路上开汽车的游戏。随着游戏的深入，有的男孩子还开动脑筋，玩起了汽车转圈和汽车飘移的游戏。新奇的操作探索，让孩子们感受到了极大的刺激和满足感。从上述两种操作材料可以看出，幼儿的兴趣主要来自于材料的操作性强，幼儿的发展更依赖于操作材料后所获得的有益经验。

（五）提供具有神秘感和趣味性的材料

中班孩子还是无意注意为主，以感性学习为主要学习方式。如果我们在活动中能多提供一些设计新颖有趣，特别是带点神秘感的材料，就容易引起幼儿的有意注意，使他们在兴奋愉悦的状态下进行操作探索活动，促进其观察力、记忆力和思维能力的发展。如“密电码”材料，就是一种利用油水分离原理，并与幼儿数学知识相结合，让幼儿感到有一种神秘感的科学益智材料。具体做法是：把幼儿近期学的数学题，用油画棒写在与油画棒同色的纸上，看上去上面什么也没有，但用同色的水粉一抹，数学题就显现了出来，幼儿就可以根据题目给出答案。因为有了油水分离这个环节，幼儿感到了一种破译密电码的神秘感，所以就特别感兴趣。又如“好玩的气球”，是在一个大纸箱上面挖一个大洞，洞口密封套一个大塑料袋，箱子侧面再挖一个洞，箱子里面放一个气球，用扇子在侧面的洞口扇，因为用力的大小不同，气球就会在塑料袋里忽高忽低地飞。因为活动充满了趣味性，幼儿都排队等候操作。

●【活动拓展】

案例1：猜动物

（一）活动目的

1. 认识不同的动物。
2. 发展幼儿的智力。

（二）活动材料

一盒各种动物图案的蛋糕。

（三）活动过程

1. 教师提供一盒各种动物图案的蛋糕，邀请幼儿轮流从盒子里取出蛋糕。
2. 拿到蛋糕的幼儿可以表演出小动物的声音或者动作。
3. 其他的幼儿要猜猜他们拿到的到底是什么动物。

案例2：听觉游戏（中班）

（一）设计意图

1. 积极动手动脑，体验制造声音的乐趣。

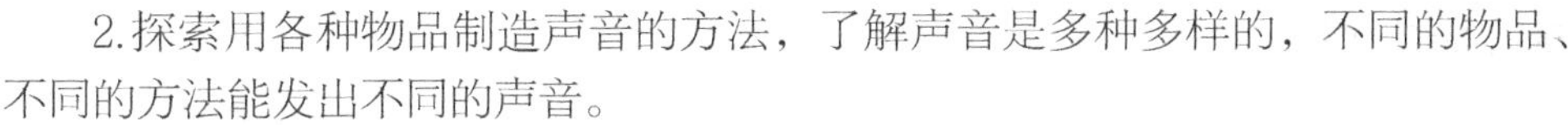

2.探索用各种物品制造声音的方法，了解声音是多种多样的，不同的物品、不同的方法能发出不同的声音。

3.认真倾听，大胆表达自己，能合作制造出好听的声音。

（二）活动准备

1.装有各种豆子的塑料瓶，易拉罐，废旧筷子，不锈钢盘子等若干（保证每人都有一样物品）。

2.记录表

（三）活动过程

1.探索用身体发出的声音

（1）“木头人”游戏引起幼儿兴趣。

教师：小朋友，我们来玩“木头人”的游戏。

（2）提问：听，这个时候周围怎么样？（安静）为什么没有声音？

（3）请你们尝试用身体的任意部位制造出声音，并听一听是怎样的声音。

（4）观察发现孩子用身体制造出声音，而且能制造出很多不同的声音。

2.探索用物品发出声音

观察并认识桌上的物品，教师提出探索要求：

① 桌上的物品制造出声音，制造出的声音越多越好；

② 尽量每种材料都试，并制造出不一样的声音；

③ 把自己发现的方法记住，与小伙伴分享。

3.分享探索结果，鼓励幼儿大胆讲述自己的发现。

（1）提问：请说说你用了什么材料？什么方法？制造出了什么声音？

（2）鼓励幼儿大胆表达自己的发现，老师在记录表上进行记录。

案例3：哪个杯子（大班）

（一）活动目的

锻炼幼儿的推理能力。

（二）活动材料

三个纸杯，两枚硬币。

（三）活动过程

1.把一枚硬币放在一个其中一个纸杯下面，然后请幼儿一次一个地翻开纸杯，直到他（她）找到硬币为止。

2.然后藏好两枚硬币。告诉幼儿你已经藏好两枚硬币然后请他（她）一次一个地翻开纸杯，直到他（她）找到两枚硬币。

3.然后藏好一枚硬币，但是这次问幼儿：你认为你需要几次才能找到硬币？（你可能需要两次在你知道硬币在哪儿之前）如果有4个杯子又会发生什么？（可能会是3次）10个杯子呢？一直继续下去。

【思考题】

1.什么是智力游戏，它具有什么特征？
2.幼儿智力游戏有什么教育作用？
3.幼儿智力游戏有哪些种类？
4.如何设计学前儿童观察类智力游戏？
5.如何设计与指导记忆类智力游戏？
6.如何设计与指导创造性思维智力游戏？

学前儿童亲子游戏设计与指导

【项目目标】

1. 理解亲子游戏的概念、特征、分类和教育价值。
2. 掌握亲子游戏的设计原则与指导要点。
3. 能够根据亲子游戏的设计原则改编与创设亲子游戏。

【项目预备知识】

在游戏的发生发展过程中，亲子游戏的发生先于其他游戏，即孩子一生下来就与父母和看护者有了直接接触，从而发生了最早的亲子游戏。如，用手绢和孩子玩藏猫猫、用手指挠孩子的脚心逗他们笑，做各种夸张的动作或者鬼脸挑逗孩子关系等，就是最早的亲子游戏。著名儿童教育专家陈帼眉教授说过：家长对小孩子的教育，第一是培养良好的生活习惯，第二是跟孩子做亲子游戏。可见亲子游戏已成为国际早期教育的最新发展趋势。

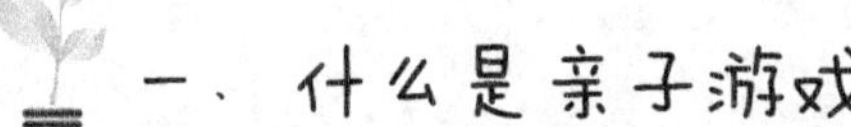

一、什么是亲子游戏

亲子游戏是以亲缘关系为主要维系基础，以孩子与家长互动游戏为核心内容，不论是在家庭还是在托幼机构开展游戏的行为，它能全方位开发孩子的运动、语言、认知、情感、社会交往等多种能力，帮助孩子初步完成从“自然人”向“社会人”的过渡。亲子游戏是亲子教育中的核心内容及主要元素，也是实施亲子教育的重要手段和方法。在亲子游戏中，孩子是主体，父母是主导者。抱着婴儿转圈、亲亲婴儿的脸蛋、逗他们笑、为其做抚触等都算得上是亲子游戏。本书主要讨论0～3岁婴儿的亲子游戏。

二、亲子游戏的特征

（一）平等性

在游戏过程中，家长要能和孩子平等地参与到游戏中，而不应该高高在上、指手画脚。家长也是亲子游戏的参与者，家长和孩子要一起活动。现代教育理念要求父母打破传统的以管教为主的教育理念，取而代之的是家长对子女的启发、引导和关怀。如，家长要和孩子一起学乌龟爬、一起学小猫叫、一起做音乐律动、一起做手工等。

（二）合作性

亲子游戏的形式应注重家长与孩子的相互配合，设计的游戏应该具有一定的难度，让孩子主动寻求家长的配合，通过双方合作，在游戏过程中自然而然地教给孩子一些知识和技巧。如，让2岁孩子玩“穿线板”的游戏，孩子独立完成会有困难，那么孩子会主动寻求家长的帮助，亲子共同完成，体现亲子游戏的合作性。

（三）趣味性

游戏的整个过程要能够给孩子和家长双方都带来乐趣。通过亲子游戏，孩子能体会到创造和成功的快乐，而家长则能够体会到亲子互动的幸福。如，亲子游戏“你追我跑”中，孩子跑、家长追，把孩子身上的夹子摘下来，夹在自己的身上，既训练了孩子身体的协调性和反应能力，又让家长和孩子都能体验亲子游戏的乐趣，增进亲子感情。

（四）互动性

亲子游戏是家长和孩子之间的一种互动活动，亲子双方处于一种相互作用的动态过程，通过言语、表情、视线、动作等方式相互表达与接收信息，彼此传达需要，从而实现亲子间心理上的沟通、行为上的互动。在许多亲子游戏中，都强调家长与孩子面对面，让孩子看到家长的脸，让家长面带微笑，与孩子进行语言交流、身体上的接触等，这些都体现着亲子游戏的互动性。如，亲子游戏“大拇哥”中，家长与宝宝面对面，让宝宝看到家长的脸，家长一边用温柔、清晰的声音说儿歌，一边为宝宝的手指做抚触。

（五）启发性

亲子游戏要能够启发孩子的智慧，既能利用和发挥孩子的现有能力，又能引导和发展他们新的能力。如，10 ~ 12个月的宝宝有想走路的欲望，具备了练习走路的身体素质。以亲子游戏“宝宝的小脚丫”为例。这个游戏一方面能激发婴儿的好奇心、愉快情绪和走路的欲望；另一方面能发展婴儿勇敢走的能力。爸爸妈妈先帮助宝宝把鞋子脱掉，亲亲宝宝的小脚丫，然后和宝宝一起选择一种颜色，抱起宝宝把小脚丫沾上颜色，把宝宝放在小路上，爸爸妈妈要不断地鼓励宝宝在小路上自由的走，并有意引导宝宝发现小脚印。当宝宝发现小脚印时，妈妈要很惊讶地对宝宝说：“呀！宝宝的小脚印真漂亮呀！宝宝跳一跳舞吧！”

三、亲子游戏的教育作用

（一）积累了感觉印象，有助于认知能力的发展

在早期亲子游戏中，孩子不断增长的感性认识，不断付之行动的尝试，在不断重复的动作当中将短时记忆转变为长时记忆的储存，游戏成为逐渐积累起来的各种各样经验的“备忘录”，为今后进一步的认知发展奠定了基础。如“救火”的亲子游戏，在游戏过程中，孩子可以认识消防车，知道火警电话119，懂得如何拨打火警电话，了解消防员叔叔的工作等。

（二）促进了婴儿基本动作和精细动作的发展

婴儿在出生后的第一年，最先发展的是基本动作能力，包括抬头、摇头、点头、拍手、坐、爬、站、走等；第二年从走到跑、踢、扔、推等；第三年开始双脚跳、投球、骑小车等。婴儿的基本动作能力是一切学习的基础，每一个动作发展的里程都带领孩子向更宽广的世界迈进一步。亲子游戏中的运动游戏能发展婴儿的基本动作技能、平衡能力和四肢协调能力。亲子游戏中的益智游戏，也包含了许多机械动作，如“搭积木”、“串珠”、“捏娃娃”、“拼图”等游戏，不仅提高了婴儿手指的灵活性，也促进了孩子的手眼协调能力的增长。

（三）大量语言的感知和利用，有助于婴儿语言能力的发展

亲子游戏中贯穿许多儿歌，如边玩边唱、一问一答等，儿歌及语言问答的运用，激发了孩子对语言的感知、发音的兴趣，从而更主动地与他人交流。儿歌《手指变变变》“手儿搓搓，手指点点，眼睛眨眨，头儿摇摇，我的手指多灵巧，我的手指变变变。一个手指头，变成毛毛虫，爬呀爬呀爬一圈……”，要求孩子

边说儿歌边做动作。

（四）体验了初步的交往关系，有助于社会性的发展

由于亲子游戏是在成人的参与下进行的，在与成人的游戏和交往中，成人的以身示教，成人对待孩子谦让、宽容、耐心的态度和方式，让幼儿体验到的是融洽的社会交往关系，成人待人接物的方式，也在婴儿大脑里留下了最初印象。如，亲子游戏“宝贝大搬运”，游戏目的是培养宝宝初步的社会经验，减缓宝宝的“怯生”心理。播放欢快的音乐，教师和妈妈围成一圈，盘腿而坐。妈妈对宝宝说他（她）的名字：XXX,你好，妈妈爱你。妈妈把宝宝传到教师手中，再传到别的妈妈手中，叫其名，说句话。

（五）密切了亲子之间的情感联系，有助于个性的完善和发展

亲子游戏是在最亲近的人，尤其是父母之间展开的，带有明显的亲情关系，从相互间的身体接触与视线交流中，孩子得到的是爱与关注。而父母对孩子游戏信号的积极回应，使孩子产生了极大的信任和满足。经常进行这种游戏，使婴儿长期处于一种积极的情绪体验，从而为他（她）以后活泼、开朗、自信、积极的个性发展奠定了基础。如，亲子游戏“镜子里的你”：妈妈和孩子一起照镜子，哪儿是妈妈的眼睛，哪儿是孩子的眼睛；妈妈做个鬼脸，孩子也做个鬼脸；妈妈对孩子笑，孩子也对妈妈笑。这种愉快的气氛拉近了孩子和妈妈的距离，加深了彼此之间的了解，尤其是孩子对妈妈的关注。

四、亲子游戏的分类

亲子游戏是多种多样的。按游戏的内容与性质可以分为音乐游戏、手指游戏、生活游戏、益智游戏、语言游戏、运动游戏等；按双方活动方式可以分为一对一式和集体式。一对一式是家长与子女单独进行游戏的方式。集体式是多个家庭共同参与的游戏。马斯洛将人类的需求按照渴求的程度由低到高划分为生理的需求、安全的需求、社交的需求、尊重的需求、自我实现的需求共五个层次的需求。需求层次越低说明该需求对人类生存不可或缺。婴儿尚处于生命的初期，生存、生活是其最大的需求。因此，基于需求层次理论的划分，婴儿的发展价值依次为身体发展、情感发展、社会性发展、认知发展、语言发展。鉴于此，从游戏对婴儿身心发展的作用研究角度进行分类，将亲子游戏分为身体发展亲子游戏、情感发展亲子游戏、社会性发展亲子游戏、认知发展亲子游戏、语言发展亲子游戏。

（一）身体发展亲子游戏

这类亲子游戏是以促进婴儿身体发展为主的游戏。身体发展包括大肌肉运动和精细动作，它们都属于人的动作技能。大肌肉动作时涉及手臂、腿、足部肌肉或全身的较大幅度的动作，如走、跑、跳、投掷、攀爬、平衡等。精细动作则

是较小的动作，主要指手眼协调动作，如三指爪、两指捏、一指按以及剪、夹、拧、挤等，同时还包括转动脚趾或用嘴唇和舌头感受、品尝物品等。

活动1：小手真灵巧。家长先用针在纸上沿着图案的轮廓扎出针眼，然后让宝宝顺着针眼撕出图案。比如，家长对宝宝说："宝宝，这里有个大萝卜，小兔子爱吃萝卜，我们帮它把萝卜撕出来吧。"宝宝撕完后，家长要表扬他（她）。

活动2：熊宝宝的家。家长先拿笔在硬纸上用一个三角形和一个正方形（或长方形，下同）画出一个小房子的轮廓，给"小房子"贴上画着熊宝宝的图片，再在三角形、正方形的每个角的顶点都用工具戳出一个大小适中的孔。家长指着"小房子"对宝宝说："这是熊宝宝的家，咱们让它变得更漂亮吧。"家长给宝宝示范，将彩色的绳的一头儿打结，另一头儿穿过这些孔，使彩色的绳构成"小房子"的轮廓。然后，让宝宝来穿绳，家长在旁边指导。不管宝宝穿得怎样，家长都要鼓励他（她）。

活动3：折纸。家长和宝宝一起折纸，将正方形的纸对折成长方形或三角形。还可以让宝宝自己折纸。

（二）语言发展亲子游戏

以下几种亲子游戏主要是促进婴儿语言能力发展的游戏。

活动1：童谣接龙。家长教宝宝一首（或几首）童谣，间隔一段时间，两个人玩童谣接龙。家长说一句，孩子接着说下一句，两个人轮流说出完整的童谣。

活动2："打电话"。家长和宝宝可以用手做出打电话的手势（大拇指当"听筒"、小指当"话筒"，其他手指收回），家长说出自己家的电话号码或自己的手机号码后发出"丁零零"的声音（表示接通），然后说："喂，你好，我是……请问……在家吗？（请问您是……吗？）"中间可以加入其他内容与孩子进行对话。通过电话后互相说"再见"。

（三）认知发展亲子游戏

以下几种亲子游戏主要是促进婴儿认知能力发展的游戏。感知觉、记忆、注意、思维和想象力都被认为是认知能力。

活动1："藏猫儿"。宝宝平躺在床上，妈妈与宝宝面对面，妈妈用手绢蒙住自己的脸，问宝宝："妈妈不见啦！妈妈在哪儿呢？"当宝宝找妈妈时，妈妈迅速地拿开手绢，笑着对他（她）说："哈哈，妈妈在这儿！"此时，宝宝会很高兴的。当宝宝熟悉这个玩法后，妈妈可以用手绢蒙住他（她）的脸，同时问："宝宝在哪儿呢？"让宝宝自己把手绢从脸上拿下来。妈妈还可以抱着宝宝，宝宝与妈妈面对面，爸爸躲在妈妈的身后。妈妈问宝宝："爸爸在哪儿呢？"让宝宝找爸爸。

活动2：指认物体。家长和宝宝面对面坐好，把准备好的物品都放在中间。然后家长问宝宝："珠子在哪里？"让宝宝指认，并用手触摸，积累各种不同的触觉感受。

活动3：指认图片。家长和宝宝面对面坐好，把准备好的图片都放在中间。

然后家长问宝宝："小猫在哪里？"让宝宝指认。

活动4： 听音寻物（图）。可以让宝宝听录音机中动物的叫声找图片；可以摆弄物品的声音找出相应的物品，如揉搓矿泉水瓶子、易拉罐、塑料袋、纸等；可以听各种乐器的声音找出相应的乐器，如撞钟、木琴、铃鼓、沙锤等；可以听家长用身体部位发出的声音，让宝宝说出身体部位的名称，如拍手、跺脚、用鼻子嗅、用嘴咀嚼东西等。通过以上活动，帮助宝宝建立声音与实物之间的对应关系，发展宝宝的听觉记忆能力。

活动5： 百物一瞥。视宝宝实际能力，出示5～10种物品，先让宝宝用1分钟的时间看看都是什么，并记住它们，然后家长用大浴巾盖上，让宝宝说说刚才都看到了哪些东西；还可以拿走或增添一种物品，让宝宝说说少了什么或多了什么。以上活动可以发展宝宝的视觉记忆能力。

活动6： 各种思维训练亲子游戏。如套套乐（感知大小，并按大小顺序）、找相同、找不同、圆罐与方罐（滚一滚、踢一踢，感知方罐滚不动、圆罐滚得快而远）、配对（实物配对、图片配对等）、看动作分辨事物（了解动作和事物之间的联系，如：模仿小动物的动作让宝宝猜动物的名称；家长做一些诸如捂肚子、捂脸的动作，并做出很难受的面目表情，让宝宝猜发生的事情；家长做一些诸如"安静"、"真棒"、"胜利"等简单的手语，让宝宝猜含义等），以上活动可以训练宝宝的思维能力。

（四）社会性发展亲子游戏

这类亲子游戏是以婴儿社会化活动为主的游戏。它能帮助婴儿实现从自然人到社会人的转变，更好地适应社会。在这类游戏中我们要培养婴儿以友好的态度对待身边的人，激发婴儿对同伴的好感；培养婴儿的独立性和个人卫生习惯；教给婴儿初步的行为标准和规则，培养规则意识；教会婴儿注意倾听成人说话，完成成人的指示与委托；教会婴儿待人接物的礼貌行为等，从而促进婴儿的社会化进程。以下为几种社会性发展亲子游戏。

活动1： 给玩具宝宝洗个澡。家长先把玩具放进盆里，然后对宝宝说："你给玩具宝宝洗个澡吧。"宝宝坐在板凳儿上，用小毛巾、香皂给玩具宝宝洗澡。培养宝宝的独立性和卫生习惯。

活动2： 哄娃娃。可设计让宝宝抱娃娃，亲娃娃，喂娃娃吃饭，与家长一起用毛巾悠娃娃睡觉，为娃娃穿脱衣服，给娃娃洗澡，给娃娃做抚触等活动，培养宝宝的生活自理能力及关心他人、帮助他人的品质。

活动3： 在马路上。可设计让宝宝认识斑马线，知道斑马线很像斑马身上的条纹；贴斑马线，加深宝宝对斑马线的认识；了解斑马线的用途；认识常见的交通标志；与宝宝一起玩"红绿灯"的游戏，初步培养宝宝遵守交通规则的意识。

活动4： 做个有礼貌的好宝宝。可通过讲故事的形式让宝宝知道"您好"、"谢谢"、"不客气"、"对不起"、"没关系"、"再见"等礼貌用语；设置情境，让宝宝正确运用这些礼貌用语；还可以通过一些音乐律动，调动宝宝学习礼貌用语的兴趣；在日常生活中，引导宝宝使用这些礼貌用语等。以上活动，可以培养宝

宝良好的礼仪习惯和行为，为宝宝将来更好地适应集体生活以及和同伴友好相处奠定坚实的基础。

（五）情感发展亲子游戏

这类亲子游戏是以婴儿情绪情感为主的游戏。在这类游戏中我们要注意培养婴儿良好、健康和丰富的情绪情感，要及时满足婴儿的情感需要，经常与婴儿进行情感交流，和他（她）说话，共同游戏，使其获得安全型的依恋行为，为婴儿形成良好的性格创造条件。以下为几种情感发展亲子游戏。

活动1：滑滑梯。家长坐在大椅子上，双脚并拢，往前伸直，让宝宝从家长的脚爬到大腿上，家长可适度用手抓住宝宝腋下帮助宝宝，然后，让他（她）从腿上滑到脚背上，同时家长念《滑滑梯》的儿歌："爬呀爬呀，爬上来，哧溜一下，滑下去。"

活动2：坐电梯。家长与宝宝面对面，把宝宝直立地抱在胸前，让宝宝贴着家长的胸口。家长一只手托住宝宝的头部，以免宝宝向后仰倒发生危险。抱好宝宝后，家长一边念儿歌，一边上下抖动双腿，让宝宝感受爱的气氛（儿歌：坐、坐、坐电梯，我和宝宝坐电梯，上楼、上上上，下楼、下下下，到家了，停下来）。

活动3：钻山洞。家长手脚着地、弯下身子做"山洞"，让宝宝钻过"山洞"。

活动4：跷跷板。家长跷腿坐在大椅子上，宝宝坐在家长跷起的脚背上，双手拉住家长的手。家长跷起的腿一上一下地抬起落下，同时念《跷跷板》的儿歌："跷呀，跷呀，跷跷板，跷得高，跷得低，宝宝乐得笑嘻嘻。"

活动5：坐花轿。该游戏需要两位家长和宝宝共同完成，即由一位家长用右手握左手手腕，同时用左手去抓握另一位家长的右手手腕，另一位家长也用同样的方法，两位家长合作搭成"花轿"，让宝宝骑在"花轿"上，同时双手搂住两位家长的脖子，以保持平衡。三人同时念儿歌："小娃娃，头戴花，坐花轿，吹喇叭，滴滴答，滴滴答，快快乐乐回到家。"

活动6：骑大马。家长与宝宝面对面，把宝宝抱到家长的腿上坐好，家长边念儿歌边晃动双腿，让宝宝感觉好像骑在马上，体会骑马的快乐。（儿歌：骑大马，呱嗒呱，呱嗒呱嗒呱嗒呱，骑到外婆家，外婆对我笑哈哈，哈哈！）

五、学前儿童亲子游戏设计与指导

（一）学前儿童亲子游戏设计的原则

1. 适宜性原则

适宜性原则是指亲子游戏的设计者要根据孩子的年龄特点和发展水平，最好略高于现有水平，来确定符合孩子发展需要的游戏。苏联教育心理学家赞可夫依据维果斯基关于"现有发展水平"和"最近发展区"的理论，提出教学应该给予学习者一定难度但仍可理解的课程，才能诱发学习者思考，激发学习者的积极性，在克服障碍的过程中获得良好发展。所以，亲子游戏的设计者既要了解婴儿现有的心理发展水平，又要了解婴儿能力的最近发展水平，才能设计出最近发展区的亲子游戏，引导孩子发展。

根据0 ~ 3岁孩子的年龄特点，家长可为孩子设计一些以训练感官和动作为主的游戏。例如，0 ~ 1个月身体抚触亲子游戏——“让妈妈摸摸”。游戏目的是发展触觉，传递妈妈对宝宝的爱，促进宝宝的正常发展。游戏方法是在洗澡前后或换完尿布后，妈妈将宝宝平放在床上，边给宝宝说话，边从宝宝的肩到手抚摸双臂，从脚到臀部抚摸腿，然后从上到下摸摸胸。摸摸宝宝的脸蛋、眉毛、额头、小眼睛、小鼻子。并伴随着“宝宝真乖，揪揪小鼻子”等语言。然后把宝宝抱起来，用手抚摸宝宝的背部、颈部和头，按这样的步骤抚摸宝宝的全身。0 ~ 1个月的小宝宝刚来到喧闹、开放的人间，妈妈的这种疼爱的抚摸能够帮助他们提高对环境的适应能力，与外界建立良好的反应。妈妈的动作应该轻柔，饱含爱怜之情，同时面带笑容，不断地对小宝宝讲话。

此外，亲子游戏设计的适宜性原则还体现在，孩子的发展水平各有不同，在设计亲子游戏时，应考虑孩子的实际发展水平。如，有的孩子动作发展比同龄孩子好，则亲子游戏中对动作的要求就要提高；有的孩子动作发展好而语言发展差，则亲子游戏就应强化其语言发展。

2. 生活性原则

生活性原则是指亲子游戏设计应充分体现源于生活、回归生活的理念。陶行知先生说，生活即教育，即从孩子熟悉的生活中发现，去学习、挖掘教育的价值。杜威也认为，游戏是孩子生活的一部分，生活就是游戏，游戏就是生活。“教养融合”是婴儿教育工作的特征，因此，游戏的材料和内容应源于生活。以一日生活中孩子感兴趣的自然生活元素为原型，利用生活的自然场景与元素，来设计亲子游戏，既能满足孩子对生活的探究欲，又让婴儿在模仿与体验中获得发展。如，语言发展亲子游戏——“打电话”是最为常见，也是孩子最乐意模仿的日常生活内容，可以利用废旧材料两个纸杯中间用绳子拴住，变成一个传声筒，游戏“打电话”就生成了。爸爸妈妈和孩子，利用传声筒模拟生活中的打电话情境进行游戏，在“喂！谁打电话啊？”以及“你是……”等童言稚语的对话中，不仅迁移了经验，更让孩子体验了似真似假的游戏情境中所带来的不同体验。

3. 平等性原则

平等性原则是指在亲子游戏过程中家长和孩子是处于平等的地位，家长与孩子是游戏的参与者、合作者，体现“携手共育，亲子同步成长”的游戏情景。亲子游戏不同于上课，家长不能高高在上、指手画脚。在进行亲子游戏时，家长与孩子共同玩耍，建立平等的玩伴关系。所以在设计游戏时，要让家长在游戏过程中调动孩子的积极性与主动性，家长应鼓励孩子在游戏中的表现，使孩子在游戏中能积极模仿、思考、参与，从而发展其智力，并学会以正确的方式处理事情。如，身体发展亲子游戏——“小兔子乖乖”，游戏目的是听儿歌，学习有节奏地做关门开门的动作。游戏中播放《小兔子乖乖》儿歌，

妈妈将宝宝抱在怀里，跟着儿歌里面的要求，宝宝在妈妈的协助下听着音乐一起做开门关门的动作。

4. 适度性原则

适度性原则是指亲子游戏内容的选择要科学、适度，游戏内容的安排要有一定的先后顺序。给每一年龄阶段的孩子设计亲子游戏时都应遵循由易到难、由浅入深、由单一化向多样化发展的顺序，这样才能提高孩子的游戏兴趣，保证游戏的效果。如，传统的亲子游戏——“石头、剪子、布”，对于2岁左右的孩子，游戏可以变为“石头、布”（或“石头、剪子”，“剪子、布”），然后视孩子的实际能力，循序渐进地玩“石头、剪子、布”游戏。

5. 趣味性原则

趣味性原则是指亲子游戏内容的选择及游戏过程的设计都要具有趣味性，使孩子和家长都能感受到游戏的快乐。家长在与孩子游戏的过程中，应学会改编游戏，不同的游戏方法交替进行，使孩子不会感到枯燥，从而增加游戏的趣味性，使孩子产生愉悦的心情，取得良好的教育效果。如，帮助孩子认识颜色，家长选择不同颜色的几块积木，亲子相对而坐，家长将几块积木都藏在身体后面，然后说：“变变变，看看变出的积木是什么颜色？”引导孩子说出积木的颜色。为了引发孩子的游戏兴趣，可以让孩子先猜猜积木在哪只手中，再说出颜色；有时还可能两只手中都没有；也可以互换角色进行。

6. 启发性原则

启发性原则是指亲子游戏的设计既能利用和发挥孩子的现有能力，又能引导和发展他们新的能力，能够开发孩子的潜能。比如，“水宝宝变变变”游戏，先在瓶盖里面放上红颜料（或其他颜色的颜料），在瓶子里装半瓶清水，然后对孩子说：“这瓶水是无色的，我能把它变成红色，你相信吗？”首先以此来激发孩子的好奇心与求知欲，然后边念儿歌边轻轻地摇晃瓶子：“水宝宝、水宝宝变变变，水宝宝、水宝宝变变变。”引导孩子发现瓶子里水的变化，为孩子揭示秘密后，让孩子来操作。接着，家长可启发孩子，“宝宝，如果把两种颜色混在一起会发生什么现象呢？”一句话激发了孩子的操作欲望，在家长的启发下，感知两种颜色混合后变出颜色的现象，探索颜色变化的规律。

7. 指导性原则

指导性原则是指亲子游戏中家长应是游戏的指导者，从不同角度对孩子予以启发引导，以便孩子能顺利完成游戏过程，达到游戏目的。如，家长要引导孩子遵守游戏规则，玩后要将玩具物归原处；家长要指导孩子合理安排游戏时间，不能为了玩忘记了吃饭和睡觉等，要养成良好的游戏习惯。当孩子有进步时，家长要多用肯定、鼓励的语气，让孩子在情感上得到支持，体验游戏的乐趣和满足感，这样可以使孩子在游戏中开发潜能、培养个性、丰富心灵、陶冶情操，获得全面发展。

（二）亲子游戏的实施与指导

亲子游戏要教养融合，尤其是0 ~ 3岁的亲子游戏，要以养为主，注重婴儿身心发展的规律，让他们在丰富、适宜的环境中实现大脑与环境有效的物质交换和信息交换，以达到“自然发展、和谐发展、充实发展”的目的，让环境、教育成为其发展过程中的重要支撑。亲子游戏实施和指导时，本书将从一对一式游戏和集体式游戏两个角度来阐述。

1．一对一式的亲子游戏的实施与指导

（1）营造和利用游戏场所　为了激发孩子参与亲子游戏的兴趣，更好地发挥亲子游戏的作用，家长首先应该创设良好的亲子游戏环境。如，对于0 ~ 1岁的孩子，可以将床作为亲子游戏的场所。家长可以适当布置床周边的环境，比如贴上颜色鲜艳的卡通画、在床的上方挂铃铛等。而对于已能行走的孩子，则需要为他们提供一个相对独立且宽敞的游戏场所，以便孩子的大小肌肉得到更好的发育。在卧室或客厅为孩子腾出一个角落，用废旧材料为孩子布置一个“游戏区”，可以用旧的大纸箱为宝宝构建一座“房子”，挖开一个门，开一扇窗，装上屋顶，房内让孩子自主放置游戏需要的物品，房顶和墙壁也可让孩子自己动手来装饰……这样的“房子”一定会让孩子乐不思蜀。当然，如果家庭内空间有限，也可以选择附近的公园、广场、游乐场所等作为亲子游戏的场所，开展类似“踩影子”、“揪尾巴”、“踢球”等亲子游戏。

（2）根据孩子年龄特点选择适宜的玩具或游戏材料　玩具和游戏材料是为特定年龄阶段的婴儿设计和制造的。因此，家长要根据孩子的年龄特点正确选择玩具和游戏材料。如，0~1岁的婴儿的感觉器官处于迅速发展的重要时期，应该为他们选择：能够促进感官功能发展的玩具，如色彩鲜艳的彩球、气球等，促进婴儿视觉的发展；能发声的玩具，如拨浪鼓、音乐盒等，有助于发展婴儿的听觉；许多供婴儿抓握的玩具，可发展婴儿的触觉等。1~3岁的婴儿能独立行走，能进行最基本的各种活动，使用的玩具可以有：智力玩具，如认识颜色、形状、大小的积木等；发展语言功能的玩具，如各类拼图等；体育玩具，如小足球、推拉玩具、小推车以及发展手指灵活性的“串珠”玩具等；形象玩具，如娃娃、餐具等。

另外，无论是材料投放还是玩具选择，不可忽视家中的废旧物品、家用杂物，如扑克、靠垫、皮球、浴巾、矿泉水瓶、纸盒等。家中任何一样随手可得的物品都可以是孩子现成的玩具。如，家长可以准备大小、高矮不同的各种瓶子，为瓶子穿衣服；可以把碎纸片塞进瓶子里，让孩子观察碎纸片在瓶子里“跳舞”；可以把各种豆子、米粒、沙子等装进瓶子里，摇晃瓶子，让孩子听听发出的不同声音；可以用它来装水，让孩子玩舀水、盛水、倒水的游戏等。

同时要注意为孩子选择玩具还要符合卫生安全要求。玩具应无毒，易清洗，孩子在玩耍时不会刺伤、划伤等。

（3）一对一式亲子游戏中的教师指导　在一对一式的亲子游戏中，教师可采取外在介入和平行介入并用的方式对家长进行指导。外在介入是指教师对家长进行指导，交流对象仅限于家长；平行介入指的是教师参与到亲子游戏中去，直接面对面地与家长及孩子进行互动。在目前的亲子游戏指导中，

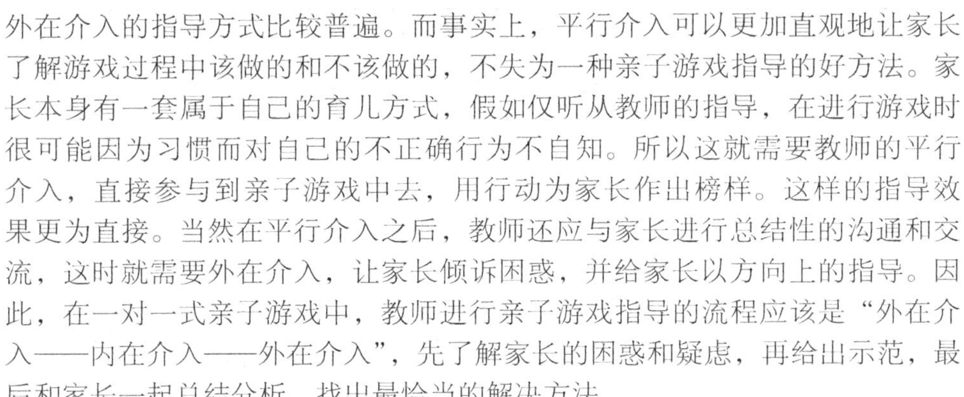

外在介入的指导方式比较普遍。而事实上，平行介入可以更加直观地让家长了解游戏过程中该做的和不该做的，不失为一种亲子游戏指导的好方法。家长本身有一套属于自己的育儿方式，假如仅听从教师的指导，在进行游戏时很可能因为习惯而对自己的不正确行为不自知。所以这就需要教师的平行介入，直接参与到亲子游戏中去，用行动为家长作出榜样。这样的指导效果更为直接。当然在平行介入之后，教师还应与家长进行总结性的沟通和交流，这时就需要外在介入，让家长倾诉困惑，并给家长以方向上的指导。因此，在一对一式亲子游戏中，教师进行亲子游戏指导的流程应该是“外在介入——内在介入——外在介入”，先了解家长的困惑和疑虑，再给出示范，最后和家长一起总结分析，找出最恰当的解决方法。

2. 集体式的亲子游戏的实施与指导

（1）正确判断婴儿发展水平　集体式亲子游戏是开展在多个家庭之间的，一般是在早教指导机构中开展。婴儿在游戏过程中可能会因为不熟悉人和环境而表现出紧张、焦虑，甚至拒绝参与游戏等状态。教师可以告知家长，对于此类情景，家长应该首先给予孩子安抚，不可武断地把它归因于孩子发展的不足，更不能因为孩子的“发挥失常”觉得没面子而责骂他们，而是要冷静地判断他们的这种表现的原因是什么。在一对一式亲子游戏中家长可与教师一起对孩子作进一步观察，以全面、正确地判断孩子的发展水平。

（2）明确教师指导，把握游戏用意　集体式亲子游戏在实施时，教师的指导至关重要。因此，在进行集体式亲子游戏时，教师要清楚、简明地告知家长即将进行的亲子游戏的名字、目标、准备、玩法等。

●【项目实施】

任务一：婴儿身体动作发展的重要项目训练

（一）任务目标

1.知道婴儿身体动作发展的重要项目的内容。

2.理解和掌握婴儿身体动作发展的具体训练项目和训练目的。

3.能依据婴儿身体动作发展的重要项目，能学会准备婴儿身体动作发展所需要的材料，设计出身体动作发展的亲子游戏的玩法，为亲子游戏的设计打下基础，以此促进婴儿的心理发展。

（二）完成任务形式

小组合作完成。

（三）任务指导书

班级________　　　　　　　　　　　　组号________

组员姓名和学号____

学前儿童亲子游戏	
婴儿身体动作发展的重要项目训练	
任务内容	任务要求
动作技能技巧	① 知道婴儿大肌肉动作和手部精细动作训练的内容 ② 能掌握动作技能训练项目中的身体协调与韵律感训练、肌肉力量训练、持久性训练和柔韧性训练 ③ 能在掌握和理解动作技能技巧训练项目的基础上，学会准备婴儿身体动作发展所需要的材料，设计出亲子游戏的玩法，为设计出亲子游戏打下基础，以促进婴儿心理发展
身体意识	① 知道婴儿身体意识训练的内容 ② 能掌握身体意识训练项目中的身体意象训练、身体图式训练、身体概念训练 ③ 能在掌握和理解身体意识训练项目的基础上学会准备婴儿身体动作发展所需要的材料，设计出亲子游戏的玩法，为设计出亲子游戏打下基础，以促进婴儿心理发展
时空感动作	① 知道婴儿时空感动作训练的内容 ② 能掌握时空感练项目中的时间意识训练、空间意识训练 ③ 能在掌握和理解时空感训练项目的基础上学会准备婴儿身体动作发展所需要的材料，设计出亲子游戏的玩法，为设计出亲子游戏打下基础，以促进婴儿心理发展

（四）任务活动开展

活动一　婴儿身体动作发展的重要项目训练			
	内容	具体训练项目	训练目的
1.动作技能技巧	（1）大肌肉动作训练内容：抬头、翻身、坐、爬、站、走、扶栏上、下楼、跑、跳、攀登等 （2）手部精细动作训练内容：含抛接球肩臂、抓握、手眼协调、双手配合、绘画、书写、生活自理动作等	身体协调与韵律感训练	提高婴儿身体各部分动作的配合性、流畅性、平衡性和节奏性
		肌肉力量训练	提高婴儿的肌肉力量
		敏捷性训练	提高婴儿身体抗疲劳程度
		柔韧性训练	提高婴儿动作的柔韧性
2.身体意识	（1）各种身体姿势体验 ●弯曲及伸直：膝盖、手肘、手腕、足踝、脖子、腰、手指、脚趾等部位 ●旋转及翻滚：旋转是全身的运动，翻滚是部分身体的转动 ●摆荡：包括手臂、腿和躯干	身体意象训练	提高婴儿对自己身体各部位皮肤肌肉感觉的认识（如抚触操）

续表

活动一 婴儿身体动作发展的重要项目训练			
	内容	具体训练项目	训练目的
2.身体意识	向前和向后的摆动动作，也包括全身摇动和摇晃动作 ●蜷缩及伸展：整个身体弯曲及伸展动作 （2）重心转移中维持平衡的能力 ●重心从一脚转移到另一脚，包括走、跑、蹦、跳 ●重心从双脚转移到双脚，包括双脚向上跳，双脚向前跳 ●重心从一脚转移到同一脚，包括单脚交换跳，单脚交换站 （3）跟随指令做动作：包括“跟随教师的语言指令做动作”，“模仿别人的动作（动作示范）”，“在别人操控下做动作”等内容	身体图式训练	提高婴儿对自己整个身体的认识能力、自己身体的表现能力、自己组织姿势能力及辨别运动方向的能力 发展身体图式的方法一般是练习与平衡有关的动作
		身体概念训练	以身体部位的认知为基础提高婴儿对身体事实和技能的认识
3.时空感动作	（1）动作速度训练：体验动作停顿、动作连续、动作快慢 （2）节奏感训练：跟着节拍走，配合节奏拍手，跟着音乐律动等 （3）动作反向概念：动作向内（外）、上（下）、前（后）移动的方向的、体验 （4）动作层面概念：体验动作在三个水平面（低、中、高）的位置上 （5）动作规模概念：如让婴儿迈大步还是小步走大小不同的呼啦圈，让婴儿穿过很宽的门还是很窄的门等 （6）动作路线：让婴儿走直线、弯曲线还是Z线等	时间意识训练	可以通过动作的快慢、开始与结束，跟着节拍运动等动作速度变化和停顿让婴儿意识到时间的节奏、时序、时距长短等
		空间意识训练	通过强调动作在什么地方进行和如何进行，可以培养婴儿的空间概念。教师可以借助婴儿动作让他们主动探索各种空间位置，如“你的手是在头上拍动，还是在头下摆动”

（五）任务评价

教师与学生共同商议项目任务“婴儿身体动作发展的重要项目训练”完成标准，评价元素可以按照遵守纪律、创造能力、团队合作精神、知识运用能力、评析能力等几方面评价；评价主体由学生自我评价、小组评价、教师评价三部分构成，按学生自我评价30%、小组评价20%、教师评价50%的比例确定最终成绩。

任务评价表如下。

姓名________　班级________　学号________　组号________

评价主体 / 评价内容	学生自评	小组评价	教师评价	评分理由	总分
动作技能技巧					
身体意识					
时空感动作					

任务二：婴儿认知能力发展的重要项目训练

（一）任务目标

1.知道婴儿认知能力发展的重要项目的内容。

2.理解和掌握婴儿认知能力发展的具体训练项目和训练目的。

3.能依据婴儿认知能力发展的重要项目，学会准备婴儿认知能力发展所需要的材料，设计出认知能力发展的亲子游戏的玩法，为亲子游戏的设计打下基础，以此促进婴儿的心理发展。

（二）完成任务形式

小组合作完成。

（三）任务指导书

班级________　组号________

组员姓名和学号________________________________

学前儿童亲子游戏	
婴儿认知能力发展的重要项目训练	
任务内容	任务要求
视觉	①知道婴儿视觉训练的内容 ②能掌握视觉训练项目中的视觉追随、视觉-动觉协调、颜色辨认、图形-背景辨别、视觉填充训练 ③能在掌握和理解视觉训练项目的基础上，学会准备婴儿视觉发展所需要的材料，设计出亲子游戏的玩法，为设计出亲子游戏打下基础，以促进婴儿心理发展
听觉	①知道婴儿听觉训练的内容 ②能掌握听觉训练项目中的声音分辨与定位、听觉辨认、听觉记忆训练 ③能在掌握和理解听觉训练项目的基础上，学会准备婴儿听觉发展所需要的材料，设计出亲子游戏的玩法，为设计出亲子游戏打下基础，以促进婴儿心理发展

学前儿童亲子游戏	
婴儿认知能力发展的重要项目训练	
任务内容	任务要求
触觉、味觉	① 知道婴儿触觉、味觉训练的内容 ② 能掌握触觉、味觉训练项目中的身体抚触、气味与味道分辨训练 ③ 能在掌握和理解触觉、味觉训练项目的基础上，学会准备婴儿触觉、味觉发展所需要的材料，设计出亲子游戏的玩法，为设计出亲子游戏打下基础，以促进婴儿心理发展
本体感	① 知道婴儿本体感训练的内容 ② 能掌握本体感训练项目中的平衡感、前听觉、本体感训练 ③ 能在掌握和理解本体感训练项目的基础上，学会准备婴儿本体感发展所需要的材料，设计出亲子游戏的玩法，为设计出亲子游戏打下基础，以促进婴儿心理发展
感觉记忆	① 知道婴儿感觉记忆训练的内容 ② 能掌握感觉记忆训练项目中的感觉记忆、刺激物注解训练 ③ 能在掌握和理解感觉记忆训练项目的基础上，学会准备婴儿感觉记忆发展所需要的材料，设计出亲子游戏的玩法，为设计出亲子游戏打下基础，以促进婴儿心理发展
数概念训练	① 知道婴儿数概念训练的内容 ② 能掌握数概念训练项目中的实物配对、多少比较、口头数数、按物点数、按数取物训练 ③ 能在掌握和理解数概念训练项目的基础上，学会准备婴儿感觉记忆发展所需要的材料，设计出亲子游戏的玩法，为设计出亲子游戏打下基础，以促进婴儿心理发展
时间概念训练	① 知道婴儿时间概念训练的内容 ② 能掌握时间概念训练项目中的速度认知、时序认识、时间媒介认识、正确使用时间词汇训练 ③ 能在掌握和理解时间概念训练项目的基础上，学会准备婴儿时间概念发展所需要的材料，设计出亲子游戏的玩法，为设计出亲子游戏打下基础，以促进婴儿心理发展
空间感训练	① 知道婴儿空间感训练的内容 ② 能掌握空间感训练项目中的图形认知、位移运动、空间关系词训练 ③ 能在掌握和理解空间感训练项目的基础上，学会准备婴儿空间感发展所需要的材料，设计出亲子游戏的玩法，为设计出亲子游戏打下基础，以促进婴儿心理发展
序列训练	① 知道婴儿序列训练的内容 ② 能掌握序列训练项目中的比较、实物排序、时间排序、空间排序训练 ③ 能在掌握和理解序列概念训练项目的基础上，学会准备婴儿序列发展所需要的材料，设计出亲子游戏的玩法，为设计出亲子游戏打下基础，以促进婴儿心理发展

续表

学前儿童亲子游戏	
婴儿认知能力发展的重要项目训练	
任务内容	任务要求
表征	① 知道婴儿表征训练的内容 ② 能掌握表征训练项目中的刺激消失与出现、看图识物、填充图画、角色扮演、由果推因训练 ③ 能在掌握和理解表征训练项目的基础上，学会准备婴儿表征发展所需要的材料，设计出亲子游戏的玩法，为设计出亲子游戏打下基础，以促进婴儿心理发展

（四）任务活动开展

活动二 婴儿认知能力发展的重要项目训练			
	内容	具体训练项目	训练目的
1. 视觉	（1）视线能随物体上下、左右、圆圈、远近、斜线等方向运动 （2）能在视线控制下进行手、眼协调活动 （3）对物品形状与名称有初步的视觉或听觉记忆 （4）能配对基本色（红、黄、绿、蓝色）色卡，进一步可配对间色（橙、黄绿、紫色等）、无色卡（黑、百、灰色）、深色浅色、冷色暖色的色卡 （5）能指认颜色和进行颜色命名 （6）能把物体从隐藏它的背景中区别出来 （7）对不完善的物品图可以指出它的缺漏	视觉追随训练	锻炼孩子的视觉追随能力 如将孩子抱在胸前，让孩子的脸朝外看移动的物体（电扇上的彩色布条、移动的人、图片等）
		视觉-动觉协调训练	提高视觉和动觉的配合 如为孩子提供那种用手一按就弹出的玩具
		颜色辨认训练	难度可以从颜色配对开始——→颜色指认——→颜色命名，提高婴儿颜色辨认能力 如可以利用特制的各色色卡进行或结合日常生活中看到的各种颜色实物进行（食物、衣服、花朵、玩具等）
		图形——背景辨别训练	提高婴儿把物体从复杂的背景中区别出来的能力 如从一幅图中找出某个人物或图形等
		视觉填充训练	要求婴儿在刺激不完备的情况下把刺激补充完整 如“找缺失”的图片游戏等

活动二 婴儿认知能力发展的重要项目训练			
	内容	具体训练项目	训练目的
2.听觉	（1）能辨别声源方向 （2）能辨别不同速度、响度或不同乐器奏出的音乐或发声玩具 （3）能分辨成人声调中的情绪 （4）能对不同旋律、音色、音调、节奏的音乐进行辨别	声音分辨与定位训练	通过让婴儿听不同的声音以丰富他们的听觉经验
		听觉辨认训练： （1）音高、音色、音强辨别训练； （2）语调区分训练； （3）音乐感知训练	丰富婴儿的听觉经验
		听觉记忆训练	通过把别人口头所述的一系列信息按次序回忆出来，以提高婴儿的听觉记忆能力
3.触觉、味觉	（1）能辨别不同织物（硬的、柔软的、湿的、干的）触感的差异 （2）能区别不同味道的食物和气体的气味	身体抚触训练	亲子拥抱、抚触操可以帮组婴儿建立基本信任，促进他们多感官的整合。可以让孩子抚摸不同织物或是用不同织物去搓揉孩子的身体部位
		气味与味道分辨训练	成人让孩子尝试各种味道的食物，可以帮组孩子预防偏食
4.本体感	（1）能较长时间地集中感官于一个或一种游戏中 （2）可以将注意力由一个物体或时间分配到另一个物体或事件上 （3）在追、跑、跳、碰中可以协调自己的身体动作和保持平衡	平衡感训练	利用专业器具，对婴儿进行跳、摇、旋转训练（万象组合、平衡板、大弹力球、跳床等）
		前庭觉训练	让婴儿尽量多做颈部运动和爬行运动（滑板、吊缆、88轨道等）
		本体感训练	本体感是在追、跑、跳、赶、碰中逐渐成熟的，左右摇晃或改变婴儿位置可以增强他们的本体感觉
5.感觉记忆	（1）根据记忆寻找所需要的玩具 （2）记住自己的五官和身体主要部位 （3）记住常见的动物、工具的图片或名字	感觉记忆力 （1）实物记忆练习：让孩子根据记忆寻找所需要的玩具 （2）强化记忆练习	增强婴儿记忆力

续表

活动二 婴儿认知能力发展的重要项目训练			
	内容	具体训练项目	训练目的
5. 感觉记忆		刺激物注解	感觉刺激出现时，需要成人用语言将感官感受和信息特征描述出来，让孩子记住。如听到声音，可以向孩子解释声音的来源和特征。如，“听到了吗？这是小溪流水的声音”等
6. 数概念训练	（1）对两组物体进行一一配对 （2）能分清一和许多 （3）学会用重叠或并放的方法比较两组物体的数量的多少 （4）能按顺序唱数1～10，能手口一致地点数实物5个以内 （5）能按要求取出1个或2个物体 （6）认识日常生活中经常使用的测量工具	实物配对	将1、2、3等数字与相应的量匹配
		多少比较	比较两组物体的数量多少
		口头数数	按序唱数、倒背数
		按物点数	手口一致地点数实物
		按数取物	按要求取出相应数量物体
7. 时间概念训练	（1）学会按信号停止或开始一项动作 （2）通过动作、音乐等体验变化速度 （3）说出自己将要做的事并能进行适当准备 （4）按顺序完成成人口头指示的2～3件事 （5）能运用早上、晚上等时间词汇描述事件 （6）学会从外表判断人的年龄 （7）可以比较两个简单事件的时间长短	速度认知	同一距离内不同物体运动的速度快慢可以帮助孩子区别时间的长短

活动二 婴儿认知能力发展的重要项目训练			
	内容	具体训练项目	训练目的
7.时间概念训练		时序认识	教师最初借助时间表象（图片、照片、实物）帮助孩子了解一天的时序，以后逐渐过渡到让孩子学会用语言（时间词汇）表达时序
		时间媒介认识	教孩子学会利用媒介物（秒表、沙漏、日历）判断时间长短。也可以有计划地引导儿童观察动物和植物的生长变化，也可以利用图片、幻灯等向儿童展示大自然的变化与时间的关系
		学会正确地运用时间词汇	能运用“今天”、“明天”、“等一会儿”、“很久”、“后来”等
8.空间感训练	（1）辨识各种图案（人的五官、各种交通工具、日常生活用品等） （2）重组及改变物体形状（折叠、压扁、拉长、堆放、捆扎等） （3）识别封闭与开放图形 （4）配对圆形、正方形、三角形、长方形、半圆形、椭圆形等几何图形 （5）理解里外和以自身为参照物的上下方位 （6）利用明显的线索辨别物体远近	图形认知	进行各种几何图形的配对，认识生活中孩子熟悉实物的图片
		手工	利用各种手工活动，如搭建积木、捏胶泥、玩面团等了解物体形状的变化
		位移运动	在位移活动中，孩子可以增加高低、前后、上下、远近等体验，这有利于发展孩子的距离和方位知觉
		空间关系词	当物体处于不同空间方位时，成人要用准确的方位词将其标示出来，更有利于孩子空间概念的形成
9.分类训练	（1）能说出物体的一种或几种外观属性（如形状、颜色、结构、大小、软硬等）。 （2）能区分一个物体的部分与整体。 （3）能描述两个物体的相似与相异处。	找相同与不同	向孩子展示一组物品，让其把相同或不同找出来
		自由分组	让孩子把一组物品按某一个分类标准分组

续表

活动二 婴儿认知能力发展的重要项目训练			
	内容	具体训练项目	训练目的
9. 分类训练	（4）能按物体一个外观属性（颜色、形状等）将物体分类 （5）能按常见的“基本概念”（如桌子、水果、书等）进行分类	示例分类	老师将一组物品分成两类，每类中分别举出一个实例，让孩子将余下的物品按示例类别归类
10. 序列训练	（1）按物体外观特性进行两两比较 （2）能按一个外观属性对3～5个物体进行排序 （3）初步了解时间和空间序列（比如，依序做事，从上到下排列物品等）	比较	按物品外观进行大小、长短、高矮、粗细等比较
		实物排序	按物体外观属性进行排序
		时间排序	按事件发生时间先后排序
		空间排序	按物体离自己的距离或空间方位排序
11. 表征	（1）客体永久性存在的概念 （2）通过声音、味道、气味、触感等物体部分感知属性辨识整个物体（即通过部分认识整体） （3）模仿人或动物的动作和声音 （4）对照图片指出实物 （5）解释自己的图画 （6）鼓励用黏土、积木反映真实物体 （7）指着字讲故事或让儿童理解口头语言可以被写出来 （8）了解简单的因果关系	刺激消失与出现	“躲猫猫”、“藏藏找找”、“听声音找物体”等游戏可以帮助孩子形成客体永久性存在的概念
		看图识物	让孩子辨认图片上的物体，可以让孩子理解符号、绘画与现实之间的联系
		填充图画（七巧板游戏）	在图片上仅有物体的一部分，通过找出剩余的图片，把它恢复成整体
		角色扮演	假装扮演游戏中的角色，可以帮助孩子提高表征的能力
		由果推因	经常向孩子提问“像什么？”、“在干什么？为什么？”可以帮助孩子了解简单的因果关系

注：0～3岁孩子个体差异很大，所以以上关于孩子认知发展的教育项目必须根据孩子的实际情况进行调整。

（五）任务评价

教师与学生共同商议项目任务“婴儿认知能力发展的重要项目训练”完成标准，评价元素可以按照遵守纪律、创造能力、团队合作精神、知识运用能力、评析能力等几方面评价；评价主体由学生自我评价、小组评价、教师评价三部分构成，按学生自我评价30%、小组评价20%、教师评价50%的比例确定最终成绩。

任务评价表如下。

姓名________ 班级________ 学号________ 组号_______

评价主体 评价内容	学生自评	小组评价	教师评价	评分理由	总分
视觉训练					
听觉训练					
触觉、味觉训练					
本体感训练					
感觉记忆训练					
数概念训练					
时间概念训练					
空间感训练					
分类训练					
序列训练					
表征训练					

任务三：婴儿语言能力发展的重要项目训练

（一）任务目标

1.知道婴儿语言能力发展的重要项目的内容。

2.理解和掌握婴儿语言能力发展的具体训练项目和训练目的。

3.能依据婴儿语言能力发展的重要项目，学会准备婴儿语言能力发展所需要的材料，设计出语言能力发展的亲子游戏的玩法，为亲子游戏的设计打下基础，以此促进婴儿的心理发展。

（二）完成任务形式

小组合作完成。

（三）任务指导书

班级_______ 组号_______

组员姓名和学号 ____

学前儿童亲子游戏	
婴儿语言能力发展的重要项目训练	
任务内容	任务要求
语言感知	① 知道婴儿语言感知训练的内容 ② 能掌握语言感知训练项目中的辨音、辨调训练 ③ 能在掌握和理解语言感知训练项目的基础上，学会准备婴儿语言感知发展所需要的材料，设计出亲子游戏的玩法，为设计出亲子游戏打下基础，以促进婴儿心理发展
语言理解	① 知道婴儿语言理解训练的内容 ② 能掌握语言理解训练项目中的辨义，跟随语言指令做动作，听懂禁令、祈使句和简单句，知道文字初步意义，理解文字的功能和作用，知道文字是一种符号并与其他符号系统可以转换的经验训练 ③ 能在掌握和理解语言理解训练项目的基础上，学会准备婴儿听语言理解发展所需要的材料，设计出亲子游戏的玩法，为设计出亲子游戏打下基础，以促进婴儿心理发展
语言表达	① 知道婴儿语言表达训练的内容 ② 能掌握语言表达训练项目中的口唇、词汇、修补谈话、简单句表达、儿歌朗诵、会用口语说出图画内容、知道书写工具训练 ③ 能在掌握和理解语言表达训练项目的基础上，学会准备婴儿语言表达发展所需要的材料，设计出亲子游戏的玩法，为设计出亲子游戏打下基础，以促进婴儿心理发展

（四）任务活动开展

活动三 婴儿语言能力发展的重要项目训练			
	内容	具体训练项目	训练目的
1.语言感知	（1）对讲话的声音有反应 （2）知道声源的方位 （3）能分辨不同事物发出的声音 （4）能辨别语调和语气的变化，能区分友好和愤怒的话语 （5）听见别人叫自己的名字时会回答或走过去 （6）辨别不同家人的声音	辨音训练	给孩子提供分辨语言声音和其他声音的机会，让孩子了解各种声音的细微差别
		辨调	语调是表达情绪状态的一种基本手段。辨调阶段儿童开始注意一句或一段话的语调，并感知语调所蕴涵的情绪 如给孩子朗读古诗和讲故事时，可以使用不同的节奏和语调表达情绪

续表

活动三　婴儿语言能力发展的重要项目训练			
	内容	具体训练项目	训练目的
2.语言理解	（1）认识身体器官名称 （2）指认图片 （3）能听懂包含动作的指令 （4）能回答"是什么""干什么？在哪里？怎么办？"等问题 （5）能听懂禁令、祈使句、选择句 （6）听故事时，能理解简单的情节	辨义训练	让孩子学习音和义结合，逐渐建立语音和实物之间的联系。如说"香蕉"，给孩子看香蕉。之后发展到听到名词，让孩子指认相关的实物
		跟随语言指令做动作训练	跟随语言指令做动作
		听懂禁令、祈使句、简单句训练	如能理解"不"、"去干什么"和少数疑问句
		初步理解图书内容	选择与孩子日常生活密切联系的、婴儿熟悉的以事物和事件为主题的图书进行阅读，鼓励孩子在听到成人讲故事时，能指出相应的图画，并能从图画中体会人物表情、动作、背景，鼓励大一点的孩子将之串联起来说出故事情节
		知道文字初步意义	理解文字可以念出声音来，了解文字、口语与概念是对应关系
		理解文字的功能和作用	如理解成人可以将想说的话写出文字，这些文字可以写出信并寄给别人，别人再转换成口头语言，明白写信人的具体意思
		知道文字是一种符号并与其他符号系统可以转换的经验	如认识种种交通与公共场合的图形标志，理解这种标志代表一定的意思，也可用语言文字表现出来
3.言语表达	（1）模仿发字音 （2）用身体姿势表达意愿 （3）伸出手指表示"几岁" （4）能说出常见物（如食物、玩具、动物）名称 （5）会说"要"、"会"、"应该"、"愿意"、"能"等词	口唇训练	如弹舌、咳嗽、嘴唇游戏等

续表

活动三 婴儿语言能力发展的重要项目训练			
	内容	具体训练项目	训练目的
3.言语表达	（6）会说表示心理活动的动词，如爱、恨、喜欢、希望 （7）会说感觉词，如甜、苦、冷、热、烫、痛、饱、饿、痒 （8）会说人称代词，我、你、他 （9）知道颜色词，如红、黑、白、绿、黄、蓝 （10）会说物主代词，如我的、你的 （11）会使用个、只等量词 （12）会说“和”、“跟”等词 （13）能说完整的句子 （14）会说“请”、“谢谢”、“对不起”等礼貌用语 （15）会说出自己全名 （16）会念1～3首完整的三字儿歌	模仿发音	成人可教孩子称呼家人或常见物、一些常见动物的叫声，重点教一个词汇的发音，孩子学会后再教新的词汇
		词汇训练	会叫爸爸、妈妈，会称呼家人；会说出常见物体的名称，五官的名称；会使用表示各种动作的词，如打、拿、吃、走等
		简单句表达	一岁半后可以教孩子学习说主谓句或谓宾句（两个词组成的句子）
		修补谈话	谈话活动中，让孩子指出别人错误，从而改正自己的发音；还可以跳过孩子知道会出现的字词或某个故事情节，让孩子补充
		儿歌朗诵练习	念儿歌能锻炼孩子的听力和丰富、规范其语言
		会用口语说出画面内容，或听老师念图书	锻炼孩子语言表达能力，丰富、规范孩子语言
		知道书写汉字的工具	知道使用铅笔、钢笔、圆珠笔、毛笔书写时的不同要求

（五）任务评价

教师与学生共同商议项目任务“婴儿语言能力发展的重要项目训练”完成标准，评价元素可以按照遵守纪律、创造能力、团队合作精神、知识运用能力、评析能力等几方面评价；评价主体由学生自我评价、小组评价、教师评价三部分构成，按学生自我评价30%、小组评价20%、教师评价50%的比例确定最终成绩。

任务评价表如下。

姓名________ 班级________ 学号________ 组号________

评价内容 \ 评价主体	学生自评	小组评价	教师评价	评分理由	总分
语言感知训练					
语言理解训练					
语言表达训练					

任务四：婴儿社会性、情感发展的重要项目训练

（一）任务目标

1.知道婴儿社会性、情感发展的重要项目的内容。

2.理解和掌握婴儿社会性、情感发展的具体训练项目和训练目的。

3.能依据婴儿社会性、情感发展语言发展的重要项目，能学会准备婴儿社会性、情感发展所需要的材料，设计出社会性、情感发展的亲子游戏的玩法，为亲子游戏的设计打下基础，以此促进婴儿的心理发展。

（二）完成任务形式

小组合作完成。

（三）任务指导书

班级________ 组号________

组员姓名和学号________________________________

学前儿童亲子游戏	
婴儿社会性、情感发展的重要项目训练	
任务内容	任务要求
人与自己	① 知道婴儿“人与自己”训练的内容 ② 能掌握“人与自己”训练项目中的自我认知、自我管理、道德品质训练 ③ 能在掌握和理解“人与自己”训练项目的基础上，学会准备所需要的材料，设计出亲子游戏的玩法，为设计出亲子游戏打下基础，以促进婴儿心理发展
人与社会	① 知道婴儿“人与社会”训练的内容 ② 能掌握“人与社会”训练项目中的社会规范认知、社会文化认知、社会交往训练 ③ 能在掌握和理解“人与社会”训练项目的基础上，学会准备所需要的材料，设计出亲子游戏的玩法，为设计出亲子游戏打下基础，以促进婴儿心理发展

（四）任务活动开展

活动四　婴儿社会性、情感发展的重要项目			
	内容	具体训练项目	训练目的
1.人与自己：强调人的个性发展	（1）自我认知：自我身份认知，自我外显特征认知，自我情绪感特征认知 （2）自我管理：自我能力、自我控制 （3）情感态度：自信、自立 （4）道德品质：分享、宽容、移情和利他	自我认知训练	（1）了解自己的身份，明确家庭中各成员身份的区别。当别人问起其年龄、性别以及家庭常见问题时，能作出清晰的回答 （2）能认识自我的外形特征，包括生理特征及自己区别于别人的特征等 （3）可以简单描述自我的情绪以及情绪变化
		自我管理	（1）具备基本的生活自理能力，保持清洁卫生，能够独立地完成分内的事情，比如穿衣、吃饭、大小便等 （2）能够运用合理的方式表达自己内心的想法 （3）能够适当地控制自己的情绪发展和变化 （4）懂得保护自己，具备基本的自护意识和知识，比如知道家里的电话号码、急救电话等 （5）能够尝试独立完成任务，体验到独立解决问题的乐趣
		道德品质	表现初步亲社会行为，产生移情、富有同情心、爱心，可以分享、合作
2.人与社会：强调人与社会的协调发展	（1）社会规范认知：了解并遵守谨慎规则、习俗规则 （2）社会文化认知：学习基本社会文化 （3）社会交往认知：信任他人、理解他人的基本特点，察觉他人的情绪情感，培养参与意识、交往意识，学会合作、分享 （4）社会技能：掌握基本的适应能力、基本标志符号	社会规范认知	（1）认识初步的社会规则，知道并遵守谨慎规则，如开水不能摸、不能触摸电源等，习得生活中的基本礼仪 （2）获得基本的社会生活必需的社会知识与经验 （3）了解与自己生活关系密切的社会机构的概况和基本特点，如幼儿园、医院、车站、公园等 （4）基本认识各种职业的名称和象征
		社会文化认知	（1）知道我国的重要节日，熟悉基本风俗习惯 （2）知道我国的国旗

活动四　婴儿社会性、情感发展的重要项目			
	内容	具体训练项目	训练目的
		社会交往	（1）对抚养人有信任感 （2）能够认识他人（特别是同班和周围关系密切的人）的基本特点（如外貌、喜好、兴趣等），能够较为准确地回答别人提出的问题 （3）能够有意识地了解别人的情绪状态 （4）发展良好的交往技能，能够较为恰当地表示友好、礼貌问好和交流、倾听
		社会技能	（1）能够适应社会环境的变化，具备基本的适应能力 （2）能够通过各种途径获得一定的知识、信息 （3）能够识别基本的标志符号及其意义

（五）任务评价

教师与学生共同商议项目任务“婴儿社会性、情感发展的重要项目训练”完成标准，评价元素可以按照遵守纪律、创造能力、团队合作精神、知识运用能力、评析能力等几方面评价；评价主体由学生自我评价、小组评价、教师评价三部分构成，按学生自我评价30%、小组评价20%、教师评价50%的比例确定最终成绩。

任务评价表如下。

姓名________　　班级________　　学号________　　组号________

评价主体 评价内容	学生自评	小组评价	教师评价	评分理由	总分
语言感知训练					
语言理解训练					
语言表达训练					

任务五：婴儿亲子游戏的设计与指导

（一）任务目标

1.能够设计不同种类的亲子游戏方案。

2.能够开展亲子游戏。

3.能够作好指导记录。

4.培养创造性设计水平和团结合作的能力。

（二）完成任务形式

小组合作完成。

（三）任务指导书

班级＿＿＿＿＿　　　　　　　　　　　　　　　　组号＿＿＿＿＿

组员姓名和学号＿＿＿＿＿＿＿＿＿＿＿＿＿＿＿＿＿＿＿＿＿＿＿

游戏名称	适宜的年龄段	指导教师
游戏目标		
游戏准备		
游戏玩法		
游戏指导		

注意：游戏目标要具体、明确，表达清楚，有较强的针对性；材料准备要根据婴儿年龄特点，有目的、有计划、有针对性地投放、变更和调整亲子游戏材料，科学地指导幼儿使用和操作；游戏在玩时要体现亲子游戏的特点，层次清楚，充分体现婴儿主动性、家长的主导性以及家长与孩子之间的互动。

（四）任务评价

教师与学生共同商议项目任务“婴儿亲子游戏设计与指导”完成标准，评价体系由学生自我评价、小组评价、教师评价三部分构成，按学生自我评价30%、小组评价20%、教师评价50%的比例，确定最终成绩。

任务评价表如下。

评价主体 / 评价内容	学生自评	小组评价	教师评价	评分理由	总分
游戏目标					
游戏内容					
游戏准备					
游戏过程					
孩子的积极性、参与性					
组织能力					
知识运用能力					
语言表达能力					

【项目知识拓展】

来自：《上海市0～3岁婴儿教养方案》(试行)。

观察对象：新生儿(0～1个月)

发育与健康	感知与运动	认知与语言	情感与社会性
•身高约增加2.5厘米； •体重约增加0.8～1千克； •头围33～38厘米； •胸围比头围小1～2厘米； •皮肤饱满、红润； •视力很模糊，眼有光感或眼前手动感，但20～30厘米左右的东西看得还比较清晰； •大便有的2～3次/天，有的每块尿布上均有，色淡黄； •一昼夜睡18～20小时左右	•有很强的吮吸、拱头和握拳的本能反应； •常常会很用力地踢脚和四肢活动； •俯卧时尝试着要抬起头来	•无意识地对一两种味道有不同反应； •眼睛能注视红球，但持续的时间很短； •喜注视人脸； •有不同的哭声； •对说话声很敏感，尤其对高音很敏感	•看见人的面部时活动减少； •哭吵时听到母亲的呼唤声能安静； •对孩子讲话或抱着时表现安静，当抱着时，孩子表现独特的有特征性的姿势(如紧紧地蜷缩，像一只小猫)

观察对象：2～3个月

发育与健康	感知与运动	认知与语言	情感与社会性
•平均身高男孩为63.51厘米，女孩为61.88厘米； •平均体重男孩为7.23千克，女孩为6.55千克； •平均头围男孩为41.32厘米，女孩为40.30厘米； •平均胸围男孩为42.07厘米，女孩为40.74厘米； •大便次数较前明显减少； •眼能追随活动的物体转动180°，视力标准为0.02； •奶量的差异开始明显，平均700毫升/天左右； •一昼夜睡16～18小时	•新生儿时的生理反射开始消失； •听力较前灵敏； •直立位时头可转动自如； •头可随看到的物品或听到的声音转动180°； •俯卧时抬头45°； •仰卧位能变为侧卧位； •手指已放开，用手摸东西，能拉扯衣服； •能将两手碰在一起	•眼睛能立刻注意到大玩具，并追随着人的走动； •开始将声音和形象联系起来，试图找出声音的来源； •对成人逗引有反应，会发出“咕咕”声，而且会发a、o、e音； •注视自己的手； •能辨别不同人说话的声音及同一人带有不同情感的语调	•逗引时出现动嘴巴、伸舌头、微笑和摆动身体等情绪反应； •能忍受喂奶的短时间停顿； •看见最主要看护者的脸会笑； •自发微笑迎人，见人手足舞动表示欢乐，笑出声； •哭的时间减少，哭声分化

观察对象：4～6个月

发育与健康	感知与运动	认知与语言	情感与社会性
·平均身高男孩为69.66厘米，女孩为68.17厘米； ·平均体重男孩为8.77千克，女孩为8.27千克； ·平均头围男孩为44.44厘米，女孩为43.31厘米； ·平均胸围男孩为44.35厘米，女孩为43.57厘米； ·能固定视物，看约75厘米远的物体，视力标准为0.04； ·慢慢习惯用小勺喂吃逐渐添加的辅食； ·流相当多的唾液； ·大便1～3次/天； ·大多数婴儿开始后半夜不喂奶，能整个晚上睡觉； ·开始长出乳前牙； ·血色素不低于11克	·靠坐稳，独坐时身体稍前倾； ·俯卧抬头90°，能抬胸，双臂支撑会翻身至仰卧，不久又会做反向动作； ·扶腋下能站直，扶他（她）站起时，能在短时间内自己支撑； ·双手能拿起面前玩具，能把玩具放入口中； ·玩具从一只手换到另一只手时仍稍显笨拙； ·会将拳头放在嘴里，喜欢把东西往嘴里塞； ·会撕纸； ·玩手、脚	·会用很长的时间来审视物体和图形； ·开始辨认生、熟人； ·会寻找东西，如手中玩具掉了，他（她）会用目光找寻它； ·咿呀作语，开始发辅音，如d、n、m、b； ·看见熟人、玩具能发出愉悦的声音； ·叫他（她）名字会转头看	·会对着镜子中的影像微笑、发音，会伸手试拍自己的镜像； ·随着看护者情绪的变化而变化自己的情绪； ·看到看护者时伸出两手举起期望抱他（她）； ·能辨别陌生人，见陌生人盯看、躲避、哭等； ·开始怕羞，会害羞地转开脸和身体； ·高兴时大笑； ·让其独处或别人拿走他（她）的小玩具时会表示反对； ·会用哭声、面部表情和姿势动作与人沟通

观察对象：7～9个月

发育与健康	感知与运动	认知与语言	情感与社会性
·平均身高男孩为72.85厘米，女孩为71.20厘米； ·平均体重男孩为9.52千克，女孩为8.90千克； ·平均头围男孩为45.43厘米，女孩为44.38厘米； ·平均胸围男孩为45.52厘米，女孩为44.56厘米； ·视力标准为0.1； ·需大小便时会有表情或反应；	·独坐自如，自己坐起来躺下去； ·扶双腕能站，站立时腰、髋、膝关节能伸直； ·自己会四肢撑起爬； ·用拇指、食指对指取物； ·能拨弄桌上的小东西（爆米花、葡萄干等）； ·将物换手；	·会用眼睛审视某个物体，并不厌其烦地观察其特点和变化； ·注意观察大人行动，模仿大人动作，如拍手； ·会寻找隐藏起来的东西，如拿掉玩具上的盖布； ·能分辨地	·懂得成人面部表情，对成人说“不”有反应，受责骂不高兴时会哭； ·表现出喜爱家庭人员，对熟悉、喜欢他（她）的成人伸出手臂要求抱； ·对陌生人表现出各种行为，如怕羞、转过身、

发育与健康	感知与运动	认知与语言	情感与社会性
•能自己拿着饼干咀嚼吞咽； •会吃稀粥； •上颌、下颌长出乳旁切牙； •一昼夜睡15小时左右	•有意识地摇东西（如拨浪鼓、小铃等），双手拿两物对敲	点； •正在尝试操作探索，试图找出事物间的某种联系； •能重复发出某些元音和辅音，如“ma-ma”、“ba-ba”的音，但无所指； •试着模仿声音，发音越来越像真正的语言； •懂得几个词，如“拍手”、“再见”等	垂头、大哭、尖叫，拒绝玩或接受玩具，情绪不稳定，表现忧虑； •喜欢玩躲猫猫一类的交际游戏，而且会笑得非常激动、投入； •会注视，伸手去接触、摸另一个宝宝； •喜欢照镜子； •会挥手再见、招手欢迎，玩拍手游戏； •当从他（她）处拿走东西时，会遭到强烈的反抗； •听到表扬会高兴地重复刚才的动作

观察对象：10～12个月

发育与健康	感知与运动	认知与语言	情感与社会性
•平均身高男孩为78.02厘米，女孩为76.36厘米； •平均体重男孩为10.42千克，女孩为9.64千克； •平均头围男孩为46.93厘米，女孩为45.64厘米； •平均胸围男孩为46.80厘米，女孩为45.43厘米； •视力标准为0.2～0.25； •血色素不低于11克； •有规律地在固定时间大便，1～2次/天；	•会用四肢爬行，且腹部不贴地面； •自己扶栏杆站起来； •自己会坐下； •自己扶物能蹲下取物，不会复位； •可独自站稳，自己扶物可巡走； •独走几步即扑向大人怀里； •手指协调能力更好，如剥开包糖的纸	•会用手指向他（她）感兴趣的东西； •故意把东西扔掉又拣起，把球滚向别人； •将大圆圈套在木棍上； •从杯子中取物放物（如积木、勺子），试把小丸投入瓶中； •喜欢看图画； •能懂得一些词语的意义，如问“灯在哪儿呢”	•会模仿手势，面部有表情地发出声音； •喜欢重复的游戏，例如“再见”、玩拍手游戏、躲猫猫； •显示出更强的独立性，不喜欢大人搀扶和被抱着； •更喜欢情感交流活动，还懂得采取不同的方式； •能玩简单的游戏，惊讶时发

续表

发育与健康	感知与运动	认知与语言	情感与社会性
•上、下颌开始长出第一乳磨牙； •流涎的现象减少； •一昼夜睡14小时左右		时会看灯，向他（她）索要东西知道给； •能按要求指向自己的耳朵、眼睛和鼻子； •能说出最基本的语言，如“爸爸”、“妈妈”； •出现难懂的话，自创一些词语来指称事物； •用动作表示同意（点头）或不同意（摇头、摇手）	笑； •准确地表示愤怒、害怕、嫉妒、焦急、同情、倔犟等情感； •以哭引人注意； •听从劝阻

观察对象：13～18个月

发育与健康	感知与运动	认知与语言	情感与社会性
•18个月时，平均身高男孩为83.52厘米，女孩为82.51厘米； •平均体重男孩为11.55千克，女孩为11.01千克； •平均头围男孩为48.00厘米，女孩为46.76厘米； •平均胸围男孩为48.38厘米，女孩为47.22厘米； •上下第一乳磨牙大多长出，乳尖牙开始萌出； •会咀嚼像苹果、梨等这样的食品，并能很协调地在搅拌后咽下； •前囟门闭合（正常为12～18个月）； •能控制大便； •白天能控制小便	•走得稳； •自己能蹲，不扶物就能复位； •扶着扶手，能上下楼梯2～3级； •会跑，但不稳； •味觉、嗅觉更灵敏，对物品有了手感； •会扔出球去，但无方向； •会用2～3块积木垒高； •能抓住一支蜡笔用来涂画； •能双手端碗； •会试着自己用小勺进食； •模仿母亲（主要教养者）做家务，如扫地	•开始自发地玩功能性游戏，如用玩具电话做出打电话的样子； •开始知道书的概念，如喜欢模仿翻书页； •喜欢玩有空间关系的游戏，如把水从一个容器倒入另一个容器中等； •理解简单的因果关系； •挑出不同的物品； •开始重复别人说过的话； •开始能对熟悉的物品和人说出名称和姓名，	•能在镜中辨认出自己，并能叫出自己镜像中的名字； •对陌生人表示新奇； •在很短的时间内表现出丰富的情绪变化，如兴高采烈、生气、悲伤等； •看到别的小孩哭时，表现出痛苦的表情或跟着哭，表现出同情心； •受挫折时常常发脾气； •对选择玩具有偏爱； •醒着躺在床上，四处张望；

发育与健康	感知与运动	认知与语言	情感与社会性
		但还不能分得很细； • 会使用动词，如抱、吃、喝； • 模仿常见动物的叫声	• 个别孩子吮拇指习惯达到高峰，特别在睡觉时； • 喜欢单独玩或观看别人游戏活动； • 会依附安全的东西，如毯子； • 开始能理解并遵从成人简单的行为准则和规范； • 对常规的改变和所有的突然变迁表示反对，表现出情绪不稳定

观察对象：19～24个月

发育与健康	感知与运动	认知与语言	情感与社会性
• 24个月时，平均身高男孩为89.91厘米，女孩为88.81厘米； • 平均体重男孩为12.89千克，女孩为12.33千克； • 平均头围男孩为48.57厘米，女孩为47.42厘米； • 平均胸围男孩为49.89厘米，女孩为48.84厘米； • 视力标准为0.5； • 会主动表示要大小便，白天基本不尿湿裤子； • 开始长第二乳磨牙，牙齿大概16颗； • 一昼夜睡12～13小时左右	• 连续跑3～4米，但不稳； • 自己上下床（矮床）； • 会用脚尖走路（4～5步），但不稳； • 一手扶栏杆自己上下楼梯（5～8级）； • 开始做原地的跳跃动作，如双脚跳起（同时离开地面）； • 能踢大球； • 能蹲着玩； • 能够双手举过头顶掷一个球； • 能够根据音乐的节奏做动作； • 用玻璃丝穿进扣子洞眼；	• 开口表示个人需要； • 能记住生活中熟悉物放置的固定地方，如糖缸； • 喜欢看电视； • 口数1～5，口手一致能数1～3； • 开始理解事件发生的前后顺序； • 按指示办事（3件，连续的）； • 开始知道自己是女孩还是男孩； • 对声音的反应越来越强烈，并且喜欢一些声音的重复，如一	• 能区别成人的表情； • 当父母或看护人离开房间时会感到沮丧； • 在有提示的情况下会说“请”和“谢谢”； • 与父母分离会感到恐惧； • 对自己的独立性和完成一些技能感到骄傲； • 不愿把东西给别人，只知道是“我的”； • 情绪变化开始变慢，如能较长地延续某种情绪状态； • 交际性增强，较少表现出不友

续表

发育与健康	感知与运动	认知与语言	情感与社会性
	•会把5～6块积木搭成塔； •能自己用汤匙吃东西	遍又一遍地听一首歌、读一本书等； •说3～5个字的句子； •开始用名字称呼自己，开始会用“我”； •说出常见东西的名称（50个）和用途； •听完故事能说出讲的是什么人、什么事； •随大人念几句儿歌； •会回答生活上的问题	好和敌意； •会帮忙做事，如学着把玩具收拾好； •游戏时模仿父母的动作，如假装给娃娃喂饭、穿衣

观察对象：25～30个月

发育与健康	感知与运动	认知与语言	情感与社会性
•30个月时，平均身高男孩为94.44厘米，女孩为92.93厘米； •平均体重男孩为13.87千克，女孩为13.41千克； •平均头围男孩为49.31厘米，女孩为48.25厘米； •平均胸围男孩为50.80厘米，女孩为49.67厘米； •20颗乳牙已全部出齐	•能后退、侧着走和奔跑； •能轻松地立定蹲下； •会迈过低矮的障碍物； •能交替双脚走楼梯； •能从楼梯末级跳下； •能独脚站2～5秒； •能随意滚球； •能控制活动方向； •举起手臂投掷，有方向；擦脸； •会骑三轮车和其他大轮的玩具车 •会自己洗手 •会转动把手开门，旋开瓶盖取物；	•知道“大、小”“多、少”“上、下”，会比较多少、长短、大小； •知道圆形、方形和三角形； •知道红色； •用积木搭桥、火车； •用纸折长方形； •能数到10； •游戏时能用物体或自己的身体部位代表其他物体（如手指当牙刷）； •会用几个形容词；	•有简单的是非观念，知道打人不好； •仍会发脾气； •喜欢玩弄外生殖器； •知道自己的全名； •和小朋友一起玩简单的角色游戏，会相互模仿，有模糊的角色装扮意识； •开始意识到他人的情感； •开始能讨论自己的情感

续表

发育与健康	感知与运动	认知与语言	情感与社会性
	• 能用大号蜡笔涂涂画画，自己画垂直线、水平线； • 一页一页五指抓翻书页； • 会穿鞋袜、会解衣扣、拉拉链	• 会问“这是什么？”； • 会用“你”、“他”、“你们”、“他们”，会用连续词“和”、“跟”； • 知道日用品名字（50个）； • 会说简单的复合句，叙述经过的事； • 会背儿歌8～10首	

观察对象：31～36个月

发育与健康	感知与运动	认知与语言	情感与社会性
• 36个月时，平均身高男孩为97. 26厘米，女孩为96.28厘米； • 平均体重男孩为14.73千克，女孩为14.22千克； • 平均头围男孩为49.63厘米，女孩为48.65厘米； • 平均胸围男孩为50.80厘米，女孩为49.91厘米； • 视力标准为0.6； • 晚上能控制大小便，不尿床	• 单脚站（5～10秒）； • 能双脚离地腾空连续跳跃2～3次； • 能双脚交替灵活走楼梯； • 能走直线； • 能跨越一条短的平衡木； • 能将球扔出3米多； • 能按口令做操（4～8节），动作较准确； • 用积木（积塑）搭（或插）成较形象的物体； • 能模仿画圆、十字形； • 会扣衣扣，会穿简单外衣； • 使用筷子	• 让他（她）画方形时，可能会画一个长方形； • 口数6～10，口手合一能数1～5； • 认识黄色、绿色； • 懂得“里”、“外”； • 能用纸折小飞镖； • 会问一些关于“什么”、“何时”和“为什么”的问题； • 理解故事主要情节； • 认识并说出100张左右图片名称； • 能运用大约500个单词； • 能说出有5～6个字的复	• 知道自己的性别及性的差异，能正确使用性别短语，倾向于玩属于自己性别的玩具和参加属于自己性别群体的活动； • 和别人一起玩简单的游戏，如玩“过家家”游戏； • 能和同龄小朋友分享同一事件，如把玩具分给别人； • 知道轮流等待，但常常不耐心； • 害怕黑暗和动物； • 兄弟姐妹之间会比赛和产生嫉妒； • 会整理玩具； • 自己上床睡

续表

发育与健康	感知与运动	认知与语言	情感与社会性
		杂句子； •开始运用“如果”、“和”、“但是”等词； •知道一些礼貌用语，如“谢谢”和“请”，并知道何时使用这些礼貌用语； •知道家里人的名字和简单的情况	觉； •大吵大闹和发脾气已不常见，持续时间短； •有时试图努力隐瞒自己的情感； •对成功表现出积极的情感，对失败表现出消极的情感

●【活动拓展】

一、身体发展婴儿亲子游戏实例与指导

（一）游戏名称：妈妈带我学走路

适宜月龄：10～12个月。

游戏目标：

（1）感知迈步，增强腿部、臀部的力量，为婴儿学习走路做准备；

（2）促进婴儿语言的发展；

（3）初步培养婴儿勇敢、自信的心理品质。

游戏准备：背诵儿歌《走走走》。

游戏方法：家长和宝宝面对面站好，家长拉着宝宝的双手，宝宝的脚踩在家长的脚上，家长一步一步后退，宝宝则一步一步前进。也可以让宝宝和家长同一方向站好，共同前进或后退。

游戏指导：

（1）为了增加孩子走路的兴趣，家长可以边说儿歌边游戏；

（2）孩子练习走路要适可而止，不要使孩子过于疲惫而失去兴趣。

附：儿歌《走走走》

走走走，走走走，我带宝宝一起走；

挺起胸，抬起头，迈开大步向前走；

走走走，走走走，妈妈（游戏者）牵着宝宝手；

一二一，一二一，宝宝长大自己走。

（二）游戏名称：运动宝宝

适宜月龄：24 ～ 36个月。

游戏目标：通过宝宝在棒子核摆成的小路上行走，锻炼宝宝身体的平衡感和注意力。

游戏准备：整根棒子核、铁丝。

游戏方法：这个游戏适合成人带领宝宝一起玩。成人将剥好皮的整根棒子核用铁丝穿成一排，摆成一条小路，让宝宝在上面走。

游戏指导：开始宝宝走不稳，需要成人领着走，慢慢地过渡到宝宝独立走。

二、语言发展婴儿亲子游戏实例与指导

游戏名称：没有牙齿的大老虎

适宜月龄：30 ～ 36个月。

游戏目标：

（1）能安静地听故事，理解故事内容；

（2）知道糖果不能多吃的生活常识，以及早晚刷牙才能保护牙齿的道理；（3）能完整、准确地回答家长的提问，发展语言表达能力。

游戏准备：故事《没有牙齿的大老虎》。

游戏方法：

（1）家长给宝宝完整地讲故事《没有牙齿的大老虎》，并引导宝宝思考："大老虎原来有牙齿吗？后来为什么没有牙齿了？"

（2）针对宝宝的回答，家长再次讲述故事，进一步启发宝宝思考，"大老虎的牙齿为什么会疼呢？老虎应该怎样才会不牙痛？"让宝宝知道糖果不能多吃，特别是晚上睡觉前不能吃，要早晚刷牙、饭后漱口才能保护牙齿。

游戏指导：

（1）此活动可进行延伸，即让孩子认识牙刷和牙膏，并学习正确的刷牙方法；还可以在家长的帮助下，让孩子动手来实际刷牙；

（2）2岁6个月（30个月）的孩子乳牙基本出齐，但牙齿的结构和钙化程度都不成熟，牙龋病随时可以乘虚而入，这个阶段保护牙齿很重要。孩子学刷牙要从学漱口开始，再到用清水刷牙，到了乳牙出齐后可以使用牙膏学刷牙。这时候要为孩子选择儿童专用的牙刷和牙膏。

三、认知发展婴儿亲子游戏实例与指导

（一）游戏名称：指认五官

适宜年龄：10 ～ 16个月。

游戏目标：

（1）初步指导五官的位置，在家长的帮助下，听到"鼻子""眼睛""嘴巴"等五官的名称后，能与相应的部位建立最初的联系；

（2）通过指认五官，发展婴儿的自我意识；

（3）通过儿歌朗读或演唱，发展婴儿的语言能力与乐感。

游戏准备：镜子、玩具娃娃、动物玩具、背诵儿歌《指五官》。

游戏方法如下。

（1）家长指着自己的眼睛说："眼睛，眼睛。"再指着宝宝的眼睛说："眼睛，眼睛。"并抓着宝宝的手让他（她）摸摸家长的眼睛、摸摸自己的眼睛，然后做一些动作，如眨眼，让宝宝模仿。用类似的方法训练宝宝认识其他五官部位。

（2）家长抱着宝宝站在镜子前，问宝宝："妈妈（游戏者）的眼睛呢？"鼓励宝宝指出镜中家长的眼睛，继续用同样的方法指出宝宝自己的眼睛，同时让宝宝做眨眼的动作。

（3）出示玩具娃娃。家长问："娃娃的眼睛在哪里？"然后抓着宝宝的手摸摸娃娃的眼睛说："娃娃的眼睛在这里，眼睛，眼睛。"如果准备的娃娃会眨眼，家长就跟宝宝说："娃娃还会眨眼呢！我们一起来眨眨眼。"让宝宝模仿。用同样的方法训练宝宝认识其他五官部位。

（4）出示动物玩具。家长问宝宝："动物的眼睛在哪里？"然后抓着宝宝的手摸摸玩具小狗的眼睛。

附：儿歌《指五官》

眼睛在哪里？眼睛在这里。

鼻子在哪里？鼻子在这里。

嘴巴在哪里？嘴巴在这里。

耳朵在哪里？耳朵在这里。

眼睛眨眨（指指眼睛）

鼻子嗅嗅（指指鼻子）

嘴巴哈哈（指指嘴巴）

耳朵听听（指指耳朵）

（5）可配合手指音乐游戏进行练习。家长可边唱儿歌，边抓着宝宝的手做动作。

附：儿歌《合拢放开》

合拢放开，合拢放开，小手拍一拍。

合拢放开，合拢放开，小手放腿上。

爬呀，爬呀，爬呀爬。

这是眼睛，这是鼻子，这是小嘴巴。

游戏指导：

（1）家长可以将多种指认方式变换、交叉进行，避免孩子因活动单一而失去兴趣；

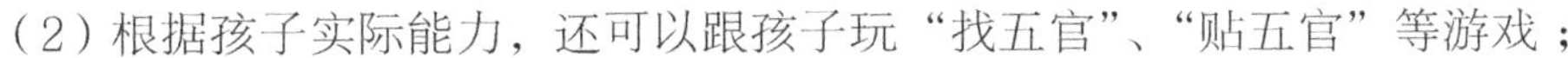
（2）根据孩子实际能力，还可以跟孩子玩“找五官”、“贴五官”等游戏；

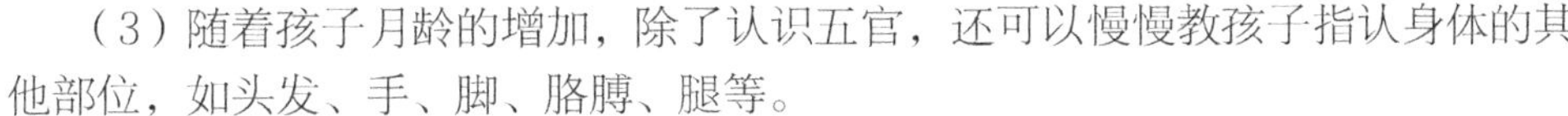
（3）随着孩子月龄的增加，除了认识五官，还可以慢慢教孩子指认身体的其他部位，如头发、手、脚、胳膊、腿等。

（二）游戏名称：石子会唱歌

适宜月龄：24 ～ 36个月。

游戏目标：发展宝宝倾听以及注意能力。

游戏准备：户外，捡好并堆在一起的石子堆旁。

游戏方法：成人用不同的石子敲击，请宝宝听一听，让孩子用嘴模仿石子敲击的声音，引导宝宝自己选择两块石子尝试玩敲击石子的游戏，并用嘴模仿敲击石子发出的声音。

游戏指导：

（1）成人可以先帮助选择大小适中的石子敲击，再让宝宝自己选择石子敲击；

（2）让宝宝体验用力大小对声音的影响；

（3）叮嘱宝宝注意安全。

四、社会性发展婴儿亲子游戏实例与指导

游戏名称：喂娃娃吃饭。

适宜月龄：24 ～ 30个月。

游戏目标：

（1）通过喂娃娃吃饭，提高婴儿的生活自理能力；

（2）通过学习小勺舀，促进婴儿精细动作的发展；

（3）初步培养婴儿关心他人、帮助他人的情感。

游戏准备：碗一个（内装有豆子若干），勺子一把，纸制的缝隙作为娃娃的嘴巴。

游戏方法：家长用勺盛起豆子，示范性地慢慢将豆子喂进大嘴巴娃娃的嘴巴中，然后鼓励宝宝也来喂娃娃吃饭。

游戏指导如下。

（1）一次不要投放过多的豆子，避免孩子因任务过多而失去兴趣。

（2）该活动可举一反三。可变换容器，如在矿泉水瓶或可乐瓶上用不干胶贴上娃娃脸谱，剪出一个大口，做成娃娃的嘴巴；可变换主题，如设计“喂小动物吃饭”活动；可变换大小不同的勺子，让孩子练习舀的技能；可变换被舀的东西，如木珠、塑料珠等，从而激发孩子参与活动的兴趣。

（3）掉在地上或桌上的“食物”，要让孩子及时捡起，培养孩子良好的饮食卫生习惯。

（4）通过这个游戏，家长应该在日常生活中鼓励和支持孩子学习自我服务，让孩子自己吃饭，这也充分体现了学前教育的内容源于生活，同时又回归生活的理念。

五、情绪、情感发展婴儿亲子游戏实例与指导

五游戏名称：手指抚触——“大拇哥”。

适宜月龄：1～36个月。

游戏目标：

（1）培养婴儿愉悦情绪，建立良好的亲子关系；

（2）通过为手指做抚触，刺激婴儿手部小肌肉的发育，并感知手指关节的存在；

（3）通过儿歌的朗读及动作的配合，帮助婴儿理解语言。

游戏准备：背诵儿歌《手指歌》。

游戏方法：家长与宝宝面对面，让宝宝看到家长的脸，家长一边用温柔、清晰的声音说儿歌，一边为宝宝的手指做抚触。

动作说明：大拇哥（家长用手指抚触宝宝的大拇指，从指根处向上轻揉至指尖，关节处揉一揉），

二拇弟（家长用手指抚触宝宝的食指，从指根处向上轻揉至指尖，关节处揉一揉），

三阿姐（家长用手指抚触宝宝的中指，从指根处向上轻揉至指尖，关节处揉一揉），

四小弟（家长用手指抚触宝宝的无名指，从指根处向上轻揉至指尖，关节处揉一揉），

小妞妞，来看戏（家长用手指抚触宝宝的小指，从指根处向上轻揉至指尖，关节处揉一揉），

手心，手背（依次轻拍宝宝的手心、手背，节奏可加快），

你是我的心肝宝贝（将宝宝抱在怀里，亲吻宝宝的额头）。

游戏指导如下。

（1）在抚触孩子的手指时，速度要慢、动作要轻，并且在关节处要揉一揉，让孩子感知手指关节的存在。

（2）可改编该儿歌：大拇指，二食指，三中指，四无名，五小指，手心手背，你是我的心肝宝贝。这样可逐渐让孩子知道各个手指的名称。

●【思考题】

1.什么是亲子游戏；亲子游戏有哪些基本特征？

2.亲子游戏有哪些种类？

3.亲子游戏具有什么教育作用？

4.设计学前儿童亲子游戏应该遵循什么原则？

5.如何开展一对一式的亲子游戏活动？

参考文献

[1] 曹中平.儿童游戏论——文化学、心理学和教育学三维视野.银川：宁夏人民出版社，2000.

[2] 杨枫主编.学前儿童游戏.北京：高等教育出版社，2006.

[3] 姜晓燕.学前儿童游戏教程.北京:教育科学出版社，2012.

[4] 文姬.婴儿早期教育指导课程.北京:北京师范大学出版社，2012.

[5] 杨燕起.史记全译.贵阳:贵州人民出版社，2001.

[6] 吕逸.中国古代儿童游戏研究.西安：陕西师范大学，2006.

[7] 李姗泽.学前儿童游戏.桂林：广西师范大学出版社，2012.

[8] 车文博.弗洛伊德主义论评.长春：吉林教育出版社，1992.

[9] 秦丽.幼儿园游戏本质的再认识——从皮亚杰活动理论谈游戏活动的指导.太原教育学院学报，2005,（2）：94.

[10] 刘焱.儿童游戏的当代理论与研究.成都：四川教育出版社，1988.

[11] 华爱华.幼儿游戏理论.上海：上海教育出版社，1998.

[12] 姜阳春.论学前儿童游戏与社会机能形成的交互作用.长春：吉林大学，2006.

[13] [荷]胡伊青加.人，游戏者：对文化中游戏因素的研究.成穷译.贵阳:贵州人民出版社，1998.

[14] 桂丹.以游戏精神实现师范教学与游戏的融合.沈阳音乐学院学报，2009,（2）：121-123.

[15] 林崇德.发展心理学.杭州：浙江教育出版社，2002.

[16] 王小英.儿童游戏意义的多维视角解析.长春：吉林大学，2003.

[17] 许政涛.幼儿园游戏与玩具.北京：北京师范大学出版社，2004.

[18] 汪荃.幼儿园游戏课程模式.北京：中国妇女出版社，2003.

[19] 邱学青.学前儿童游戏.苏州：江苏教育出版社，2005.

[20] 冯林林.幼儿园游戏课程的构建.学前教育研究，2010,（3）：70-72.

[21] 邵小佩,杨晓萍.对重庆市主城区幼儿园表演游戏现状的思考.重庆师范大学学报：哲学社会科学版，2005,（4）：123-127.

[22] 吕明华.大班表演游戏中教师支持策略对幼儿游戏行为影响的实践研究.课程教育研究，2012,（30）：224-225.

[23] 徐翠花.利用表演游戏培养幼儿的合作能力.早期教育：教科研版，2011,（11）：40-41.

[24] 熊雅琴.浅谈幼儿园表演游戏的适时介入和指导.当代学前教育，2007,（4）：23-25.

[25] 刘焱,李霞,朱丽梅.中、大班幼儿表演游戏的一般规律和年龄特点研究.学前教育研究，2003,（4）:24-25.

[26] 朱宝霞.幼儿园表演游戏特点与指导策略.教育教学论坛，2010,（36）:67.

[27] 罗青.幼儿园表演游戏中教师“三结合”支持策略的探讨.教育探究，2013,（2）.

[28] 何世红.置于幼儿园课程视野中的川西民间游戏.教育科学论坛，2006,（3）:69-70.

[29] 赵丽琼，李方玉.幼儿园体育活动设计与指导.成都：西南财经大学出版社，2013.